Yuanming Wu
Zerbrochener chinesischer Traum
夜夢遺斑

Yuanming Wu

Zerbrochener chinesischer Traum

夜夢遺斑

Re Di Roma-Verlag

Bibliografische Information der Deutschen Nationalbibliothek:
Die Deutsche Nationalbibliothek verzeichnet diese Publikation in der Deutschen Nationalbibliografie; detaillierte bibliografische Daten sind im Internet über http://dnb.ddb.de abrufbar.

ISBN 978-3-86870-674-1

Umschlagillustration: ico_daniel / photocase.de

www.rediroma-verlag.de
17,95 Euro (D)

夜梦遗斑

—— 一名北京律师的从业文选

目录

卷三：异地辗转

卷四：醒梦之案

卷五：梦醒之言

2013 年 1 月 2 日递上有生以来第一次的签证申请，尚在犹豫彷徨是否就此决断故国之梦，不料南方周末被毙的新年献辞就是“中国梦，宪政梦”。

中国梦，梦中过；是网友的调侃，却让梦断之人感慨万千。

整理着电脑中散碎的文件，这些记录着心血的文字，仿佛是春梦醒后看到的遗留在被单上的块块痕斑。

半路出家到半途而废，阴差阳错一晃竟是二十多年，人生能有几个二十年，抛却羞怯展示这些陈旧的斑斓，如鲁迅先生所言是“为了忘却的纪念”。

—编者序

卷一：决绝之言

登机之前，寄出最后的咒言，吐一口恶气，欲让那即将华丽转身的影帝唾面自干。

此状的诉讼前景已淡然，是响炮还是哑弹，随着人去与自己已无关联，除了出此书，其余留给后人写续篇。二十多年来为之奋斗的事业从此中断，何时再继？除非地覆天翻！

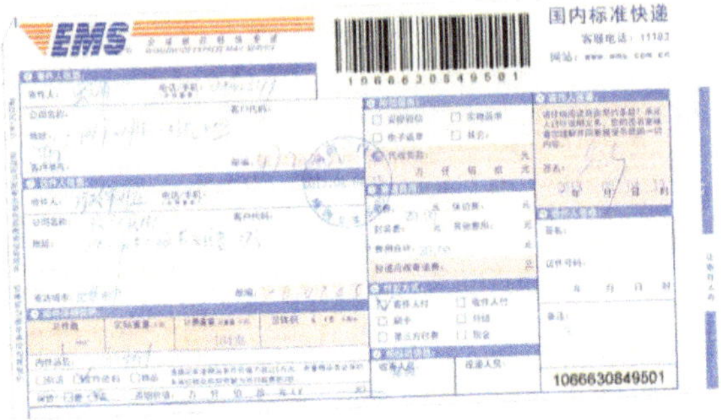

新闻 网页 贴吧 知道 音乐 图片 视频 地图 百科 文库

中华人民共和国最高人民法院行政审判庭 | 进入词条 | 搜索词条 | 帮助

首页 自然 文化 地理 历史 生活 社会 艺术 人物 经济 科技 体育 图片 数字博物馆 核心用户 百科商城

中华人民共和国最高人民法院行政审判庭

求助编辑 编辑词条

目录

- 职责权限

职责权限

编辑本段

1、审判第一、二审行政案件和行政赔偿案件。

2、审查处理中华人民共和国最高人民法院立案庭移送的不服高级人民法院生效裁判的行政申诉案件及少数立案庭移送的不服基层人民法院、中级人民法院生效裁判的行政申诉案件。

3、审判最高人民检察院按照审判监督程序对下级人民法院作出的行政生效裁判提出抗诉的案件。

4、审查行政机关申请强制执行案件。

5、审批高级人民法院行政案件延长审限的申请。

扩展阅读：

1 http://www.court.gov.cn/about/200302130019.htm

开放分类：

词条统计

浏览次数：约 1660次
编辑次数：2次 历史版本
最近更新：2013-01-12
创建者：Miffy_Bunny

最新动态

百科新春嘉年华启动：

有模有样
目录活动

百科消息：

- 百科android客户端升级1.1版
- 文库专题：过日子要有技术含量
- 百科mini上线：聚合精彩主题APP
- 一种细菌如何让污水变清？
- 百科数字博物馆突破30家
- 百科新增功能维护词条权威

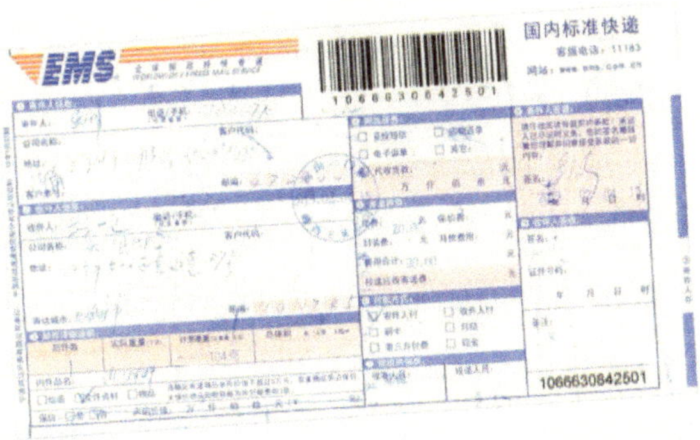

新闻 网页 贴吧 知道 音乐 图片 视频 地图 百科 文库

Bai du 百科 最高人民法院立案一庭 进入词条 搜索词条 帮助

首页 自然 文化 地理 历史 生活 社会 艺术 人物 经济 科技 体育 图片 数字博物馆 核心用户 百科商城

最高人民法院立案一庭

编辑词条

百科名片

人民法院立案审判工作事关党和国家工作大局，事关人民群众切身利益，事关宪法和法律权威，任务艰巨，责任重大。2009年9月9日上午，最高人民法院召开成立大会，立案一庭、立案二庭正式成立。

目录

- 简介
- 格局
- 职能

简介

立案一庭的职责为：受理各类依法向最高人民法院提起的申诉和涉诉信访案件，对依法向最高人民法院申请再审的案件进行形式审查；对最高人民法院依法受理的各类案件登记立案，对最高人民法院审判、处理的各类案件进行流程管理等。

格局

最高人民法院副院长苏泽林说，立案法官每天都与人民群众打交道。当前最关键、也是最紧迫的，就是要切实增强对人民法院人民性的理论认同、感情认同、实践认同，进一步培养立案审判工作的新理念。要真正把人民

词条统计

浏览次数：约 2003次
编辑次数：2次 历史版本
最近更新：2010-07-14
创建者：liugenqi

最新动态

百科新春嘉年华启动：

有模有样
目录活动

百科消息：

- 百科android客户端升级1.1版
- 文库专题：过日子要有技术含量
- 百科mini上线！聚合精彩主题APP
- 一种细菌如何让污水变清？
- 百科数字博物馆突破30家
- 百科新增功能维护词条权威

推广链接

最高人民法院立案庭,专业
最高人民法院立案庭法律咨询电话010-59792156,专业律师团队,提..
www.zaishenlvshi.com

-11-

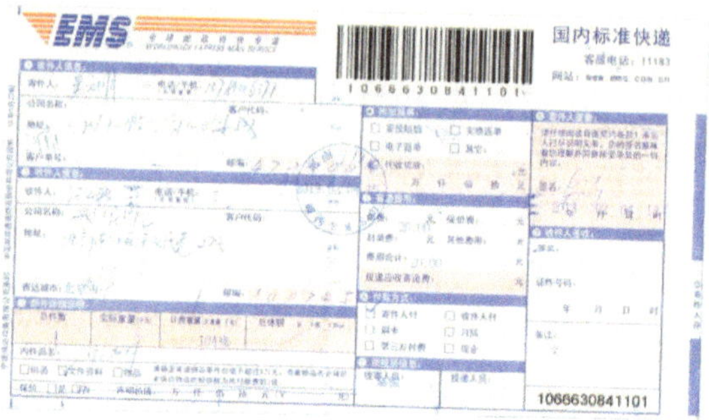

最高法副院长：全面推进依法治国 必走宪政之路

2012年11月23日 15:56
来源：人民论坛杂志 作者：江必新

32人参与0　　0条评论0　　分享到：　更多

资料图：最高法院副院长江必新

原标题：全面推进依法治国的若干思考——以学习党的十八大报告为背景

党的十八大报告指出，“全面推进依法治国”，“加快建设社会主义法治国家”，凸显了党中央对法治国家建设的高度重视。要全面推进依法治国，加快建设社会主义法治国家，要在规则治理上

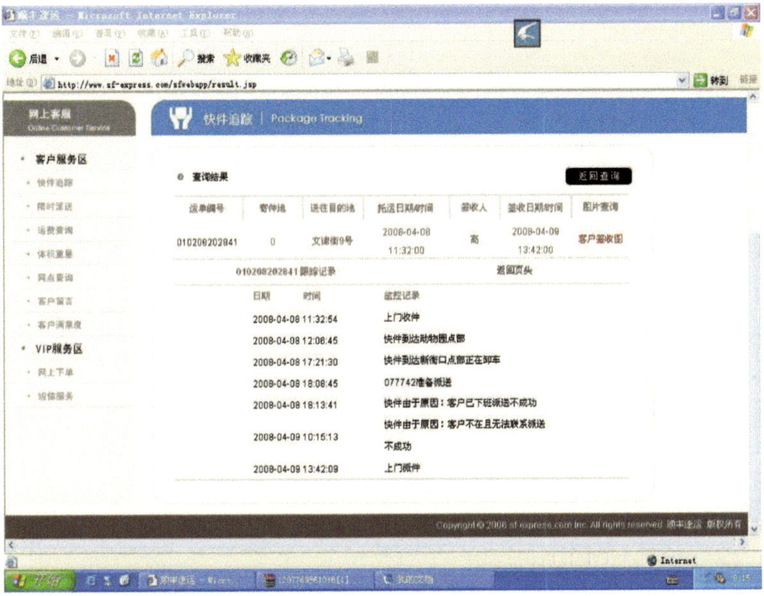
http://www.sf-express.com/sfwebapp/result.jsp
快件追踪 | Package Tracking
查询结果
返回查询
010208202841
0
文律街9号
2008-04-08 11:32:00
高
2008-04-09 13:42:00
客户签收图
010208202841跟踪记录
返回页头
日期 时间
2008-04-08 11:32:54 上门收件
2008-04-08 12:08:45 快件到达劝物围点部
2008-04-08 17:21:30 快件到达新街口点部正在卸车
2008-04-08 18:08:45 077742准备派送
2008-04-08 18:13:41 快件由于原因：客户已下班派送不成功
2008-04-09 10:15:13 快件由于原因：客户不在且无法联系派送不成功
2008-04-09 13:42:09 上门派件

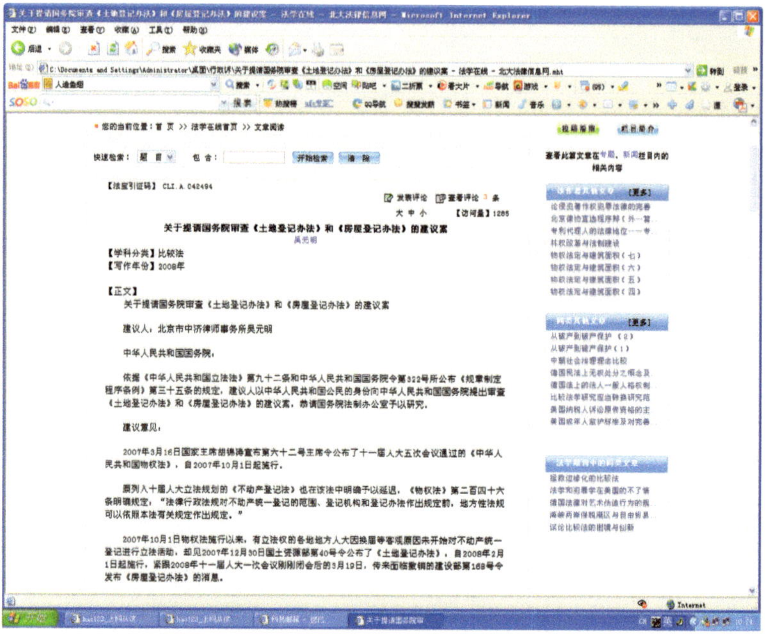
您的当前位置：首 页 >> 法学在线首页 >> 文章阅读
【法宝引证码】CLI.A.042494
【访问量】1285
关于提请国务院审查《土地登记办法》和《房屋登记办法》的建议案
吴元明
【学科分类】比较法
【写作年份】2008年
【正文】
关于提请国务院审查《土地登记办法》和《房屋登记办法》的建议案
建议人：北京市中济律师事务所吴元明
中华人民共和国国务院：
依据《中华人民共和国立法法》第九十二条和中华人民共和国国务院令第322号所公布《规章制定程序条例》第三十五条的规定，建议人以中华人民共和国公民的身份向中华人民共和国国务院提出审查《土地登记办法》和《房屋登记办法》的建议案，恭请国务院法制办公室予以研究。
建议意见：
2007年3月16日国家主席胡锦涛宣布第六十二号主席令公布了十一届人大五次会议通过的《中华人民共和国物权法》，自2007年10月1日起施行。
原列入十届人大立法规划的《不动产登记法》也在该法中明确予以延迟，《物权法》第二百四十六条明确规定，“法律行政法规对不动产统一登记的范围、登记机构和登记办法作出规定前，地方性法规可以依照本法有关规定作出规定。”
2007年10月1日物权法施行以来，有立法权的各地地方人大因换届等客观原因未开始对不动产统一登记进行立法活动，却见2007年12月30日国土资源部第40号令公布了《土地登记办法》，自2008年2月1日起施行，紧跟2008年十一届人大一次会议刚刚闭会后的3月19日，传来面临撤销的建设部第168号令发布《房屋登记办法》的消息。

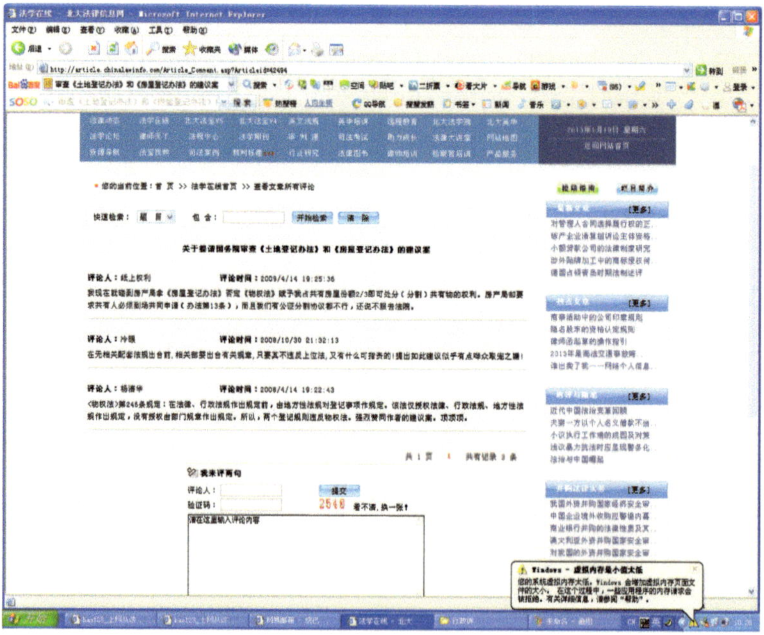
您的当前位置：首 页 >> 法学在线首页 >> 查看文章所有评论
关于提请国务院审查《土地登记办法》和《房屋登记办法》的建议案
评论人：线上权利 评论时间：2009/4/14 19:25:36
我现在就碰到房产局拿《房屋登记办法》否定《物权法》赋予我占共有房屋份额2/3即可处分（分割）共有物的权利。房产局却要求共有人必须到场共同申请（办法第13条），而且我们有公证分割协议都不行，还说不服告他们。
评论人：冷眼 评论时间：2008/10/30 21:32:13
在无相关配套法规出台前，相关部委出台有关规章，只要其不违反上位法，又有什么可指责的！提出如此建议似乎有点哗众取宠之嫌！
评论人：杨清华 评论时间：2008/4/14 19:22:43
<物权法>第246条规定：在法律、行政法规作出规定前，由地方性法规对登记事项作规定。该法仅授权法律、行政法规、地方性法规作出规定，没有授权由部门规章作出规定。所以，两个登记规则违反物权法。强烈赞同作者的建议案。顶顶顶。
共1页 1 共有记录3条
我来评两句

材料清单

1. 行政诉状 2 份，每份 2 页
2. 关于提请国务院审查《土地登记办法》和《房屋登记办法》的建议案 4 页
3. 建议案依据的法律法规相关条文及签收图片 3 页
4. 原告律师执业证复印件 2 页

连本页共计 14 页

寄：北京市东城区东交民巷 27 号最高人民法院 100745

-15-

行政诉状

原告：吴元明，男，55 岁，北京市中济律师事务所执业律师

被告：中华人民共和国国务院

法定代表人：温家宝　**职务**：总理

案由：行政不作为

诉讼请求：判令被告履行法定义务，即继续审查《房屋登记办法》和《土地登记办法》并及时做出合法的决定。

事实与理由：

2007 年 10 月 1 日，中国人民翘首以盼的物权法终于实施，但迅即被相关部门颁布的规章阉割。作为一个法律人实在忍无可忍，便依法于 2008 年 4 月 9 日向被告提交了书面的审查建议，并在其后从网上向各地人大常委会发送该书面审查建议请求支持。

数月后的某天突然接到显示号码为 01088888888 的来电，自称国务院法制局某处的女性工作人员告知原告，因有地方人大提出同类提议而启动审查程序，让我耐心等待相关的通知消息，该电曾使我一度兴奋不已。

但又过数月致电询问时听到的便是支吾之词，一种熟悉的被欺骗感觉油然而生，好在被欺骗已习惯便撂下不曾再提。

虽不断有网友询问当年建议之事，无从回答，十八大后看宪政之说又成时髦议题，已死之心死灰复燃。

特别是2012年12月广东房叔事件中当局处理信息披露人的恶劣行径，使本人有理由认为物权法已被行政规章阉割蜕变为当权者掩盖腐败保护不法利益的垄断工具，致使物权法规定的登记作为不动产物权公示的基本功能丧失殆尽并遗患无穷。

因此决计在温总理离任前提醒他老人家法治政府的许诺是否已经忘记，作为我告别中国律师生涯步查人后尘的最后一笔。

恭请最高人民法院依法受理并判如所请。

此致中华人民共和国最高人民法院

-17

具状人：吴元明

2013年2月6日于北京

附：

1、2008年4月8日所交的：

关于提请国务院审查《土地登记办法》和《房屋登记办法》的建议案

2、签收图片

3、原告律师执业证复印件

关于提请国务院审查《土地登记办法》和《房屋登记办法》的建议案

建议人：北京市中济律师事务所吴元明

中华人民共和国国务院：

依据《中华人民共和国立法法》第九十二条和中华人民共和国国务院令第 322 号所公布《规章制定程序条例》第三十五条的规定，建议人以中华人民共和国公民的身份向中华人民共和国国务院提出审查《土地登记办法》和《房屋登记办法》的建议案，恭请国务院法制办公室予以研究。

建议意见：

2007 年 3 月 16 日国家主席胡锦涛宣布第六十二号主席令公布了十一届人大五次会议通过的《中华人民共和国物权法》，自 2007 年 10 月 1 日起施行。

原列入十届人大立法规划的《不动产登记法》也在该法中明确予以延迟，《物权法》第二百四十六条明确规定："法律行政法规对不动产统一登记的范围、登记机构和登记办法作出规定前，地方性法规可以依照本法有关规定作出规定。"

2007年10月1日物权法施行以来，有立法权的各地地方人大因换届等客观原因未开始对不动产统一登记进行立法活动，却见2007年12月30日国土资源部第40号令公布了《土地登记办法》，自2008年2月1日起施行，紧跟2008年十一届人大一次会议刚刚闭会后的3月19日，传来面临撤销的建设部第168号令发布《房屋登记办法》的消息。

建议人认为上述两部门规章均不属于《立法法》第七十一条第二款“部门规章规定的事项应当属于执行法律或者国务院的行政法规、决定、命令的事项”，并且明显属于《立法法》第八十七条规定的应当予以改变或者撤销的五种法定情形中的几种。因此建议人提出审查建议，理由如下：

1、 两规章都在第一条立法目的中把《中华人民共和国物权法》作为立法依据，但物权法明文规定 “法律、行政法规对不动产统一登记的范围、登记机构和登记办法作出规定前，地方性法规可以依照本法有关规定作出规定。”，授权地方性法规可以依照本法有关规定作出规定，没有授权部门规章可以作出规定，规章规定显属五种法定情形中的“超越权限的” 情形。

2、 两规章都分别规定了“土地登记簿”和“房屋登记簿”，也与《中华人民共和国物权法》法定的“不动产登记簿是物权归属和内容的根据。不动产登记簿由登记机构管理。”相左，规章规定显属五种法定情形中的“下位法违反上位法规定的” 情形。

3、 两规章都分别规定了“登记人员持证上岗制度”，而上岗证书又分别由两部门分别颁发。这样的规定显属五种法定情形中的“不适当，应当予以改变或者撤销的情形”。

4、 两规章明显不符合《规章制度程序条例》第三条、第四条、第五条第二款，第八条第一款第二款确定的原则，规章规定显属五种法定情形中的“违背法定程序的” 情形。

5、 立法法第八十六条规定“地方性法规、规章之间不一致时，有关机关依照下列规定的权限作出裁决：

……

（二）地方性法规与部门规章之间对同一事项的规定不一致，不能确定如何适用时，由国务院提出意见，国务院认为应当适用地方性法规的，应当决定在该地方适用地方性法规的规定；认为应当适用部门规章的，应当提请全国人民代表大会常务委员会裁决；”

物权法实施后正逢地方人大换届之时，换届后的地方人大如着手制定地方关于不动产统一登记的法规，势必与上述两规章形成冲突，客观上两规章公布实施可能妨碍物权法规定的“地方性法规可以依照本法有关规定作出决定”的地方立法。

综上所述，两个部门规章的颁布实施势必影响物权法关于不动产登记的法律效力的严肃性和权威性，势必影响我国不动产统一登记制度的建立和完善，进而对我国市场化改革尤其是不动产市场的建设产业不良影响。例如《中华人民共和国信托法》实施已经有六年多，而不动产信托登记却千呼万唤出不来，致使不动产信托在我国的不动产利用中无法发挥应有的作用。

如果任由这两个部门利益倾向过于明显的部门规章公布和实施，损害的不仅是政府依法行政的形象，更是广大人民群众对法制的信心，更会影响中国社会主义市场经济的建设。

因此，作为中华人民共和国公民有权利也有义务依法向有权机构提出书面对这两个部门规章合法性进行审查的建议，恳请依法作出改变或撤销的决定。

此致

中华人民共和国国务院

建议人：吴元明

二〇〇八年四月八日

附：建议案依据的法律法规相关条文

附：建议人联系方式

北京中济律师事务所吴元明律师
执业证号：0119941106570
电话：（010）88083333-2080
手机：13501015897
电子邮件：wymzjs@126.com
地址：北京市海淀区三里河路十五号中建大厦B座五层
邮编：100037

建议案依据的法律法规相关条文

中华人民共和国立法法

（2000年3月15日第九届全国人民代表大会第三次会议通过）

第九十四条　本法自2000年7月1日起施行

第七十一条　国务院各部、委员会、中国人民银行、审计署和具有行政管理职能的直属机构，可以根据法律和国务院的行政法规、决定、命令，在本部门的权限范围内，制定规章。

部门规章规定的事项应当属于执行法律或者国务院的行政法规、决定、命令的事项。

第八十六条　地方性法规、规章之间不一致时，由有关机关依照下列规定的权限作出裁决：

（一）同一机关制定的新的一般规定与旧的特别规定不一致时，由制定机关裁决；

（二）地方性法规与部门规章之间对同一事项的规定不一致，不能确定如何适用时，由国务院提出意见，国务院认为应当适用地方性法规的，应当决定在该地方适用地方性法规的规定；认为应当适用部门规章的，应当提请全国人民代表大会常务委员会裁决；

（三）部门规章之间、部门规章与地方政府规章之间对同一事项的规定不一致时，由国务院裁决。

根据授权制定的法规与法律规定不一致，不能确定如何适用时，由全国人民代表大会常务委员会裁决。

第八十七条　法律、行政法规、地方性法规、自治条例和单行条例、规章有下列情形之一的，由有关机关依照本法第八十八条规定的权限予以改变或者撤销：

（一）超越权限的；

（二）下位法违反上位法规定的；

（三）规章之间对同一事项的规定不一致，经裁决应当改变或者撤销一方的规定的；

（四）规章的规定被认为不适当，应当予以改变或者撤销的；

（五）违背法定程序的。

第八十八条　改变或者撤销法律、行政法规、地方性法规、自治条例和单行条例、规章的权限是：

-22-

……

（三）国务院有权改变或者撤销不适当的部门规章和地方政府规章；

第八十九条　行政法规、地方性法规、自治条例和单行条例、规章应当在公布后的三十日内依照下列规定报有关机关备案：

……

（四）部门规章和地方政府规章报国务院备案；地方政府规章应当同时报本级人民代表大会常务委员会备案；较大的市的人民政府制定的规章应当同时报省、自治区的人民代表大会常务委员会和人民政府备案；

第九十二条　其他接受备案的机关对报送备案的地方性法规、自治条例和单行条例、规章的**审查程序**，按照维护法制统一的原则，由接受备案的机关规定。

规章制定程序条例

中华人民共和国国务院令（第 322 号）

现公布《规章制定程序条例》，自 2002 年 1 月 1 日起施行。

总理 朱镕基　　2001 年 11 月 16 日

第一条 为了规范规章制定程序，保证规章质量，根据立法法的有关规定，制定本条例。

第二条 规章的立项、起草、审查、决定、公布、解释，适用本条例。

违反本条例规定制定的规章无效。

第三条 制定规章，应当遵循立法法确定的立法原则，符合宪法、法律、行政法规和其他上位法的规定。

第四条 制定规章，应当切实保障公民、法人和其他组织的合法权益，在规定其应当履行的义务的同时，应当规定其相应的权利和保障权利实现的途径。

制定规章，应当体现行政机关的职权与责任相统一的原则，在赋予有关行政机关必要的职权的同时，应当规定其行使职权的条件、程序和应承担的责任 。

第五条 制定规章，应当体现改革精神，科学规范行政行为，促进政府职能向经济调节、社会管理和公共服务转变。

制定规章，应当符合精简、统一、效能的原则，相同或者相近的职能应当规定由一个行政机关承担，简化行政管理手续。

第八条 涉及国务院两个以上部门职权范围的事项，制定行政法规条件尚不成熟，需要制定规章的，国务院有关部门应当联合制定规章。

有前款规定情形的，国务院有关部门单独制定的规章无效。

第三十五条 国家机关、社会团体、企业事业组织、公民认为规章同法律、行政法规相抵触的，可以向国务院书面提出审查的建议，由国务院法制机构研究处理。

……

中华人民共和国主席令

（第六十二号）

《中华人民共和国物权法》已由中华人民共和国第十届全国人民代表大会第五次会议于 2007 年 3 月 16 日通过，现予公布，自 2007 年 10 月 1 日起施行。

第十条　不动产登记，由不动产所在地的登记机构办理。

国家对不动产实行统一登记制度。统一登记的范围、登记机构和登记办法，由法律、行政法规规定。

第十四条　不动产物权的设立、变更、转让和消灭，依照法律规定应当登记的，自记载于不动产登记簿时发生效力。

第十六条　不动产登记簿是物权归属和内容的根据。不动产登记簿由登记机构管理。

第二百四十六条　法律、行政法规对不动产统一登记的范围、登记机构和登记办法作出规定前，地方性法规可以依照本法有关规定作出规定。

顺丰速运 S.F. Express
http://www.sf-express.com
010 208202841
本公司专用 S.F. Express Use Only
寄件公司 From　联络人 Attn
地址 Address　省 Province　市 City　县/区 District　镇 Town
区号 Area Code　固定电话 No. 88083333
短信服务 SMS Service　手机号码 Mobile No. 13501015897
收件公司 To　联络人 Attn
地址 Address　省 Province　市 City　县/区 District　镇 Town
区号 Area Code　固定电话 No.　手机号码 Mobile No. 63097599
托寄物详细资料 Shipment Information
托寄物内容 Description　数量 Quantity 1　价值 Declared Value
付款方式 Payment Option　寄方付 Sender　收方付 Receiver　第三方付 3rd Party
寄件人签署或盖章 Sender's Signature or Seal
月结 账号 Credit A/C No.
按体积收费 Charged by Volume
收件员 Picked up by 068853　派件员 Delivered by
寄件日期 Date of Pick-up 0408 1132
派件日期 Date Executed 409 1342
收件人签收 Receiver's Signature
备注 Remarks
请用正楷签收 SIGN IN BLOCK LETTER
第二联：本公司派件存根 2nd copy: S.F. Express

-24-

本证为持证人依法获准律师执业的有效证件。持证人执业应当出示本证，请司法机关和有关单位、个人予以协助。

中华人民共和国司法部

中华人民共和国

律师执业证

Lawyer's License

People's Republic of China

中华人民共和国司法部监制

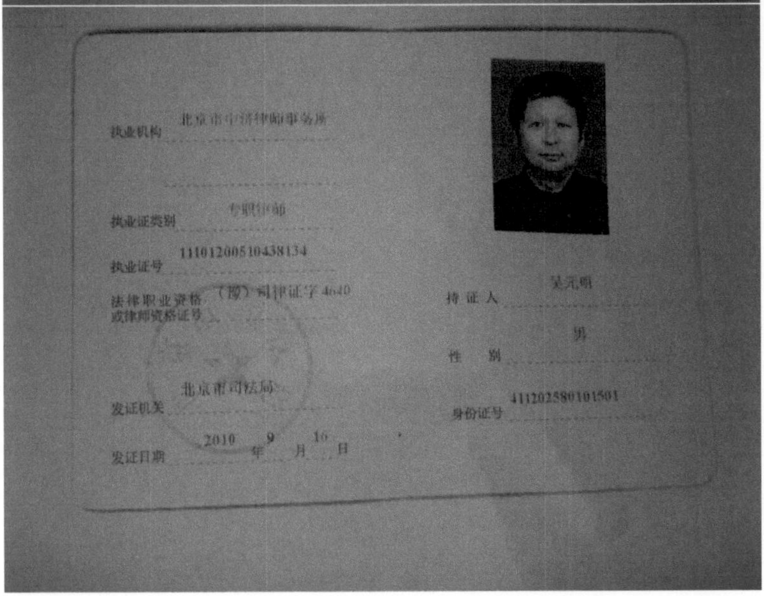

执业机构 北京市中济律师事务所

执业证类别 专职律师

执业证号 11101200510438134

法律职业资格或律师资格证号 （豫）司律证字 4640

发证机关 北京市司法局

发证日期 2010 年 9 月 16 日

持证人 吴元明

性别 男

身份证号 411202580101501

-25-

律师年度考核备案

考核年度	二〇一二年度
考核结果	称 职
备案机关	
备案日期	2012年6月-2013年5月

律师年度考核备案

考核年度	
考核结果	
备案机关	
备案日期	

-26-

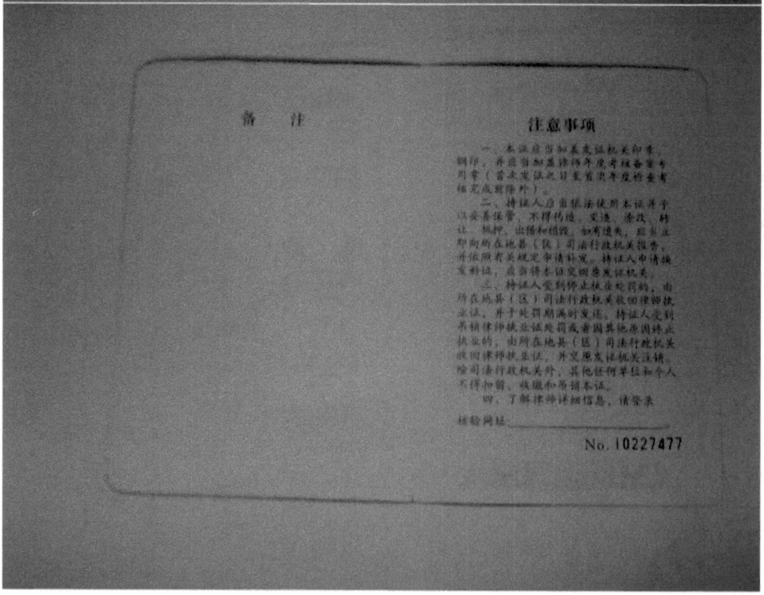

备 注

注意事项

一、本证应当加盖发证机关印章、钢印，并应当加盖律师年度考核备案专用章（首次发证之日至首次年度考核备案完成前除外）。

二、持证人应当依法使用本证并予以妥善保管，不得伪造、变造、涂改、转让、抵押、出借和损毁。如有遗失，应当立即向所在地县（区）司法行政机关报告，并依照有关规定申请补发。持证人申请换发新证，应当将本证交回原发证机关。

三、持证人受到停止执业处罚的，由所在地县（区）司法行政机关收回律师执业证，并于处罚期满时发还。持证人受到吊销律师执业证处罚或者因其他原因终止执业的，由所在地县（区）司法行政机关收回律师执业证，并交原发证机关注销。除司法行政机关外，其他任何单位和个人不得扣留、收缴和吊销本证。

四、了解律师详细信息，请登录

核验网址：

No. 10227477

首 页 网站地图 ENGLISH

插件内容

邮件查询 | 产品介绍 | 客户服务 | 承诺服务 | 服务指南 | 网上下单 | 关于我们

邮件查询

速递查询

物流查询

其它查询

1066630849501 2013-02-08 16:36:00 投递并签收

处理地点：北京邮政速递金宝街分公司王府井营投部

1066630842501 2013-02-08 16:36:00 投递并签收

处理地点：北京邮政速递金宝街分公司王府井营投部

1066630841101 2013-02-08 16:36:00 投递并签收

处理地点：北京邮政速递金宝街分公司王府井营投部

您的邮件于 2013-02-08 16:36:00 （北京邮政速递金宝街分公司王府井营投部） 投递并签收

投递结果：

高法单位收发章收发章收

处理时间	处理地点	邮件状态
2013-02-04 13:19:00	三门峡市崤山西路邮政营业厅	收寄
2013-02-04 14:40:36	郑州西环速递邮件处理分场地	到达处理中心,来自三门峡市
2013-02-04 17:39:00	三门峡市崤山西路邮政营业厅	离开收寄局
2013-02-04 17:52:55	郑州西环速递邮件处理分场地	离开处理中心,发往南京速递物流航空集散中心
2013-02-06 03:04:18	南京速递物流航空集散中心	到达处理中心,来自郑州西环速递邮件处理分场地
2013-02-06 06:19:43	南京速递物流航空集散中心	离开处理中心,发往北京邮政速递金宝街分公司王府井营投部
2013-02-08 13:16:47	北京邮政速递金宝街分公司王府井营投部	到达处理中心,来自南京速递物流航空集散中心
2013-02-08 13:30:29	北京邮政速递金宝街分公司王府井营投部	安排投递
2013-02-08 16:36:00	北京邮政速递金宝街分公司王府井营投部	投递并签收

-27-

邮件查询 | 产品介绍 | 客户服务 | 承诺服务 | 服务指南 | 网上下单 | 关于我们

半途而废是否后悔当初入行的贸然？曾经是这样想过，但最终还认为不入此行就无法开此“天眼”，没有信息没有思考变为脑残，可能会像傻子一样幸福自满，实在庆幸半路出家选择了一条虽艰难曲折、坎坷不断却也算无愧今生、风光涉险的道路，终悟道生命的本质就是艰难。

上山下乡、招工、高考成为所谓天之骄子，83 年毕业后不到一年就赶时运得到提拔，都不值一谈。随着 86 年事业家庭的双磨难，选择站起的方向就是做律师，从决定报名参加 88 年第二次律考不成，到 1994 年底终于取得律师资格，竟然也用八年。

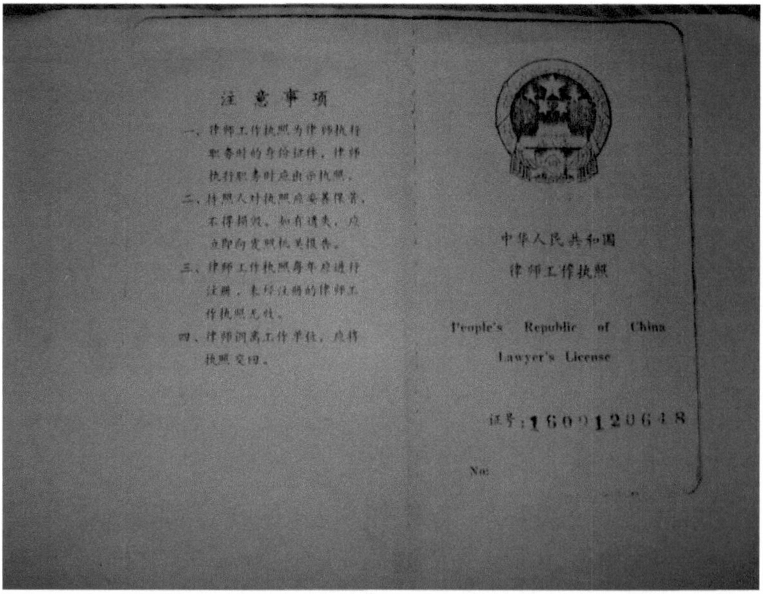

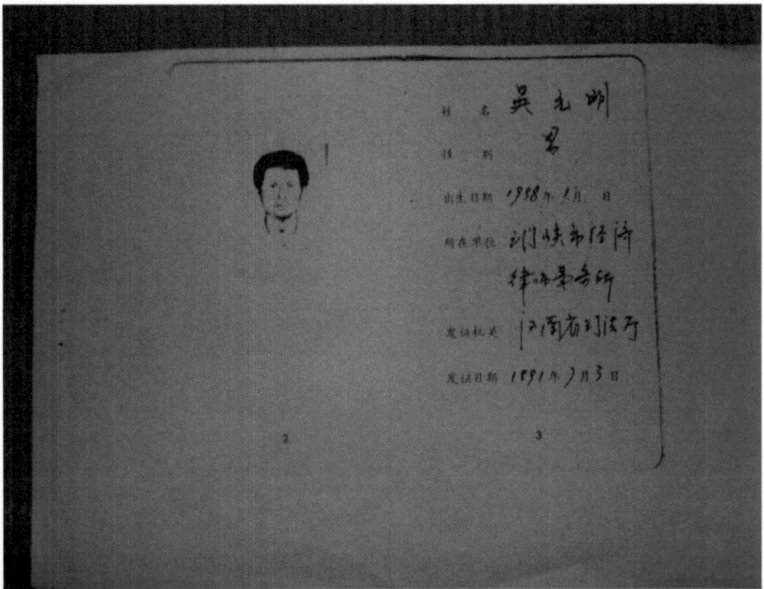
姓名 吴元明
性别 男
出生日期 1938年1月 日
所在单位 三门峡市经济律师事务所
发证机关 河南省司法厅
发证日期 1991年7月3日
2
3

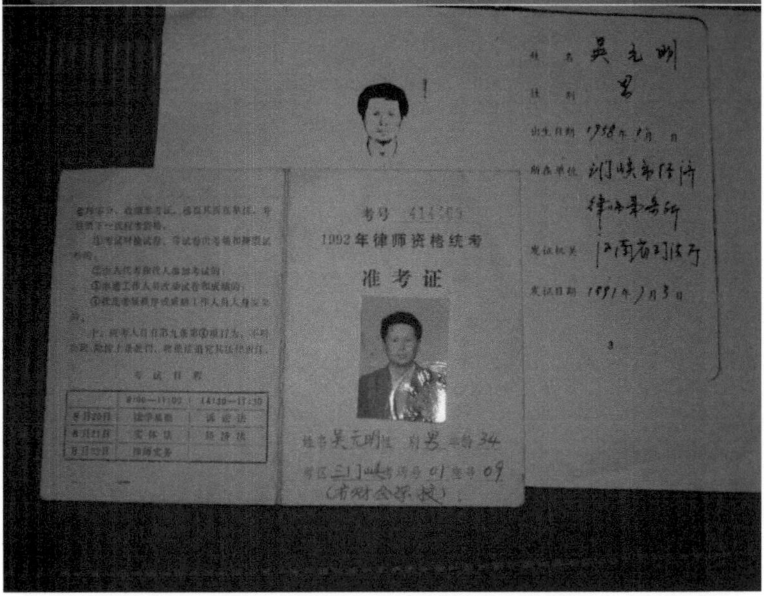
姓名 吴元明
性别 男
出生日期 1938年1月 日
所在单位 三门峡市经济律师事务所
发证机关 河南省司法厅
发证日期 1991年7月3日
3
考号
1992年律师资格统考
准考证
考试日程

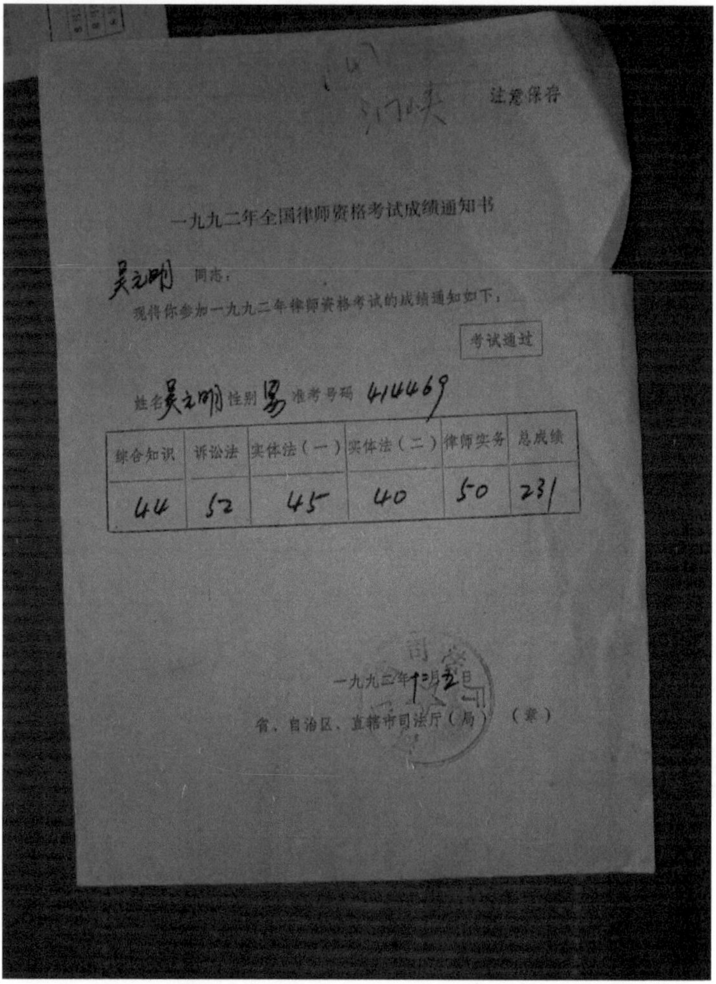

注意保存

一九九二年全国律师资格考试成绩通知书

吴元明 同志：

现将你参加一九九二年律师资格考试的成绩通知如下：

考试通过

姓名 吴元明 性别 男 准考号码 414469

综合知识	诉讼法	实体法（一）	实体法（二）	律师实务	总成绩
44	52	45	40	50	231

一九九二年12月2日

省、自治区、直辖市司法厅（局） （章）

三-95-1-000016

律师资格审批呈报表

呈报单位

姓　　名 吴元明

中 华 人 民 共 和 国 司 法 部

1 9 8 6年制

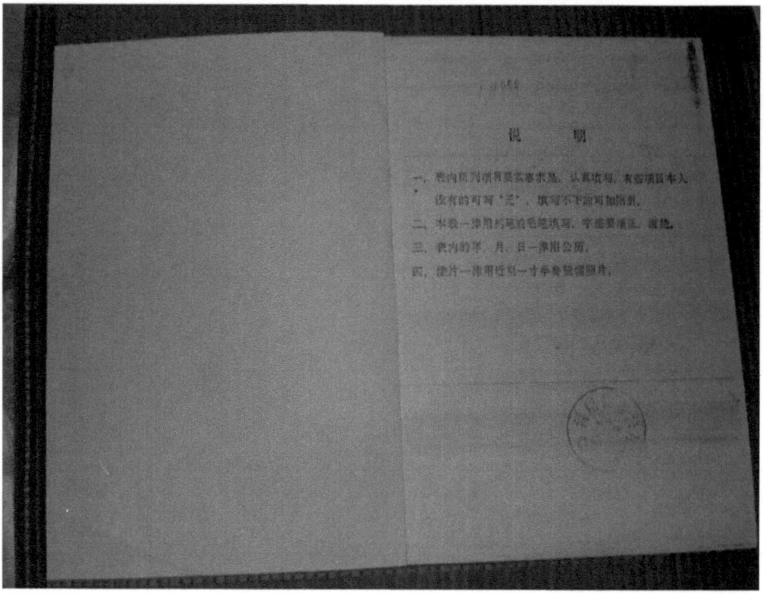
说 明
三、表内的年、月、日一律用公历。

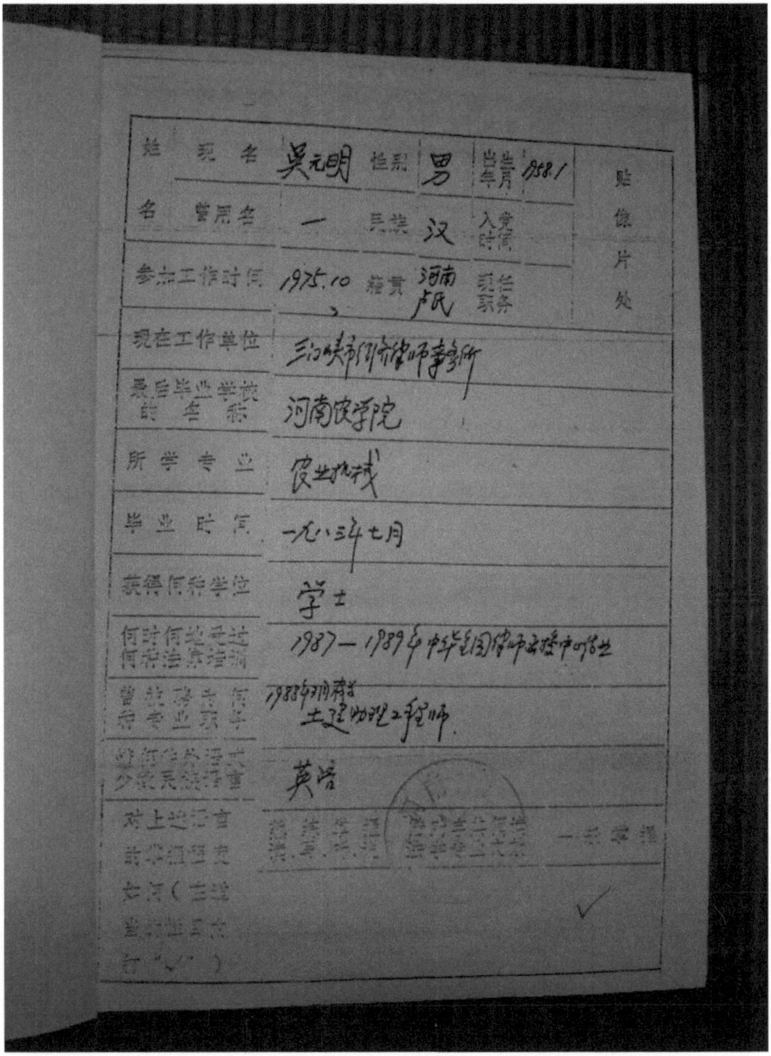

姓名	现名	吴元明	性别	男	出生年月	1958.1	贴像片处
	曾用名	一	民族	汉	入党时间		
参加工作时间		1975.10	籍贯	河南卢氏	现任职务		
现在工作单位		三门峡市[illegible]律师事务所					
最后毕业学校的名称		河南农学院					
所学专业		农业机械					
毕业时间		一九八三年七月					
获得何种学位		学士					
何时何地受过何种法律培训		1987—1989年 中华全国律师函授中心结业					
曾被授予何种专业职称		1988年7月被评为 土建助理工程师					
懂何种外语或少数民族语言		英语					
对上述语言掌握程度如何（在选定项目后打“√”）		[illegible]		[illegible]		一般掌握 ✓	

参加1992年全国律师资格统一考试成绩登录	卷号	卷一	二卷	卷三	卷四	卷五	
	分数						
	总成绩	231分					
何时何地何原因受过何种奖励	/						
何时何地何原因受过何种处分	/						
关和……熟练程度如何，有何著作（译著）和发明创造	机械制造和维修，土建工程设计和概预算，能够独立地从事简单机械，中小型民用建筑设计。1993年2月向国家专利局递交了与他人合作的专利申请项目，已受理，申请号93202684.2						

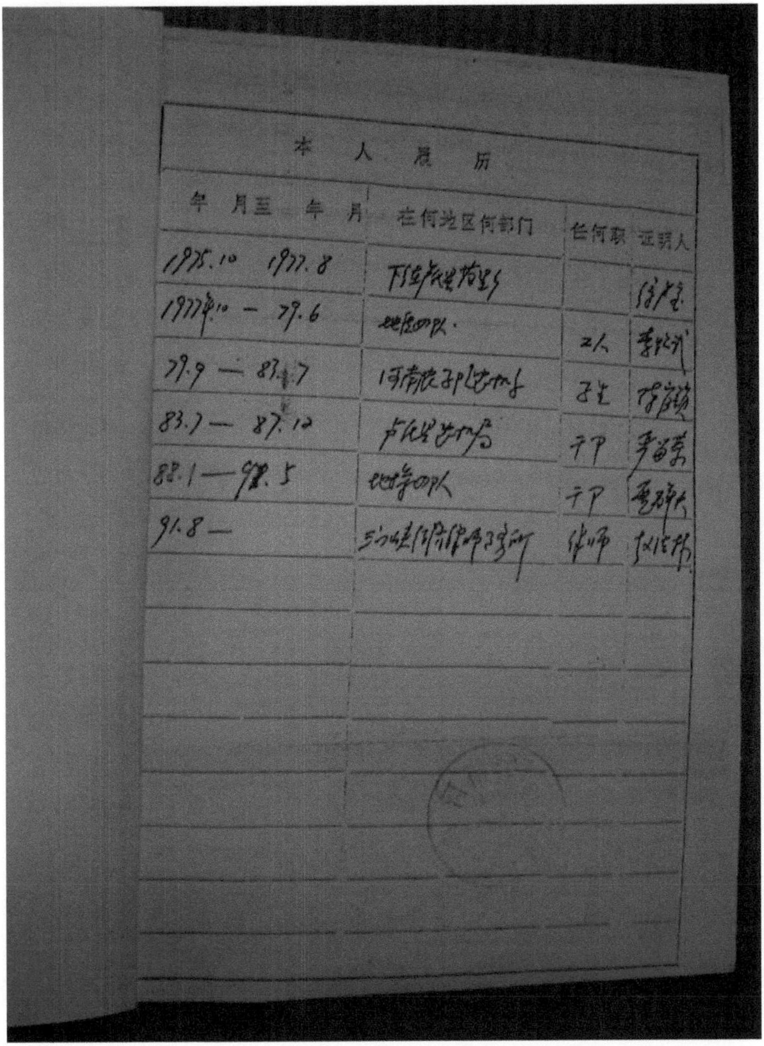

本人简历

年月至年月	在何地区何部门	任何职	证明人
1975.10　1977.8	下乡卢氏县范里乡		[illegible]
1977年10 — 79.6	地质四队	工人	[illegible]
79.9 — 83.7	河南政法干部学校	学生	[illegible]
83.7 — 87.12	卢氏县[illegible]	干部	[illegible]
88.1 — 91.5	地质四队	干部	[illegible]
91.8 —	三门峡[illegible]律师事务所	律师	[illegible]

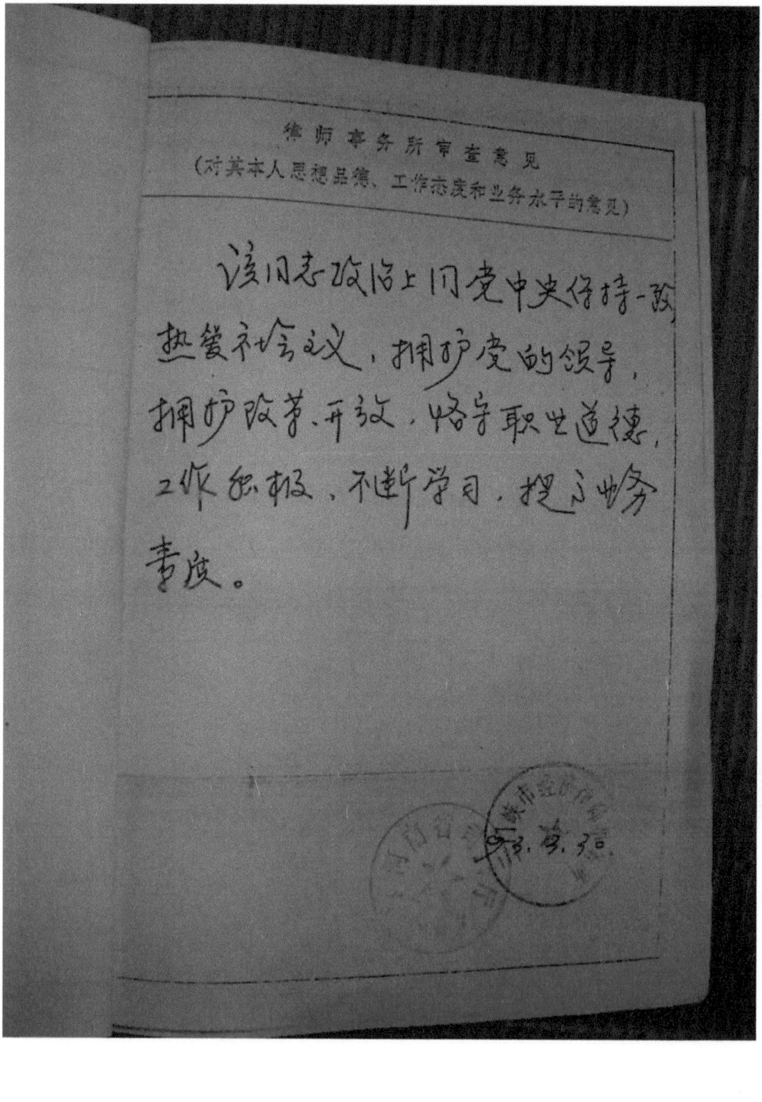

律师事务所审查意见

（对其本人思想品德、工作态度和业务水平的意见）

该同志政治上同党中央保持一致，热爱社会主义，拥护党的领导，拥护改革开放，恪守职业道德，工作积极，不断学习，提高业务素质。

93.9.30

县(市)司法局审核意见	盖章 年　月　日
地(市、州)司法局审核意见	同意 盖章 93 年 4 月 7 日
省、自治区、直辖市司法厅(局)审核意见	一九九三年　月　日

中华人民共和国
律师资格证书
司律证字第　号
根据《中华人民共和国律师暂行条例》的规定，经考核合格，特授予
律师资格。
注：不得凭本证书从事律师职务。凡从事律师职务者，必须持司法部颁发的律师工作执照。

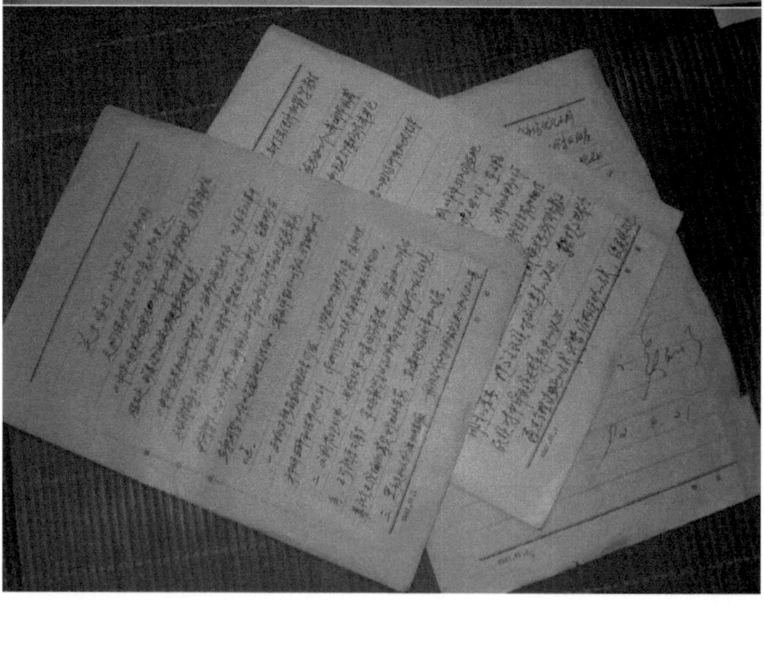

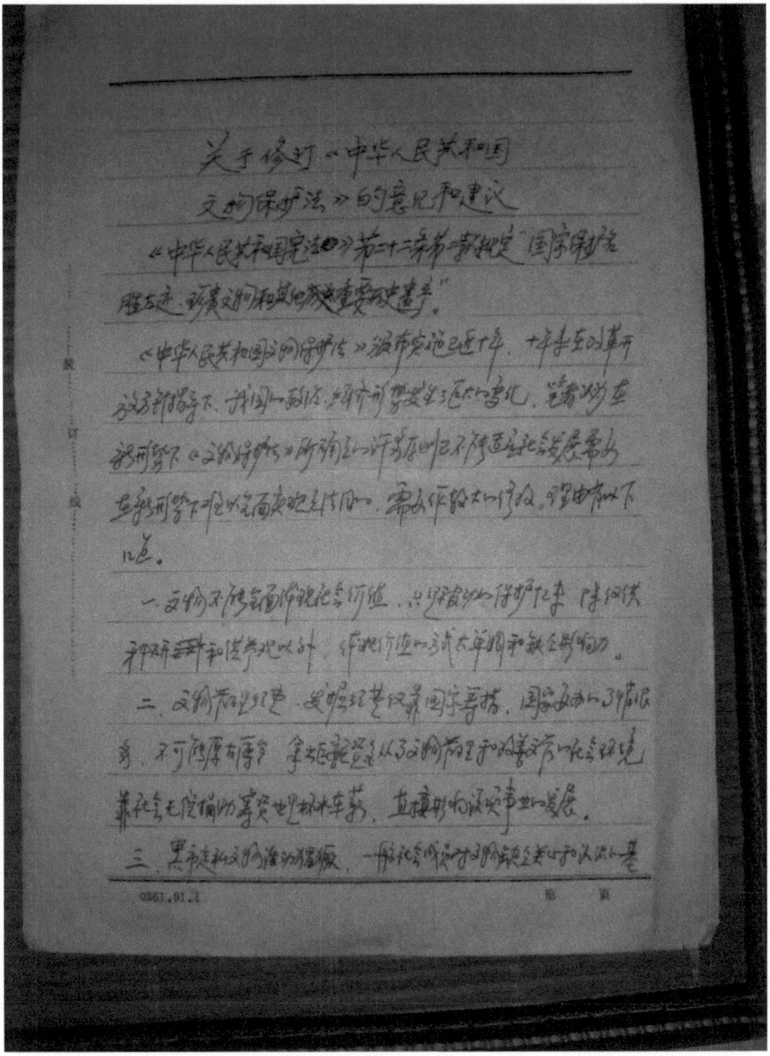

关于修订《中华人民共和国文物保护法》的意见和建议

《中华人民共和国宪法》第二十二条第二款规定"国家保护名胜古迹、珍贵文物和其他重要历史文化遗产"。

《中华人民共和国文物保护法》颁布实施已近十年。十年来在改革开放方针指导下，我国的政治、经济形势发生了巨大的变化，在新的社会形势下《文物保护法》所确立的许多原则已不能适应社会发展需要，在新的形势下难以全面发挥其作用。需要作较大的修改，理由有以下几点。

一、文物不能全面体现社会价值，只是被动的保护起来，除了供科研和陈列展出以外，体现价值的方式太单调和缺乏影响力。

二、文物流通渠道，发掘权只限于国家专有，国家没有足够的财力，不可能面面俱到，全方位的从事文物流通和收藏方面的社会环境，社会无法借助多方资金和技术力量，直接影响该项事业的发展。

三、黑市走私文物活动猖獗，一般社会成员对文物缺乏关心和认识的基

0361.91.Ⅱ　第　页

本知识，致使打击文物走私和黑市活动成了少数文物管理工作人员的事情，力量显得太小，打击不力。走私是一种经济犯罪，文物更没有正常的社会价格，对走私犯罪的惩罚缺乏统一的尺度。

四、有些私人所有的文物也是属国家的保护文物，所谓无人，是文物走私犯罪有机可乘。而对私人的收藏法律缺乏全面规定，又没有可靠的法律保障。

五、许多文物的开发不是技术问题，而是资金障碍，致使许多文物不能有效的受到保护，盗窃、倒卖活动十分猖獗，有人发财，致伤。

六、我国文物分布范围之广，数量之大，为世界之少见，而仅依靠文物管理部门一家来保护，又主要依靠行政手段，社会力量参与有限，文物保护的社会效益很差，致使许多不知道或不得知的损失是无法挽回的，这一社会现象应正视。

以上阐述受本人认识所限制，很不全面，本人提出建议供参考，希望能起到抛砖引玉的作用。

首先本人认为在文物保护法中应当对文物的所有权的规定有所

权宽；一方面对文物有所规定，一方面放宽所有权人的内容，即所有权人既享有比较广泛的权利又承担一定的法定义务

再者规定合法的文物交易受法律保护，其价格完全放开

可以限制交易文物的类别，交易场所，并进行必要的登记

其三、对文物的国际贸易作出严格的规定

其四、对文物的发掘等方面的活动作出较为严格的规定，使其程序法律化

其五、对不可移动的文物的产权应进行登记，对其产权人或管理人的权利义务如何作出较为详细的规定，如产权或管理人不履行保护文物义务致损害，可强制其出让产权或管理权给有能力保护的人。

其六、在文物交易中，允许或提倡以拍卖方式进行交易，使文物的社会价格趋于合理。

其七、对损坏文物或丢失使文物灭失要较为详尽地规定应承担的民事责任、行政责任或刑事责任。

其八、通过文物的合法交易，使文物的社会价值以价值规律

的主战作用，使打击文物犯罪与打击经济犯罪紧密结合起来。

其九、对于地方鼓励以保值或以增值为目的个人或团体收藏文物活动，甚至可以鼓励外国收藏者在中国建立博物馆或其它设施收藏文物

其十、引入许可证制，对文物保护投资者的许可所有权以法律保护。

以上建议很不成熟，主要意图是在文物工作中引入价值规律，目的是使全社会都能关心和参与文物保护这项工作，在文物保护工作中作收益者考虑，投资得益的原则，调动文物工作者和社会参与者的积极性，使文化利益与经济利益有机地结合起来，减轻国家财政压力，使文化宝藏焕发出为保护事业服务的青春，提高全民族对文化遗产的认识，提高全世界各民族对中华民族光荣历史的认识。

通过合理流通的方式代替储存保护的方式，使民族文化

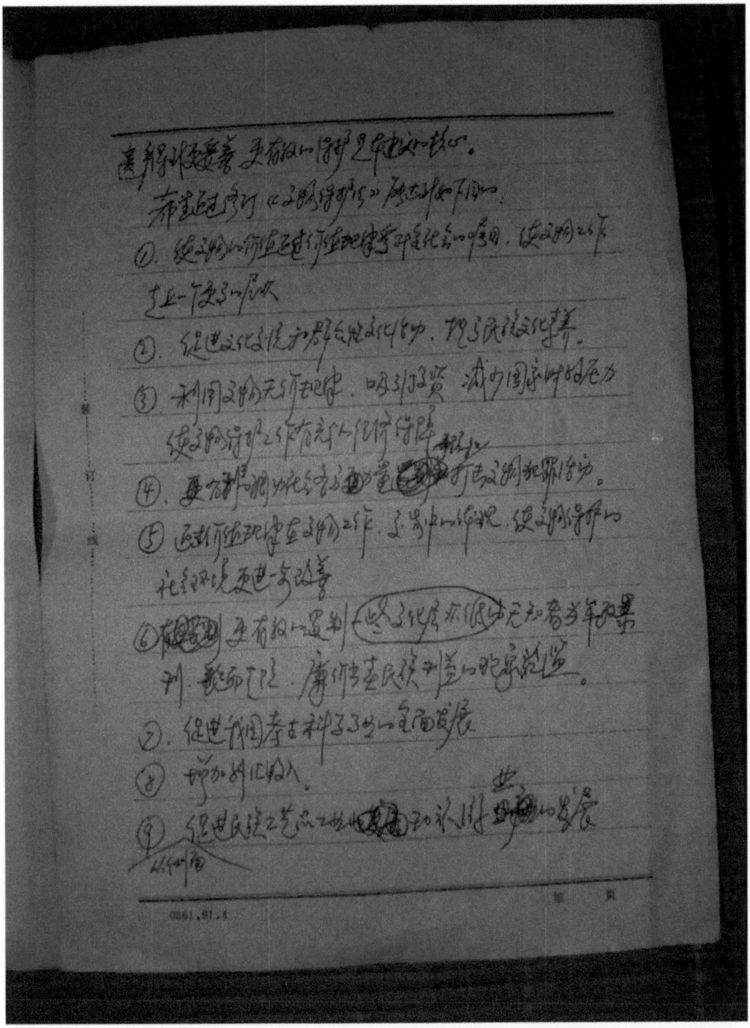
[illegible]更有效的保护是文物的核心。

第五，通过修订《文物保护法》应达到如下目的：

①. 使文物的价值通过行政、法律等手段得到[illegible]，使文物工作走上一个更高的层次

②. 促进文化交流和群众性文化活动，提高民族文化素养。

③. 利用文物无形包装，吸引投资，减少国家财政压力，使文物保护工作有充足的经费保障

④. 要完善文物的文化宣传工作，[illegible]打击文物犯罪活动。

⑤. 通过行政法律在文物工作上的作用，使文物保护的社会环境更进一步改善

⑥. [illegible]更有效的遏制[illegible]文化虚无主义[illegible]，[illegible]民族[illegible]。

⑦. 促进我国考古科学事业的全面发展

⑧. 增加外汇收入。

⑨. 促进民族工艺品工业和旅游业的发展

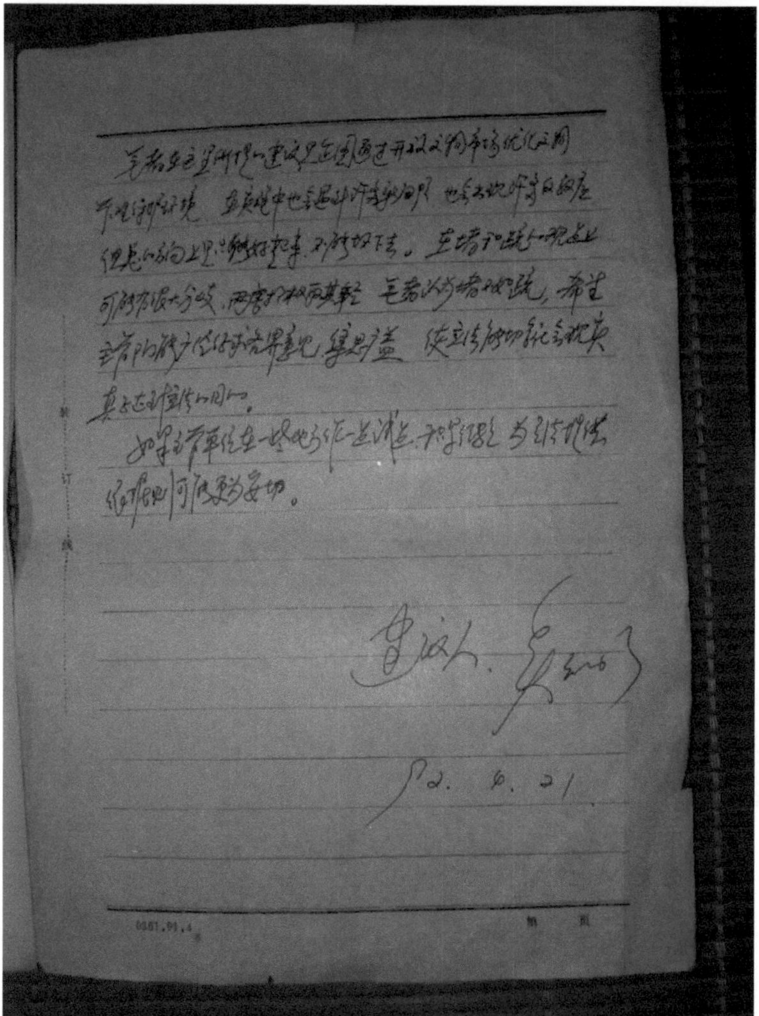
建议人：

92. 6. 21

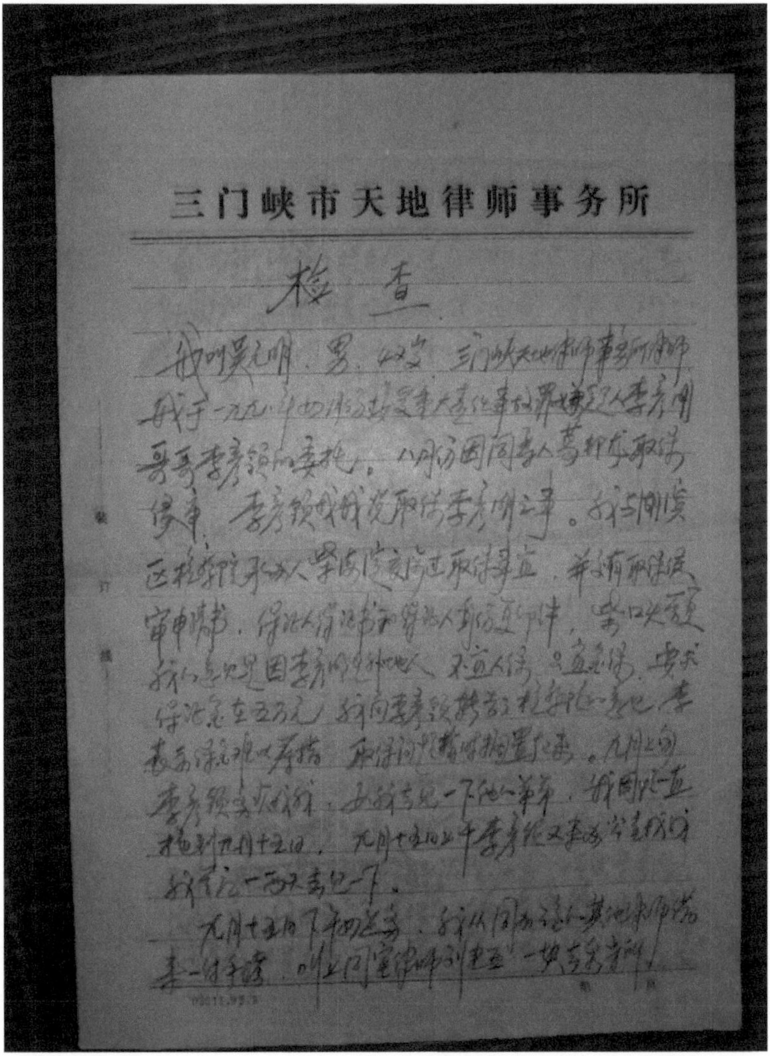

三门峡市天地律师事务所

检 查

我叫吴元明，男，44岁，三门峡天地律师事务所律师。我于一九九八年四月[illegible]人李彦明哥哥李彦领的委托。八月份因同案人葛[illegible]取保候审，李彦领找我为取保李彦明之事。我们与湖滨区检察院[illegible]取保事宜，并递交取保候审申请书，保证人保证书和保证人身份证复印件，[illegible]我们意见是因李彦明[illegible]，要求保证金在五万元，我向李彦领转告了检察院[illegible]意见，李表示保证金难以筹措，取保问题[illegible]。九月上旬李彦领又找我们，要我们去见一下他的弟弟，我同意[illegible]拖到九月十五日。九月十五日上午李彦领又来所[illegible]我们去一[illegible]一下。

九月十五日下午[illegible]，我们从[illegible]律师[illegible]

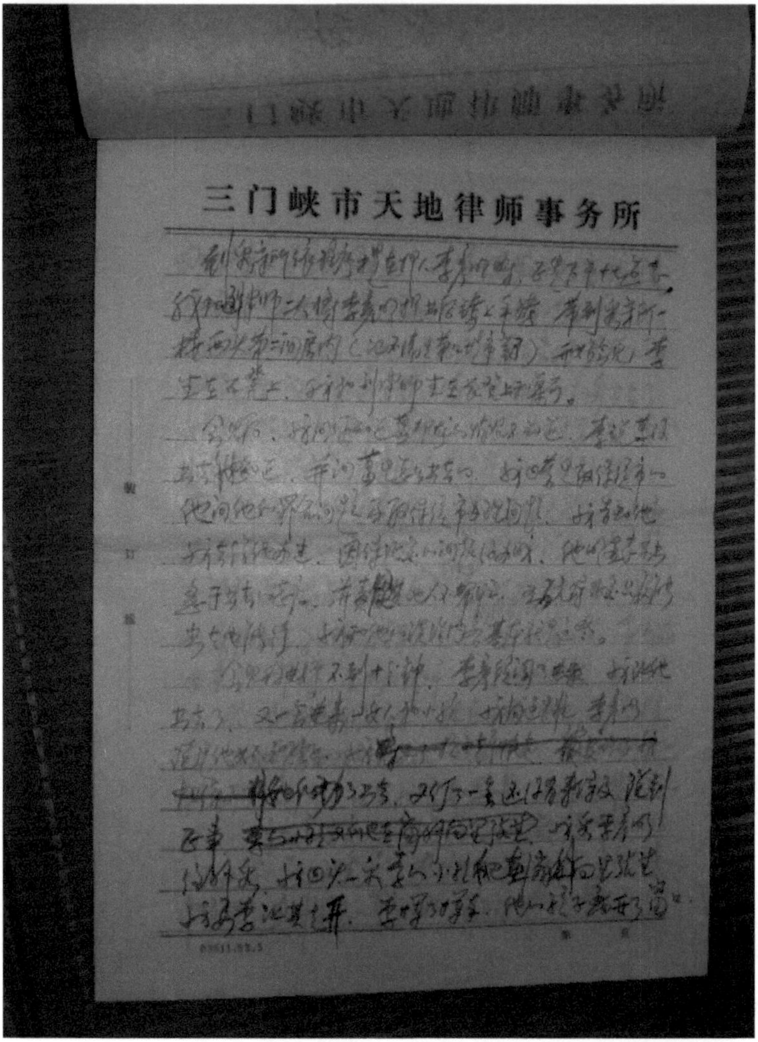
三门峡市天地律师事务所

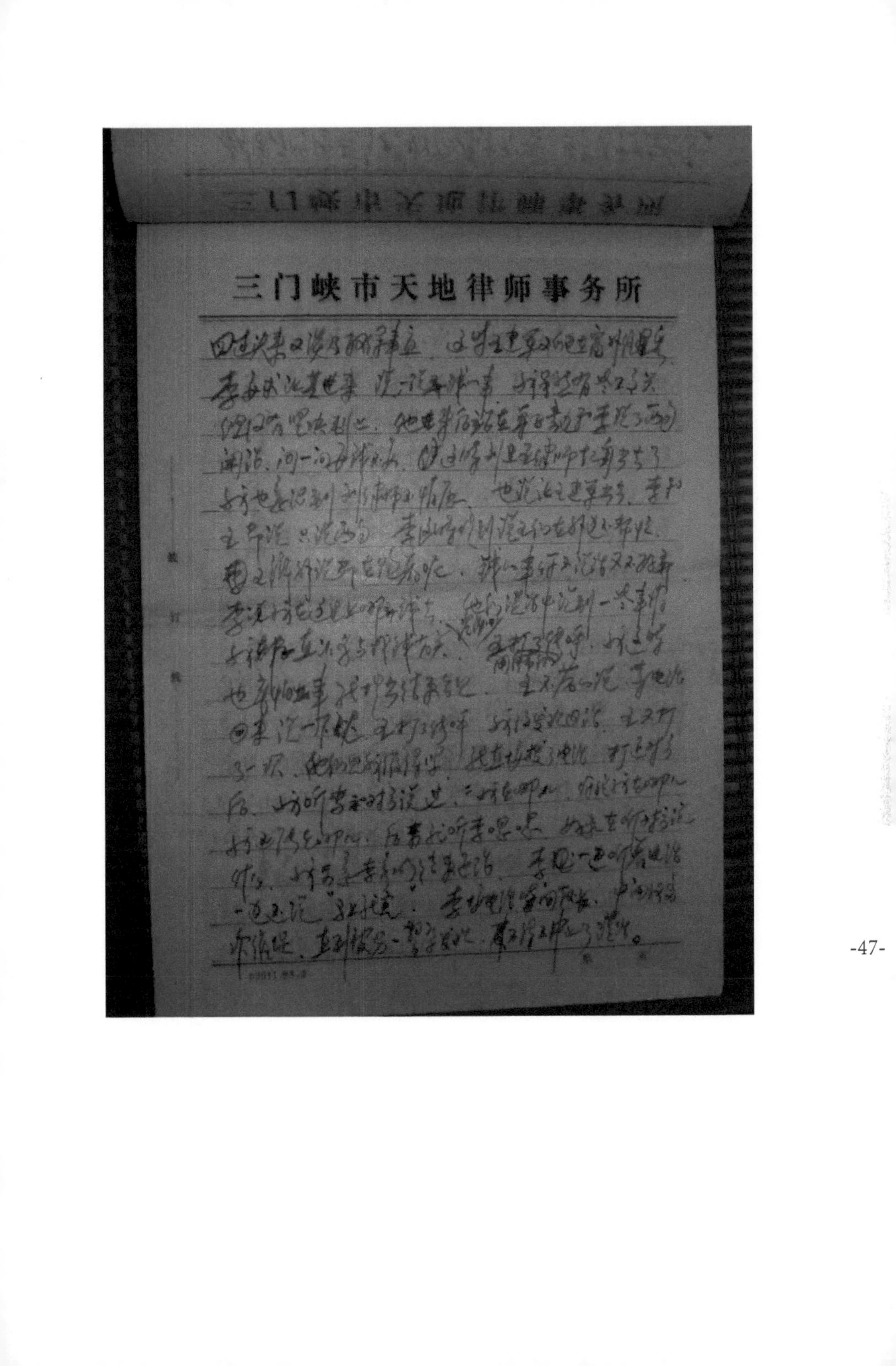

三门峡市天地律师事务所

[illegible]

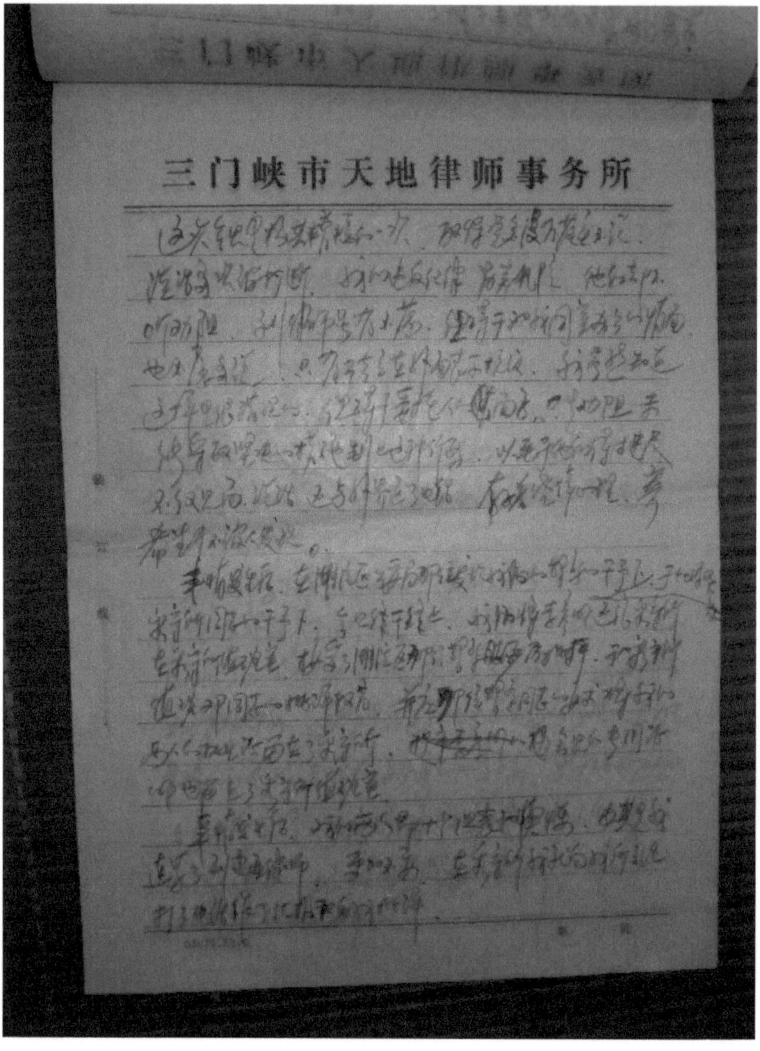
三门峡市天地律师事务所

[illegible]

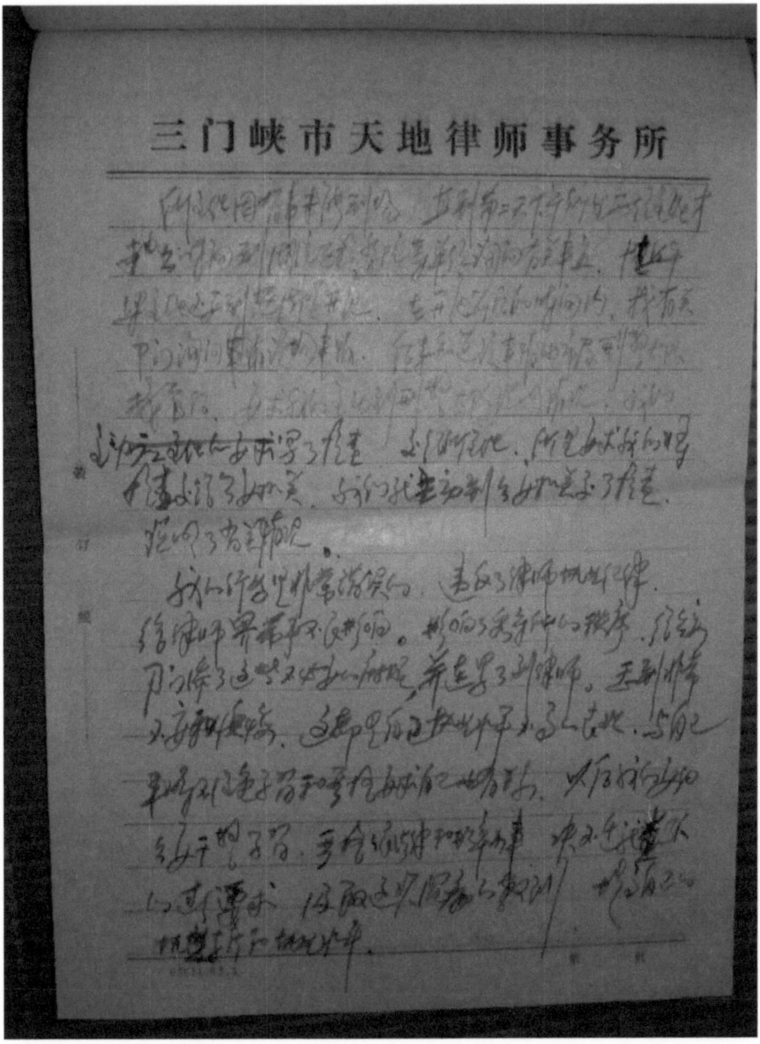
三门峡市天地律师事务所

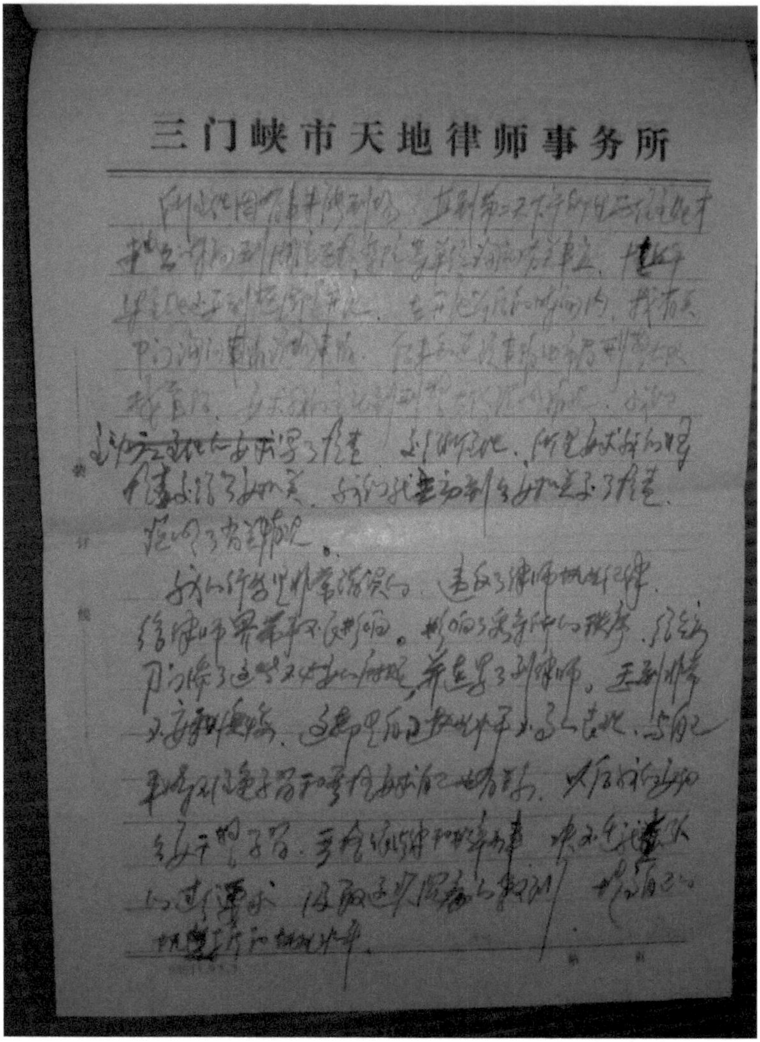

三门峡市天地律师事务所

[illegible]

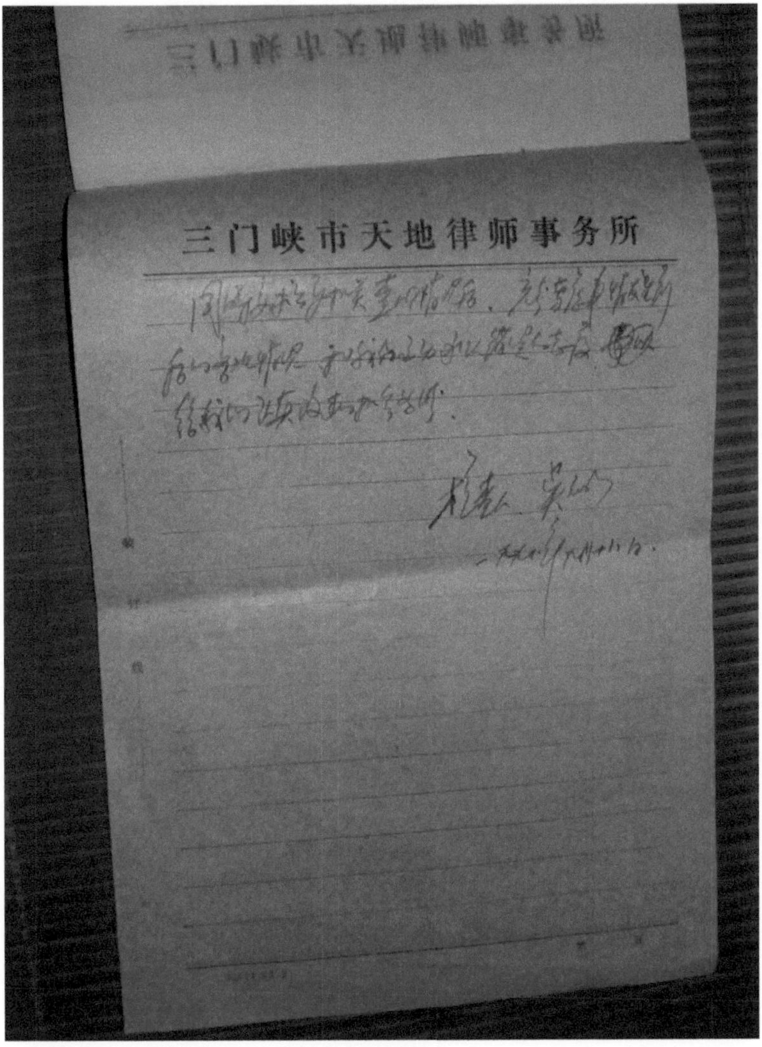

书面检查照片，执照被扣百天，从此基本告别刑辩

建筑活动中的若干法律问题

三门峡天地律师事务所　吴元明

改革开放二十年来，尤其近十年来，随着经济的迅猛发展，建筑业的发展突飞猛进。在由计划经济向市场经济的转轨过程中，面对建筑市场的形成与建立，依法规范建筑市场的呼声越来越高，经过几年的酝酿讨论，全国人大常委会终于于一九九七年十一月一日通过并颁布了《中华人民共和国建筑法》，一九九八年三月一日起执行。

根据特别法优于一般法的原则，《建筑法》与《民法通则》、《经济合同法》相比较，在建筑活动这个较为特别的经济活动领域内更具有普遍的指导意义。

由于建筑活动是形成不动产的重要经济活动，具有投资大、周期长、参与活动的主体较多、风险较大、影响因素多等特点，在我国尚未形成民法共和不动产法律体系的情况下，建筑法的颁布实施显得尤为重要。

《建筑法》实施已一年有余，我们看到一些习惯作法改变不大，与该法实施时间短，人们对其认识水平还较低不无关系。

笔者有幸参加了由建设部组织的“98建筑、房地产法律实务研修班”的学习，感触十分深刻，将自己的学习心得归纳一二，以便与业内人士一道共同提高认识。

《建筑法》所确立的行政责任、民事责任、刑事责任综合承担适用的原则，是其他经济部门法无法比拟的，具有鲜明的针对性。特别是针对近年来建筑活动中所普遍存在的热点、难点问题，做了明确的规范，主要体现在以下几个方面。

一、强化建筑工程质量和安全的法律保障

《建筑法》总计八十五条，通篇贯穿了这个问题，具有强烈的针对性。对影响建筑工程质量和安全的社会因素作了较为全面的规范，除一般性义务规定外，较为特别的规定有以下几点：

（一）《建筑法》第六十条第一款规定“建筑物在合理使用寿命内，必须确保地基基础和主体结构的质量”；第八十条规定“在建筑物的合理使用寿命内，因建筑工程质量不合格受到损害的，有权向责任者要求赔偿”这两条实际 上设定了“必须”的义务和没有“必须”的司法救济手段，这个救济手段较为特别，已经超越了《民法通则》绝对诉讼时效二十年的规定。依法规定了工程质量必须保障，责任人在建筑物的合理使用寿命范围内，即使超过二十年，仍不能免除质量赔偿责任。其目的是从立法角度提高建筑活动参与者的质量意识，依法强化质量责任。 -53-

（二）《建筑法》第六十六条、六十七条、六十九条规定了目前建筑活动中较为常见的经济活动主体的质量连带责任，如顶名挂靠，内部承包，工程的转包和分包，以及监理方承担责任的条件。规定这种质量连带责任，将有利于各方在建筑活动的合作中加强质量责任观念，避免互相推诿扯皮，有效地预防质量事故的发生。如果发生质量事故即使无过错，也要承担法定的赔偿的无过错连带责任。

（三）针对建筑活动中行政主管部门的权利义务，除设定了行政机关责任人的行政责任和刑事责任外，还设定了在质量事故中行政机关承担国家赔偿义务的法定条件，反映在《建筑法》第七十七条的规定中。

（四）明确了“施工现场安全由建筑施工企业负责”这一主要安全责任主体，并规定了“施工企业必须为从事危险作业的职工办理意外伤害保险，支付保险费”为施工现场人身伤害的预防和处理提供了法律依据，见该法第四十五条和四十八条的规定。

（五）设定了装修、拆除工程的安全责任主体和法定责任，见该法第四十九条、五十条，对于规范建筑活动中的拆旧、装修市场混乱无序的现状设定了法律依据。

-54- （六）《建筑法》第六十三条，设定了建筑工程质量的社会监督法定授权，无论有无利害关系的社会公众，依法都对建筑质量享有检举、控告、投诉权利。

以上六点，充分说明了《建筑法》的立法宗旨是确保建筑工程质量安全，符合广大人民群众的利益。

二、建筑活动中的行政管理活动依法规范

《建筑法》立足于我国计划经济体制在向市场经济体制转轨中，建筑活动中行政因素占主导地位的现实情况，有针对性的依法确立了建筑行政主管部门在建筑活动中的管理职能，具有重要的现实意义。同时针对建筑活动中行政职权的滥用以及不正当行政行为带来的不正当竞争对市场体制的负面影响，依法做了限制性规定。如第七十八条，本条从两方面规范了市场主体行为，一方面为约束行政权力持有人不论出于何种动机越权对发包承包方施加影响设定了法定依据。一方面约束了承包单位依靠关系或行政权力搞不正当竞争的行为。本条只是确立了原则，在实际操作上，还有赖配套法律法规的进一步完善，还有赖于党风政风的进一步清廉。从发展的眼光看，建筑施工企业仅依靠官方势力竞争的路子，只能越走越窄。

《建筑法》对建筑行政主管部门的职责、权利、义务依法作了原则性设定，行政处罚权也由《建筑法》第七十六条做了规范。在法律责任一章中，涉及行政处罚的法定情节多达十五条之多，处罚种类包括责令停工、改正、停业整顿、罚款、降低资质等级、没收违法所得、吊销资质证书及吊销营业执照等。为加强建筑活动中的政府管理职能提供了法律依据。

《建筑法》同时对建筑活动中的行政管理人员的违法违规行为设定了行政处分及刑事处分的法律依据，见第七十七条、七十九条。

《建筑法》总结了建筑活动行政管理中的正反两方面经验，为建筑活动中的依法行政做出了较为切合当前实际的规定，为建筑市场走向健康有序提供了法律保障。

三、明确了建筑活动中应负刑事责任的几种情况

根据《中华人民共和国刑法》第十三条“依照法律应当受到刑罚处罚的都是犯罪”的规定。《建筑法》在第六十五条、六十八条、六十九条中界定了十一种情况下“构成犯罪的，依法追究刑事责任”。分别涉及《中华人民共和国刑法》第二百八十条、一百三十四条、一百三十七条、三百八十五条、三百八十七条、三百八十九条、三百九十一条、三百九十三条、三百九十七条，九条十个罪名。

《建筑法》第十六条二款规定“建筑工程的投标招标，本法没有规定的，适用于有关投标招标法律的规定”将建筑工程中的招标投标的市场竞争规则纳入市场行为法的管辖范畴，但应当看到，建筑工程投标招标在整个经济生活中的投标招标行为中占有相当大的比重，投标招标活动是建筑活动中的一项重要活动，虽然没有纳入《建筑法》管理的范畴，但《刑法》第二百二十三条所列的串通投标罪和二百二十六条的强迫交易罪，在建筑经济活动中也会涉及。

《建筑法》为预防和打击建筑活动中的犯罪活动，设定了部分建筑活动中在十一种情况下，“构成犯罪的，依法追究刑事责任”为保障建筑活动合法有序的进行提供了法律保障。当然，是否构成犯罪，还要依照刑法的有关规定予以认定。

四、建筑活动中的两个常见问题

从《建筑法》的立法角度来看，只是社会经济生活中的一个部门法律，突出特别法性质，其涵盖不可能涉及建筑活动的各个方面，业内人士普遍关注的热点问题，不可能在这一个部门法律中得到全面解决。建筑活动中所涉及的投资体制问题，合同问题，市场规范问题都比较突出，国家将在市场经济法律体系的框架内逐步以法律形式规范，建筑活动涉及土地、金融、投资保险、合同等诸多经济领域以及国家管理、行政管理、司法管理等诸多社会管理领域，各方面的立法将随着社会进步和经济发展不断趋于完善。《建筑法》是我国第一部规范建筑活动中的部门法，不能够也不可能达到尽善尽美，从其自身性质看，在施行中还有待司法实践活动的经验积累和进一步完善。

对于《建筑法》没有深入涉及的两个热点问题，作一些简单探讨：

第一、关于拖欠工程款的问题

关于这个问题，在建筑活动中没有明确解决的途径，仍适用于一般法律原则。截止一九九六年底，全国施工企业被拖欠的已结算工程应收款，据建设部不完全统计约为1000亿元，如包括新增的结算和未结算的工程应收款，将会是这个数字的数倍乃至数十倍，直接影响到建筑施工企业的生存和发展。同类问题在法院建筑工程合同纠纷案件中占的比重也相当大。这个问题所反映的不仅仅是一个合同履行的问题，更深层次触及到投资体制乃至经济体制问题，《建筑法》作为一个部门法不可能解决这个问题。

目前，九届全国人大常委会正在再次审议的《合同法》草案，也只是提供了一个有利于建筑施工企业的司法救济手段，即草案第二百八十五条“建设工程竣工后，发包人未按照约定支付价款的，承包人可以催告发包人在合理期限内支付价款。发包人愈期不支付的承包人可以与发包人协议将该工程折价，也可以将该工程依法拍卖，建设工程折价或者拍卖的价款优先受偿”即使这个手段目前争议尚大，《合同法》草案的这一条在通过时能否保留尚不能定论。《合同法》草案还有一条规定就是二百八十六条“本章没有规定的适用承揽合同的有关规定”这两条规定给拖欠工程款一种法律上的解决途径。设定了一种借鉴加工承揽合同留置条款的业主法定担保责任。对建设单位资金不落实盲目上项目，给建筑企业造成的风险无法挽救这种情景，设定了一种法律救济手段，客观上限制了建设单位不负责任的行为，但实际操作上还要面临许多法律问题，诸如土地法、拍卖法、担保法、融资租赁等，实际上这种救济手段的作用也是很有限的。就是这种有限的救济手段，能否在《合同法》颁布施行时保留下来尚是一个未知数。

第二、工程造价的签证和索赔问题

这也是一个实践中常见的问题，我们看到建筑纠纷诉讼案中这样的案例很多。而在实际操作中，计划经济年代的模式仍旧在不同程度的沿用，在计划经济体制下，设计概算、施工图预算、工程竣工后再决算，投资主体单一，都是国家的钱，似乎没有多大意见，有点意见通过行政协调也可以解决。而在市场经济条件下就不一样了。按照市场经济最基本的游戏规则，任何投资主体即建设单位都必然会对项目建设的工程造价严加控制。都力图花最少的投入建造符合自己要求的工程，任何承包商都必然会按照工程造价“低中标，勤签证，高决算”的惯例，力争承包到手的工程获得尽可能好的效益。造价结算几乎无一例外的成为双方矛盾的焦点。无论是诉讼案例还是非诉讼案例，合同签订时的预算价格几乎在结算时，没有不变动的，造价管理体制明显滞后于现实发展。而建筑法第十八条只作了原则性规定“建筑工程造价应当按照国家有关规定，由发包单位与承包单位在合同中约定。公开招标发包的其造价的约定，须遵守招标投标法律的规定”，在这里“应当按照国家有关规定”实际上指的是建设部以及各省地发布的有关造价定额及政策。改革开放二十年了，许多重要物资的价格都放开了，只有建筑工程的价格仍在沿袭计划经济时的作法，与国家投资体制改革进行的缓慢也有一定关系。

但是应当看到，《建筑法》作为特别法有优于一般法的特点，建筑造价的约定还不能完全适用于合同自由原则，但在不违背上述原则的情况下，合同双方还应当遵循《合同法》公平原则，作出比较明确的约定。

建设工程合同履行过程中往往会碰到工程签证和工程索赔的问题，一份建筑工程施工合同即使签订的再好，签订前考虑的问题再全面，在履行过程中都免不了要发生根据工程进展过程中出现的实际情况而对合同事先约定事项的部分变更，这些都需要通过工程签证加以确认。

在国际工程承包结算过程中，签证和索赔部分平均占总造价的百分之七左右，应当引起建筑施工企业以及投资建设方的足够重视。

以上所探讨的两个问题实际上是合同签订和履行的问题，虽然各案有各案的特点，但通病是合同意识差，履约过程中的合同管理职能没有加强造成的。如果建筑活动中的各方增强法律观念和合同观念，这两类纠纷的发生会减少到最小程度。即使发生解决起来困难也会减少许多。

《建筑法》的颁布实施，只是解决了有法可依的问题，要想使建筑活动及建筑市场走向规范，走向完善，进一步需要解决的问题就是有法必依，执法必严，违法必究，需要建筑活动者增强法律意识，将自己的活动约束在合法范围内，将自己的利益建立在合法的基础上，对违法行为利害关系人能用法律赋予的救济手段来纠正和追究。维护建筑法的正确实施，不仅是建筑行政管理部门的事情，而是建筑活动者、参与者应当普遍遵循的义务，也是参与者各方维护自身权益的武器，只有参与者各方都自觉地维护《建筑法》及相关法律的正确实施，那么一个规范、健康的建筑市场离我们并不遥远。

1998.11.4

司法实践中"无罪推定"何其难

三门峡天地律师事务所律师 吴元明

修订后的《中华人民共和国刑事诉讼法》颁布实施两年多了，但其中一些新原则的执行在司法实践中却 难以形成统一认识。以"无罪推定"原则为例，结合一些案例，谈一些个人看法。

日前，笔者的同事承办了一个案子，案情大致如下：九八年二月某甲在与别人斗殴中，将对方用刀戳伤后逃逸，公安机关在抓捕某甲过程中，发现某乙有藏匿某甲的行为，某乙被公安机关立案侦查，检察机关以包庇罪嫌疑提起公诉，一审法院以窝藏罪判处某乙拘役四个月，至判决下发之日，某甲仍在逃。

受本案启发，本文结合该案讨论两个问题，第一个问题是某乙是否构成犯罪问题。第二个问题是检察机关指控此罪，法院判彼罪成立是否越权或剥夺被告人辩护权问题。

关于第一个问题，有三种不同观点：

第一种观点认为，某乙的行为不构成犯罪，理由是《中华人民共和国刑法》第三百一十条规定："明知是犯罪的人而为其提供隐藏场所、财物帮助其逃匿或者作假证明包庇的......"，《中华人民共和国刑事诉讼法》第十二条规定"未经人民法院依法判决，对任何人都不得确定有罪"，某乙虽有帮助某甲逃匿的行为，但因某乙的行为对象"某甲"是"犯罪嫌疑人"，而不是法律意义上的"犯罪的人"，某乙客观上不存在也不可能存在"明知"某甲是"犯罪的人"这一主观故意，所以某乙的行为不构成刑法意义上的"犯罪"，应当根据《中华人民共和国刑法》第十三条的规定，认定某乙的行为虽然妨害了司法秩序，但不构成犯罪。

第二种观点认为指控某乙犯罪的证据不足，在未对某甲的行为作出有罪判决之前，不能认定某乙的行为构成犯罪，因为某甲只是“犯罪嫌疑人”，存在无罪或罪名不成立的可能性，本案缺乏窝藏或包庇的对象是“犯罪的人”这一主要证据，应当以证据不足 为由宣告某乙无罪。

第三种观点认为：某甲的行为是否构成犯罪，不影响某乙构成犯罪，理由是《中华人民共和国刑法》第三百一十条是七九年《刑法》第一百六十二条的修改补充，本罪侵犯的是司法机关与犯罪斗争的正常活动，犯罪对象包括已决和未决的犯罪人。某乙的行为妨害了公安机关对某甲的侦察活动，某甲只要是“犯罪嫌疑人”，某乙帮助其逃避侦察，就触犯了《中华人民共和国刑法》第三百一十条。

笔者同意第一种观点，不同意第二种和第三种观点，其理由如下：

《中华人民共和国刑法》第三百一十条规定的罪名指明窝藏或包庇的对象是“犯罪的人”，这个“犯罪的人”

应当严格解释，而不应当扩大解释为“犯罪嫌疑人”，这里所指“犯罪的人”是指依法定程序判决其受到刑法处罚的人；而不是存在无罪可能，或没有足够证据证明有犯罪行为的或未经人民法院依法确定有罪的人，即“犯罪嫌疑人”。

笔者不同意第二种观点的理由是，即使某甲在某乙宣告无罪之后被人民法院确认为有罪，某乙也不具备在行为时“明知”某甲是“犯罪的人”这一主观要件，因而不存在“有事实未收集到证据”这种可能，即使某甲在之后被判有罪，也不能成为认定某乙有罪的证据。

笔者不同意第三种观点的理由是：《中华人民共和国刑法》是严谨的、科学的，并且修订在《中华人民共和国刑事诉讼法》修订实施之后，该法第三百一十条中所表述的“犯罪的人”，严格说不应当包含“犯罪嫌疑人”，第三种观点对立法意图的解释与法律明文规定的不相一致。事实上依照此观点的解释判某乙有罪的同时，实际上是同时宣判了某甲是“犯罪的人”，与《刑事诉讼法》第十二条所确定的“无罪推定”原则相悖。

关于本案涉及的第二个问题，即检察机关指控被告人犯此罪，人民法院判彼罪成立的问题，在刑事诉讼实践中是一个带有普遍性的问题。

早在一九九六年《中华人民共和国刑事诉讼法》修订颁布后实施前的讨论中，对该问题即有不同看法，沿袭该法修订前在刑事诉讼中形成的人民法院包揽诉讼的习惯，以及对检察机关办案水平的怀疑，以及确实存在的案例，人民法院方面极力主张事实清楚、证据充分、与指控的罪名不符的，人民法院可以作出有罪判决。

这个观点实际上是法院包揽诉讼习惯作法的一种延伸，并且以司法解释的形式，反映在近期颁布实施的《最高人民法院关于执行〈中华人民共和国刑事诉讼法〉若干问题的解释》第一百七十六条中，其第（二）项规定：“起诉指控的事实清楚，证据确实充分，指控的罪名与人民法院审理认定的罪名不一致的，应当作出有罪判决”。请注意，这里是“应当”，而不是“可以”，与刑诉法一百六十二条第（三）项规定“证据不足不能认定被告人有罪的，应当作出证据不足，指控的犯罪不能成立的无罪判决”相左。

笔者认为在理解《刑诉法》第一百六十二条第三项的规定时应注意其字面上很严谨地说明了“指控的犯罪不能成立的无罪判决”，这里的“无罪判决”是指“指控的犯罪不能成立”并非“犯罪不能成立”，而前述的“证据不足”是指证明“指控的犯罪”的证据，而不能扩大解释为“犯罪的证据”。“证据”是证明“指控的犯罪”的一种前提，而不是是否犯罪的结果，如果这样扩大解释，则不是“无罪推定”而是“有罪推定”了。

根据刑诉法的有关规定，检察机关在审查起诉阶段根据侦察结论，侦察及审查起诉阶段收集的证据，并且听取了被告人、被害人、辩护人、被害人代理人的意见后，才做出的起诉书指控某人犯有此罪，所有的案件事实证据都是为证明此罪成立而设立的，从逻辑学原理上讲，大前提，小前提、结论三者相一致，命题成立或不成立，而大前提、小前提、结论不一致、命题仍成立，结果是非此而确彼，有悖逻辑学的证明规则。

刑事诉讼法不仅确定了无罪推定原则，还确定了“分工负责，互相配合，互相制约，以保证准确有效地执行法律”的原则，“分工负责”在先，“互相配合，互相制约”在后，人民法院在公诉机关指控此罪的情况下判彼罪成立，有以下几方面不妥：

一、有越权行使控诉职能之嫌。法院是裁判机关应当只行使裁判职能，不行使控诉职能，而检察机关指控此罪，人民法院却判彼罪成立，违反了刑诉法“分工负责”的原则，明显有越殂代庖、代行控诉职能的嫌疑。

二、变相剥夺了被告人的辩护权。检察机关指控此罪罪名，不论是否妥当，被告人及其辩护人是针对指控来辩护的，被告人和辩护人不可能对“起诉书”指控以外的其他罪名在庭审中作“预防性辩护”，人民法院对指控甲罪而判乙罪成立有不经辩论即主观确认之嫌，客观上剥夺了被告人对乙罪成立不成立的辩护权，违背了宪法对被告人享有辩护的保护原则。

三、有变相行使人民检察院的法律监督职能之嫌，以判决形式直接修改指控罪名，有自控自审自判之嫌，与大包大揽无异，成了无诉之讼，对人民检察院行使了纠正不当指控的法律监督职能。这种嫌疑还同样反映在该《解释》第一百七十八条中 。

笔者并不是主张一概禁止指控此罪人民法院判彼罪成立的情况发生，只能慎重地限制在有限的特殊情况下发生，如盗窃罪中使用暴力的抢劫罪，再如杀人罪与故意伤害（致死人命）罪，在这种特例中对事实清楚、证据充分的，认定罪名与指控罪名有吸收、牵连等关系的。可以判指控罪名不成立认定罪名成立。但仅是“可以”而已，而非“应当”。

而对于普遍原则来讲，应不提倡或不授权人民法院做非此即彼的有罪判决，以确保刑事诉讼法所确定的“无罪推定”原则的正确实施。

顺便再提一个案例加以说明：某被告人被控强奸（中

止）罪，如罪名成立，依法应处三年以下有期徒刑，人民法院经庭审判决其猥亵妇女罪成立，判被告人六年有期徒刑。辩护人十分尴尬，不知道其辩护是成功了还是失败了。其辩护成了可有可无或多余的，甚至被认为不如不辩护。

以上只是笔者的个人观点，认识浅显，并且是从辩护人认识的角度出发的，难免有失偏颇，欢迎法学界和司法界人士指点迷津。

1999年1月16日

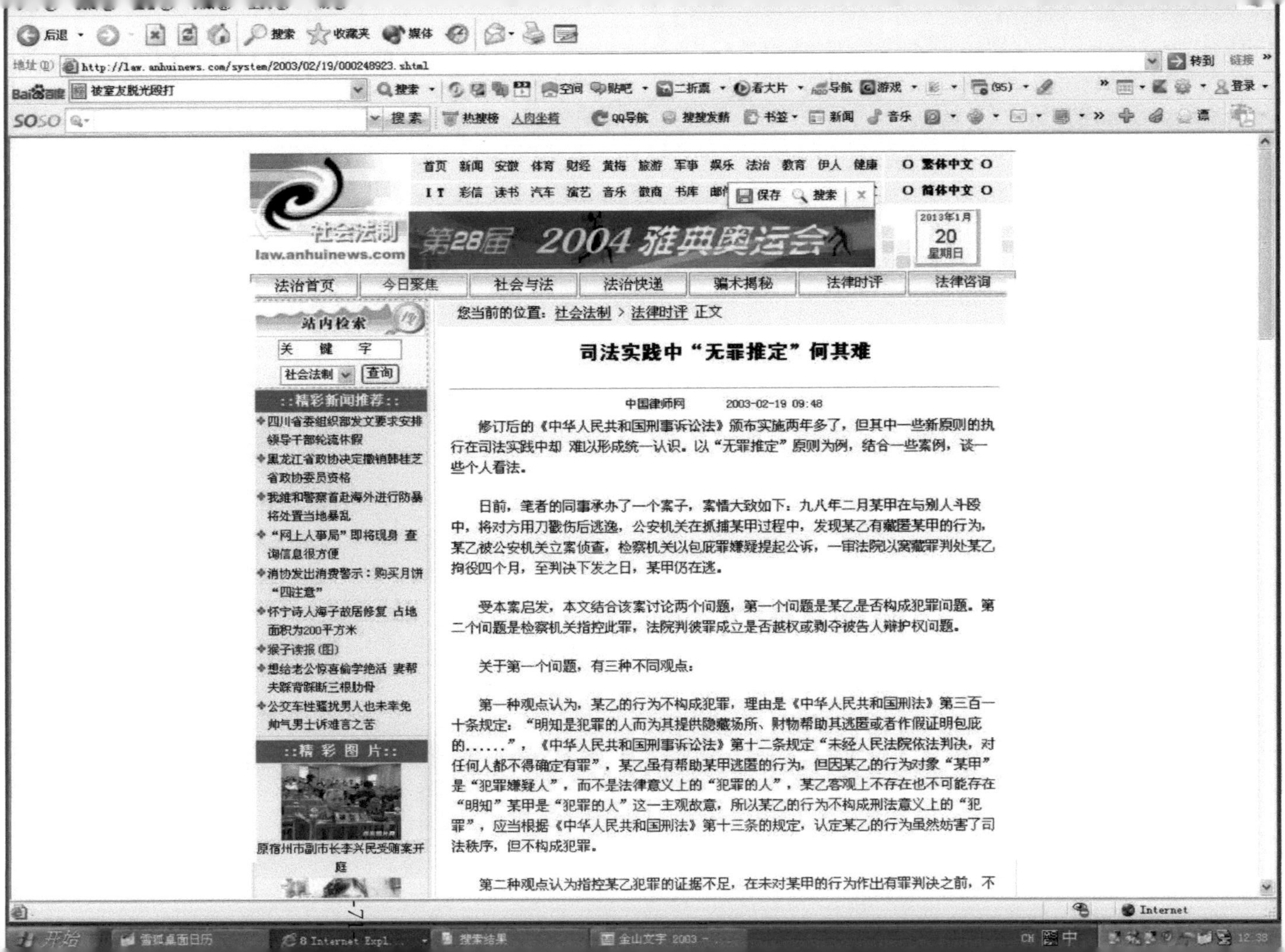

http://law.anhuinews.com/system/2003/02/19/000248923.shtml

law.anhuinews.com 社会法制

首页 新闻 安徽 体育 财经 黄梅 旅游 军事 娱乐 法治 教育 伊人 健康

IT 彩信 读书 汽车 演艺 音乐 徽商 书库

第28届 2004 雅典奥运会

2013年1月 20 星期日

法治首页 | 今日聚焦 | 社会与法 | 法治快递 | 骗术揭秘 | 法律时评 | 法律咨询

您当前的位置：社会法制 > 法律时评 正文

司法实践中“无罪推定”何其难

中国律师网　　2003-02-19 09:48

修订后的《中华人民共和国刑事诉讼法》颁布实施两年多了，但其中一些新原则的执行在司法实践中却 难以形成统一认识。以“无罪推定”原则为例，结合一些案例，谈一些个人看法。

日前，笔者的同事承办了一个案子，案情大致如下：九八年二月某甲在与别人斗殴中，将对方用刀戳伤后逃逸，公安机关在抓捕某甲过程中，发现某乙有藏匿某甲的行为，某乙被公安机关立案侦查，检察机关以包庇罪嫌疑提起公诉，一审法院以窝藏罪判处某乙拘役四个月，至判决下发之日，某甲仍在逃。

受本案启发，本文结合该案讨论两个问题，第一个问题是某乙是否构成犯罪问题。第二个问题是检察机关指控此罪，法院判彼罪成立是否越权或剥夺被告人辩护权问题。

关于第一个问题，有三种不同观点：

第一种观点认为，某乙的行为不构成犯罪，理由是《中华人民共和国刑法》第三百一十条规定：“明知是犯罪的人而为其提供隐藏场所、财物帮助其逃匿或者作假证明包庇的……”，《中华人民共和国刑事诉讼法》第十二条规定“未经人民法院依法判决，对任何人都不得确定有罪”，某乙虽有帮助某甲逃匿的行为，但因某乙的行为对象“某甲”是“犯罪嫌疑人”，而不是法律意义上的“犯罪的人”，某乙客观上不存在也不可能存在“明知”某甲是“犯罪的人”这一主观故意，所以某乙的行为不构成刑法意义上的“犯罪”，应当根据《中华人民共和国刑法》第十三条的规定，认定某乙的行为虽然妨害了司法秩序，但不构成犯罪。

第二种观点认为指控某乙犯罪的证据不足，在未对某甲的行为作出有罪判决之前，不

代 理 词

审判长、审判员：

三门峡天地律师事务所接受本案原告孟宪会的委托，指派我作为其诉讼代理人出庭参与诉讼，经过法庭调查，根据本案事实和有关法律及司法解释，谨发表代理意见如下，供合议庭参考。

一、《挂面厂老板跑了，50万公斤粮食“飞”了》一文内容严重失实。

《河南法制报》社在该报1999年2月13日月中版第一版中央显著位置报道了发生在义马市的一个诉讼案，其栏标题反映了报道内容的梗概，以引起读者的极大兴趣和广泛关注，给读者以悬念。老板是谁？为什么跑了，五十万公斤粮食“飞”了，是怎么飞的？法院怎么办？

《跑了》一文以“本报讯”开始，第一句便是“挂面厂老板孟宪会神秘失踪了”，并用引号将该句括了起来，以推卸造谣诬蔑的责任。所引之文出之何处？不得而知。留下一条退路，一旦受到追究，便可以毫无愧色地、堂而皇之地说：“大家都是这么说的”，以推卸责任。从该引文内容来看，从其用词来看，很显然该引号及引文内容是该文作者捏造出来的。如果引号内的内容是“老板不见了！”，“老孟跑了”，“孟宪会失踪了”，还可能是引用老百姓的传言。而该引文末尾词是“了”，带有喊话的含意。那么喊话何以变得象文中所写那样复杂，老板前加定语“挂面厂”，孟宪会前加定语“挂面厂老板”，失踪了前还要加上修饰词“神秘”。作者一开始就以喊话的形式制造了一个谣言：“挂面厂老板孟宪会神秘失踪了”，并用引号引起来，以推卸造谣诬蔑的责任，大有三人市虎的味道。

那么，孟“失踪”了没有，或者说孟“失踪”过没有，答案很清楚，没有。

什么叫“失踪”？失踪者，下落不明也，音信全无也。宣告公民失踪依照法定条件应是下落不明满两年，而该文作者、身为国家审判机关的义马市人民法院，不经法定程序审理就撰文径行宣告了孟宪会的“失踪”。

《跑了》一文第二句便是“这个消息在义马市许多群众的心中引起了极大的恐慌”。先是称前边所引用的内容为“消息”，后是称其引起了极大的恐慌。该文的作者不仅制造了孟宪会“失踪”的消息，并且还制造了一个“恐慌”的社会效应，并且这个恐慌是“极大的”，不是一般的，也不是一般大的。什么叫“极大的恐慌”？地震、山洪、瘟疫所带来的恐慌是多大？不得而知。去年夏天，长江百年不遇的洪水也没有听到新闻上说有“极大的恐慌”。显然，这个“极大的恐慌”的社会效应也同孟宪会失踪的“消息”一样是不存在的，是该文的作者捏造出来的。 -73-

《跑了》一文第一自然段只有几句话，就有两句反映的是凭空捏造的不存在的事实，该自然段告诉读者这样一个信息：就是孟宪会（而且是义马挂面厂老板那个孟宪会，不是别的孟宪会）失踪了，而且是“神秘”的失踪，不是一般的“失踪”，背着百万斤血汗粮的债务“失踪”了，给部分群众的心中留下了“极大的恐慌”“失踪”了，致使1000多户群众的血汗粮无处讨要， 可见这个人……。

而该文的第二自然段，采取片面歪曲的方式，介绍了孟宪会“失踪”的背景。

该段文字有十个句号，可以说是十句话，没有几句是完整的、全面的、公正的。

第一句“义马市裴村挂面厂又名义马新市区第二面粉厂，原系裴村集体企业”，句号，现在是什么企业？没有交代。

第二句“1992年10月由巩义市人孟宪会承包经营”，句号，承包经营到什么时间，没有交代，其特意在孟宪会前加上“巩义市人”这个定语，并有意不交待孟系裴村村民这一事实，其用意何在，后边再做分析。

第三句是介绍存粮期间、存粮户的地域分布。第四句是各户存粮的数额幅度。第五句“并且许多群众已提前预付了加工费”。这三句说明存粮事实都发生在“在其承包经营期间”，而仍没有说明这个承包经营期间是多长。其用意何在，后边再作分析。

第六句“孟承包该厂后，生意曾一度红火，但终因经营不善，效益日益下滑”。这里的“一度红火”没有说明具体时间，一个“终因”将“效益日益下滑”的原因归结为承包人“经营不善”。其主观臆断、片面妄言到了无以复加的地步，将该厂不能兑现存粮 种种原因一言以敝之，全部归咎于承包人孟宪会“经营不善”。

该文第七句“1998年8月，孟和妻子协议离婚，一切债务由孟宪会承担”，在这里债务是什么呢？孟和妻子离婚的协议内容跃然纸上，有意误导读者，将存粮债务与其家庭债务混为一谈。并且将债务前加上“一切”的定语。

该段第八句“1998年10月，孟宪会竟神秘失踪”，在这里交代了孟失踪的具体时间，是1998年10月，使失踪的事实在时间上更具体了一步。今天在庭审中又提出证明人证明是在1998年12月19日凌晨后再也没见到孟。

该文第九句其实是第八句的延伸，一个“现”字将该句所述的“该厂仓库小麦无一粒，面粉无一斤”与孟的“失踪”紧密联系到了一块。并且将“该厂仓库小麦无一粒，面粉无一斤”的发生时间“现”到了孟宪会“失踪”的一九九八年十月份前后，该文第十句落尾是群众上访并“此事引起了市领导的高度重视”。

纵观该文第二自然段，不难看出，作者给不明真相的读者介绍了这样一个孟宪会失踪的“背景”：

身为巩义市人的孟宪会自1992年10月承包“原系裴村集体企业”的挂面厂，在其承包期间该厂收了义马、洛宁、渑池等地一千多户群众的每户多则一万多斤，少则200余斤的血汗粮以及部分加工费，因其经营不善，该厂效益日益下滑，无法偿还这些债务，孟宪会这个外乡人在这种 -75-

情况下于1998年8月与妻子协议离婚，将包含血汗粮的一切债务承担起来，言外之意是把妻子解脱出来，背着这些债务失踪了，并且在失踪前使“该厂的仓库小麦无一粒，面粉无一斤”，孟宪会这种行径引起了市领导的高度重视。

而事实是什么呢，孟宪会至少从一九八七年以前就已经是义马市千秋镇裴村的村民了，承包过该挂面厂，该厂在孟宪会经营下也不是一度红火，而是效益长时间的不错，招致该厂无法经营的原因不是其“经营不善”，是有外因的，这些债务时止发文之日也没有确定应由孟宪会承担。而相反，已有生效的法律文书证明裴村村委应承担该厂的部分亏损，孟宪会还是村委的债权人。发稿之日孟宪会是否应当承担挂面厂的债务的案件尚未审理，孟宪会不需要、也没有必要用“失踪”这种方式来“逃债”。挂面厂“仓库小麦无一粒，面粉无一斤”，也不是孟失踪前后的1998年10月才发生的，也不是这个时间被人发现的，存粮户取不到粮也不是孟“失踪”的1998年10月才发生的。

挂面厂的纠纷由来已久，96年就有生效的法律文书认定了部分事实和责任，义马市领导对该事情早已知道，文中所说“此事引起了市领导的高度重视”的“此事”，究竟是存粮户取不到粮的事情还是孟宪会“失踪”的事情，作者没有交代，如果是前者，市领导早应重视，并且前任市领导也参与处理过该事，如果是后者，市领导就太官僚了，重视没有的事情，并且是高度的重视，不知从何说起，可见该重视也是作者编造出来的。

综上所述，《跑了》一文三个自然段五百余字，仅有第三段百余字陈述的事实出入不大，其前两段四百余字多处点孟宪会之名，一处提及孟之姓，两处称其“神秘失踪”，多处片面报道，有意歪曲事实真相，充分说明了该篇报道不仅捏造了一些没有的“事实”。还将一些有的事实进行了歪曲。不是一般的失实，而是严重的失实。

二、《跑了》一文严重侵害了原告的名誉权

名誉是什么？是一个公民、法人的品德、能力、才　　干、信誉等在社会生活中所获得的综合评价。

孟宪会是一个农民，是改革开放的新形势造就的千千万万个农民企业家中的一员。孟以其工作的成就，在一九九二年就被评为当年度河南乡镇企业明星经理。九三年被推举，并于九四年元月被河南省人民政府授予河南省乡镇企业家称号，九四年五月被三门峡人民政府授予三门峡市劳动模范称号，九五年四月被评为三门峡优秀民营企业家，并被推选为河南省乡镇企业协会第一届理事会理事，这些荣誉的取得绝不是一朝一夕的努力可以得到的，也不是一事一时可以骗取的。孟宪会的经营能力和社会信誉还是良好的，是受到肯定的。

而《失踪》一文所描写的孟宪会是一个什么样的人？为逃债，不惜离婚，不惜隐匿起来以“神秘失踪”。孟身为巩义市来的承包人，“经营不善”致使挂面厂效益日益下滑，其“失踪”的神秘之处在于其与其妻协议离婚、并承担一切债务、“该厂的仓库小麦无一粒，面粉无一斤”。 -77-

该文所描述的孟宪会在不明真相的读者眼里成了利用

集体企业坑害农民血汗粮、加工费并被读者暗示有卷款潜逃犯罪嫌疑的人，将挂面厂失信于广大存粮户的罪责未经开庭审理就强加在了孟一人的身上。

该文先捏造出孟宪会失踪的事实，强加在原告人的头上，然后又以断章取义的方式拼凑了事实，证实其“失踪”的事实背景和“失踪”的合乎情理性，造成《河南法制报》广大读者对我的当事人的人格、声望以及品德、品质的重大误解，这种效果正是作者期望或放任其产生的结果。

作者的这种行为是一种严重侵犯公民名誉权的行为。其行为的违法性显而易见。

《跑了》一文作者借助报纸舆论阵地，违背新闻报道真实性、公正性的基本原则，违背新闻工作者事实求是的职业道德，凭空捏造“失踪”“逃债”的事实，指名道姓的对原告孟宪会进行抵毁、中伤，公然丑化孟宪会的人格。其主观上具有侵犯原告名誉权的直接故意，客观上该报道散发到全省各地，以及相邻其他省、市或地区，使原告孟宪会在精神上、名誉上以及家庭成员、亲友等均受到了损害和影响，而这些均是因被告的不真实报道引起的，是被告主观动机所希望达到的目的。所以被告作者应当对此承担法律责任。

被告《河南法制》报社，对来稿所写的报道不认真进行审核和查证落实，以“本报讯”为名公开发表，造成报道严重失实，给原告造成名誉权被严重侵害的后果。亦应对此承担法律责任。

三、两被告应当承担的法律责任

《中华人民共和国民法通则》第一百零一条规定“公民、法人享有名誉权，公民的人格尊严受法律保护，禁止用侮辱、诽谤等方式损害公民、法人的名誉权”，第一百二十条规定“公民的姓名权、肖像权、名誉权、荣誉权受到侵害的，有权要求停止侵害、恢复名誉、消除影响、赔礼道歉，并可以要求赔偿损失。”

最高人民法院关于贯彻《中华人民共和国民法通则若干意见》第140条规定“以书面、口头等形式宣扬他人的隐私，或者捏造事实公然丑化他人人格，以及用侮辱、诽谤等方式损害他人名誉，造成一定影响，应当认定为侵害公民名誉权的行为。”

1988年最高人民法院法（民）复（1988）11号文“关于侵害名誉权案件有关报刊社应当列为被告和如何适用管辖问题的批复”中指出：“报社对要发表的稿件应负责审查核实。发表后侵害了公民的名誉权、作者和报刊社都有责任，可将报社与作者列为共同被告。”

1993年最高人民法院关于审理名誉权案件若干问题的解释中也指明“因新闻报道严重失实，致他人名誉受到损害的，应按照侵害他人名誉权处理”，“恢复名誉、消除影响的范围一般应与侵权所造成不良影响的范围相当”。

最高人民法院自1998年9月15日起施行的“关于审理名誉权案件若干问题的解释”《法释（1998）26号》中明文规定：“主动提供新闻材料致使他人名誉受到损害的应当认定为侵害他人名誉权。”

依照上述法律规定，本案两被告均应承担因《跑了》一文严重失实侵害原告名誉权的法律责任。

原告的诉讼请求，事实清楚，理由充分，于法有据，两被告依照法律规定应当为原告人就《跑了》一文严重失实一事公开登报向原告人赔礼道歉，并应在相同或相应范围内澄清事实真相，为原告人消除影响，恢复名誉。

恳请法庭依法判决，以维护公民的名誉权不受非法之侵害。

谢谢

代理人：三门峡天地律师事务所

律师　梁剑锋　吴元明

原告人观点及意见

尊敬的审判长、审判员：

十分感谢湖滨区人民法院依法受理一个普通消费者的起诉，并在法定的审理期间内依法开庭审理。

此案是一个标的很小的、却有代表意义的民事案件，本案的被告是一个在行业上享有垄断优势地位的经营者，一个普通消费者要想向这样的经营者讨一个说法，没有法律的帮助，可以说是不可能的。

中国的消费者可以说是全世界最好的消费者，也是最善良的消费者，也是最有忍耐力的消费者，本案就是一个明证。《中华人民共和国消费者权益保护法》颁布实施已经六年多了，可是经营者无视消费者权益的情况依然存在，尤其在具有垄断地位的行业中，这些现象更为普遍，这就需要消费者拿起法律武器来捍卫自己的合法权益，来提醒消费者重视这种合法权益。

一、被告三门峡移动通讯公司的停机行为严重侵犯了消费者合法权益

原告人当庭提交的第一份证据是原告人机号13803980827的手机1999年9月份的缴费单，该缴费单的备注栏中的四项规定证明了原告人与服务商之间已经形成商业惯例，这四项规定中其中一项是隔月不付款是双方认可的停话条件。 -81-

原告人当庭所提交的第二份证据是被告人单方面发布的所谓“通告”，该“通告”不作任何解释将证据一所证明的公知的惯例中的隔月不付款予以停话的合同内容进行了实质性变更，变更成了当月不付款就予以停话。

原告人当庭所提交的第三份证据是原告1999年12月24日和2000

年1月24日的缴费凭证，与证据二相互印证，证明了停机事实的存在，并证明了停机六天的时间事实。

原告人当庭所提交的第四份证据是原告人家庭固定电话2000年5月12日缴费凭证，证明三门峡市电信局仍在延用隔月不付款予以停话的惯例。

以上证据和庭审调查中原被告双方的陈述，都充分证明了被告人对原告人实施停机的事实，证明了被告人店堂告示的存在，原告人认为被告人的停机行为是违法的，侵犯了原告作为消费者的合法权益，理由如下：

《中华人民共和国消费者权益保护法》第四条规定“经营者与消费者进行交易，应当遵循自愿、平等、公平、诚实信用的原则”，而被告的行为明显没有遵循这些原则。

《中华人民共和国消费者权益保护法》第二十四条规定：“经营者不得以格式合同、通知、声明、店堂告示等方式作出对消费者不公平、不合理的规定”。

第二款规定：“格式合同、通知、声明、店堂告示等含有前款所列内容的，其内容无效”

《中华人民共和国合同法》第四条规定：提供格式条款一方免除其责任，加重对方责任，排除对方主要权利的，该条款无效。

移动通信公司一九九九年十二月十五日发布的所谓“通告”中称“每月的21日零时对欠费客户实施停机，愈期未缴费的将加收滞纳金”，在法律上说是加重了消费者的责任，因为消费者稍不注意，将承担被停机和加收滞纳金的双重责任，免除了原惯例中消费者即使晚缴不超过一个月的款，通信公司仍应提供正常服务的责任。同时排除了消费者对移动电话正常使用权的主要权利，证明了该通告的非法性。

作为消费者享受使用权，履行缴纳话费义务的方式已经形成惯例，而移动公司要求消费者充分注意缴费义务，稍有不慎即引起停机，而停机是拒绝依照合同继续服务，是极其不公平的，消费者可能业务繁忙，也可能身处外地，不能及时缴纳话费，在承担滞纳金的前提下，取得经营者谅解，在一定时间内可以继续使用手机是公平的，而在这种善意的迟延在以前是得到经营者认可的，突然间这种经双方行为认可的默契被移动通信公司不作任何解释的以店堂告示的形式改变了，难道是公平的吗？

移动通信公司作出这种新规定没有采取合理的方式与消费者磋商，也没有采取行之有效的措施告知消费者，便武断地进行停机，可以说是用行动在说“你不是不知道吗，一停机你就知道了”。

这种通知的方式，这种武断的作法，难道是公平的吗？难道移动通信公司不具备提示消费者及时缴款的条件吗？

移动通信公司的这种作法不合法、不公平也是不合理的，众所周知，人民法院的判决书也是送达当事人后生效，采用公告送达的也要公告两个月后才视为送达，而移动公司对消费者的送达方式只是店堂告示，并且立即生效，这合理吗？

消费者延迟缴纳话费可能有种种原因，稍有迟延便不问青红皂白，便予以停机处理难道是合理的吗？

移动公司不作任何解释就将隔月停机改为当月停机是合理的吗？

一九九九年十二月二十日是澳门回归的日子，国家专门通令放假一天，而移动通信公司却将这一天定为消费者缴款的最后期限，而我国法律在期限的规定上明文规定期限的最后一天是法定节假日的顺延至第一个工作日，而移动通信公司却享有比法律还高的权利，在21日零时对广大不知情的消费者实施停机，这种作法难道也叫合理吗？

不用细说，被告人的行为是违法的，侵害了消费者合法权益的事实是不容争辩的，从事实从法律上都是完全可以确认的。

二、被告应当承担侵权的法律责任

原告诉讼请求有五个，其中第一条在法院的干预下，在今天不存在，现在变更为“判令被告不得随意对原告实施停机，确保正常使用”，这在民事诉讼法中属于停止侵害的民事责任，应当得到法律的支持。

第二个诉讼请求是判令被告向原告赔礼道歉，也是有事实依据和法律依据的。

第三个诉讼请求是判令被告将每月20日前交费的通告推迟实施两个月，现在已经是6月15日了，没有什么实际意义，现在变更为“确认被告当月停机的规定无效”，法律依据是《中华人民共和国合同法》第四十条和《中华人民共和国消费者权益保护法》第二十四条。

原告第四、五个诉讼请求是要求被告赔偿停机损失，每日两元和缴费排队误工费20元，事实依据是每月我缴有60元基本费，每日停机损失两元是最起码的，排队缴费是被告停机，原告为恢复开机而不得不为之的行为，损失理应由被告承担。

法律依据是《中华人民共和国消费者权益保护法》第三十五条第三款。

原告的以上五条诉讼请求即有事实根据又有法律依据，请求人民法院依法予以支持。

三、被告应当树立良好的经营意识，尊重包括原告在内广大手机用户的合法权益

三门峡移动通信公司在三门峡是唯一的移动通信服务商，有着独家经营别无分店的垄断优势，是不争的事实。但这些不能说明被告就有不尊重消费者合法权益的特权，《中华人民共和国消费者权益保护法》第三条规定“经营者为消费者提供其生产、销售的商品或者提供服务，应当遵守本法，本法未作规定的，应当遵守其他有关法律法规”。

三门峡移动通信公司利用其行业优势地位，无视消费者的合法

权益，肆意变更合同的行为不仅反映在本案所争议的停机事实上，还反映在其他方面，本月原告第一次收到移动电话话费帐单，就有如下通知内容“按省移动公司部署安排，从7月份开始，所有GSM移动电话（神州行除外），开办来电显示每月6元，移动秘书每月10元，不需要开通以上业务的客户请于7月10日前到各营业网点登记，不登记者视为同意”。

原告认为上述通知内容与其99年12月15日所谓通告同出一辙，也是被告人漠视消费者合法权益的一个明证。

《中华人民共和国消费者权益保护法》第六条规定“保护消费者的合法权益是全社会的共同责任”

“国家鼓励支持一切组织和个人对损害消费者合法权益的行为进行社会监督”“大众传播媒介应当做好维护消费者合法权益的宣传，对损害消费者合法权益的行为进行舆论监督”，第三十条规定“人民法院应当采取措施，方便消费者提起诉讼，对符合《中华人民共和国民事诉讼法》起诉条件的消费者权益争议，必须受理，及时审理。

原告人认为本案的正确审理，有利于保护广大手机用户的合法权益，有利于促进被告端正经营态度，避免新的侵权行为发生，恳请合议庭依法支持原告人的诉讼请求，判令被告承担原告所诉请的法律责任，以维护包括原告在内的广大手机用户的合法权益。

谢谢

原告人：吴元明

2000年6月15日

卷三：异地辗转

创建现代化餐饮超市的方案

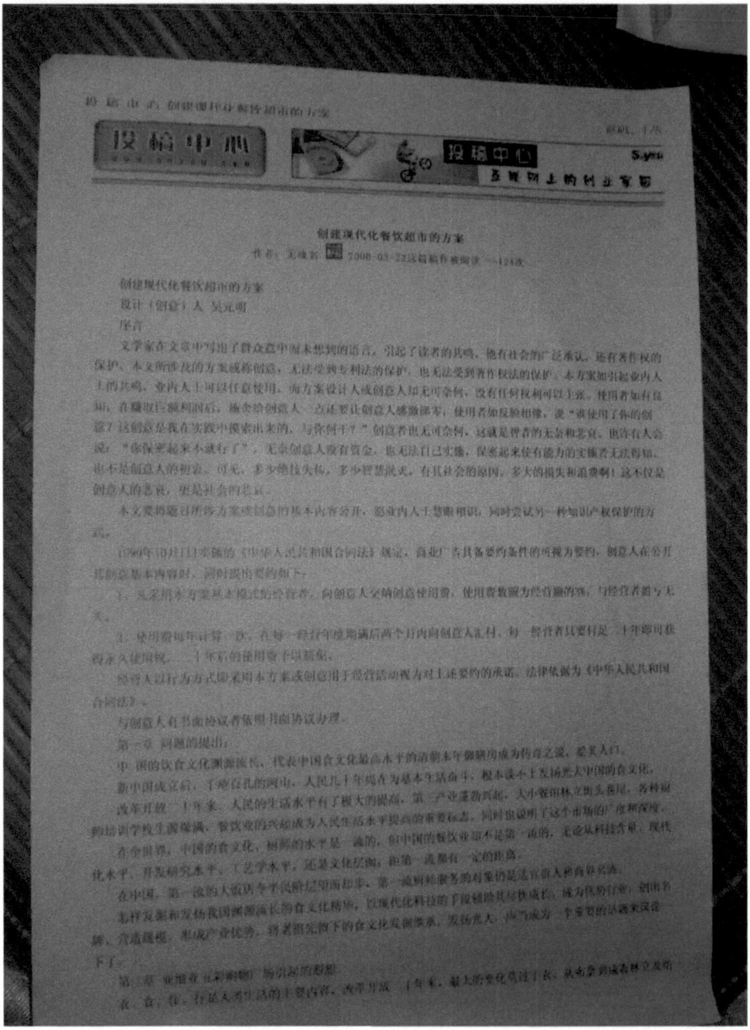

创建现代化餐饮超市的方案

创建现代化餐饮超市的方案

设计（创意）人 吴元明

序言

织品过剩，各种大型商场层出不穷，但是大商场越建越多，经济结构不合理的矛盾则暴露了出来，商场越建越大，路却越走越窄，随着主要消费市场向农村转移，这些大商场有什么用呢？

看到像郑州的亚细亚五彩购物广场这样好的设施无用场可派，真是可惜。

他山之石，可以攻玉。业内人士断言过多，亚细亚广场的出资者们见不到收益却不着急，业外人士要为其出主意，却找不到亚细亚的决策人。

在郑州商战如火如荼之时，以二七广场为中心，诞生了几家商场，掀起了令人眼花缭乱、沸沸扬扬的一轮商战，一时间，郑州成了商界注目一时的热点，但好景不长，时代的车轮转弯了，巨大的惯性将亚细亚五彩购物广场这个重量级的生不逢时的新生儿甩到了二股道上，在全国这种生不逢时的大商场，超大商场有多少，不得而知，各种药方纷至沓来，岂知老药方治不了新病，"温州城招商处"的牌子挂了许久，终究是一厢情愿，精明的温州人才不会替郑州人背这个大孩子的。高岸建瓴，亚细亚老板们立项时的那股豪气不知上哪儿去了，大船转舵，驾驶舱太低，不能高瞻远瞩开辟新的航道，何以启程远航？

如果亚细亚五彩购物广场更弦易张，在现有的基础上进行二次创业，求实求新，走出原来思维的旧框框，创出一个全新的模式也未尝不能。

本文所设想的全新模式的雏形是这样的：

将亚细亚五彩购物广场进行全新的设计改建，充分利用其黄金地段的区位优势，改造成与相邻商业楼优势互补、而非竞争对手的饮食巨子。

这个饮食业巨子，彻底摆脱了传统饮食业的经营模式，而是以全新的面貌出现。

这个全新的局面大概是这样的。

在郑州的繁华市区，新诞生了一处饮食消费场所这个饮食服务场所别具一格，有如下特色：

（一）该饮食场所消费区内有不同文化背景陈设所布置的大、中、小餐厅百余个，以适应不同层次的人社交、用餐的需求。

（二）该饮食场所，生产区内有十个乃至几百个有不同特色的生产间，每个生产间只生产十种以内的拿手菜，分别由不同的厨师掌管，在这里厨师不再仅仅是厨师，而是该生产间的经营者，不管他是几级厨师，他已经成为一个竞争主体，他将带领他的几个助手与其他生产间的厨师一比高低，或者经营下去，或者被淘汰出局，将由消费区的消费者来决定。

（三）该饮食场所并不是出售柜台的店铺，而是有着现代化管理系统的饮食超市，这个饮食超市具有最现代化的计算机信息交流系统，这个交换系统有服务器和四类终端设备组成。

第一类终端是消费者终端，在总台、结帐台，每一个餐厅雅间内都有这种多媒体终端，该终端有以下几项功能：

（1）对超市总体布局系统简介和所能提供茶水、烟酒、饭菜的品种，每一个品种都有下拨菜单来介绍该品种的渊源，菜系类别、主料辅料、价格构成、主厨大师的姓名、所在的操作间，消费者可以直接在该多媒体电脑上，点击自己需要的服务以及菜点的品种，在确认前，电脑会给消费者说明总计需要多少费用，以避免消费者结帐时的尴尬。

（2）向消费者提供声像服务等消遣类娱乐。

（3）其他信息服务。

第二类是生产者终端

消费者的需求信息经电脑主机处理后，将有关生产指令反馈给生产间，生产间的厨师根据电脑提示，马上就可以知道哪个餐厅哪个桌上的消费者点了该厨师的菜并通过电脑得知消费者的有关要求，在尽可能满足消费者要求的情况下，将该菜制作出来，并由其助手送至该餐厅的服务生手中，并完成交接手续。

第三类是结算终端

结算终端主要在总台或结算台，消费者要预付一定数量的金额，方可在该金额内进行消费，可以采用IC卡方式或其他方式预付结算，一切都通过结算系统进行，对消费者一视同仁，IC卡可以长期使用，计入其累计消费额度，达到者自动享受折扣优惠，每次消费后电脑自动出具详细清单以及发票。

[illegible] 中 [illegible] 创建[illegible]饮超市的方案
第四节是管理终端 [illegible]

该超市的管理终端将根据生产需要对超市的运营在计算机辅助系统的帮助下，实施动态管理，每个生产间内的库存原料及其消耗情况，每个生产间所能提供或已提供的服务产品数量，工作量负荷调节，均能在该系统中显示出来。管理终端根据生产间、消费间的动态变化情况调节生产者、消费者的供求关系，并将各种资源利用情况、内部分配机制情况，在计算机辅助管理系统的反馈信息中形象表示出来，便于超市的管理者作出修正或决策。

（四）该饮食超市的内部竞争机制将使每个生产间都能够积极主动的工作，如不能达到一定的要求该生产间的经营主厨将被淘汰出局，超市将始终保持一定比例的操作间为实验或试用间，给新来的厨师以用武之地，使其参与竞争，经常给操作间内的经营者以压力和动力，使超市经常有新品或新人脱颖而出，借此保持超市的活力，不断流动，不断创新，内部竞争激烈，将是超市的生命力所在，将是确保超市设施发挥其最大效益、实现最大价值的重要保障。

（五）该超市由于规模宏大，管理规范，使一直困扰与饮食业的以下问题得以低成本的解决：

(1)餐具集中消毒，包括客人所用毛巾，废弃影响环境保护的餐巾纸和一次性筷子，卫生条件大为提高。

(2)由于操作间的分间操作以及厨师的分工操作，使得操作间卫生条件大为改观，生熟分间，热冷分间，主料辅料分间，荤素分间等问题迎刃而解。

(3)成百个操作间集中起来，使集中供燃气，集中供开水，集中排烟尘，集中收垃圾，专人清理卫生，专人检查卫生，设立专门的洗涤间，更衣室等都不成问题。

(4)生产间的生产垃圾，消费间的剩菜剩饭，以及水的处理均有专人负责，并且有专门的处理设备。

经过三次创业，亚细亚五彩购物广场以其庞大的营业面积，交通便利的区位优势，全新的经营模式，成为餐饮业中一个新秀。

这个新秀的百余个操作间的几百名厨师的几千种菜点，荟萃了中国几千年饮食文化的精华，成为闻名全国的以至全球的中华菜肴博览会。

这个新秀所能提供的专业化餐饮服务，令所有的五星级饭店刮目相看，成为星外级的旅游餐馆，并为周边的大型商场带来客源。

这个新秀不仅盘活了自己的几亿资产，而且还借87[illegible]之壳上市，以骄人的业绩迅速扩大规模，在全国几个大城市设立同样或更新模式的超级餐饮超市，这时她已不再是河南的企业了，而是全国性的企业集团了。

经过几年的沉淀积累，这个新秀在全世界的几个大都市都相继建立了以此模式发展成熟的超级餐饮超市，所经营的品种荟萃了全世界各民族的各种餐饮精品。

那么这个新秀已成为一个跨越国门的餐饮跨国集团企业，是可以与麦当劳、可口可乐等跨国集团一比高低。

多么美好的前景啊，这不是痴人说梦，难道说几千年中国食文化积淀下来的上千种菜肴比不得一种近似药汤味道的可口可乐吗？比不得一种面包牛奶及炸薯条的方便快餐吗？在这么广深的基础上营造一个摩天大楼是完全可能的，中国的餐饮业企业只要有现代化的思路，完全可以在几年或几十年中跻身与世界五百强之列。

第三章 基本的模式

上边所提到的仅是以亚细亚五彩购物广场作为假想对象构思的方案，将方案提出来，其基本模式是这样的：

以餐饮场所的消费者这个服务对象为中心，充分考虑消费者的需求，提供以餐饮为主，其它服务为辅的全方位服务，主要服务形式是用现代化高科技手段，将服务项目（主要有几百个厨师所提供的上千种具有高水平的美味佳肴，次要的有文化娱乐，信息服务等）以“电脑菜单”的形式提供给消费者，由消费者选择，上规模，上档次，充分显示其规模效益，在规模经济条件下实现管理服务的现代化，将餐饮服务的水平提高到一个相当高的水平上。

以高速的计算机信息管理系统为枢纽，将几百个操作间和几百个大中小餐厅有机地结合到一起，是基本模式，厨师由后台走到前台，公开竞争，优胜劣汰是该超级饮食服务的生命力所在。

该基本模式实质上是利用现代化高科技手段和大型的建筑物将一个城市或一个地区所能提供的餐饮服务有机的集成到一块，将一个城市或一个地区的几百家饭店，几百个操作间由一对一变为百对百，有机的结合到一起。

该超市的管理终端将根据生产部对超市的运营在计算机辅助系统的帮助下，实施动态管理，每个生产间内的库存原料及其消耗情况，每个生产间所能提供或已提供的服务产品数量，工作量负荷调节，均能在该系统中显示出来，管理终端根据生产间、消费间的动态变化情况调节生产者、消费者的供求关系，并将各种数据利用信息设、内部分配机制情况，在计算机辅助管理系统的反馈信息中形象表示出来，便于超市的管理者作出修正或决策。

（四）该饮食超市的内部竞争机制将使每个生产间都能够积极主动的工作，如不能达到一定的要求该生产间的经营主厨将被淘汰出局，超市将始终保持一定比例的操作间为实验或试用间，给新来的厨师以用武之地，使其参与竞争，给原操作间内的经营者以压力和动力，使超市经常有新品或新人脱颖而出，借此保持超市的活力，不断流动，不断创新，内部竞争激烈，将是超市的生命力所在，将是确保超市设施发挥其最大效益，实现最大价值的重要保障。

（五）该超市由于规模宏大，管理规范，使一直困扰与饮食业的以下问题得以低成本的解决。

(1)餐具集中消毒，包括客人所用毛巾，废弃影响环境保护的餐巾纸和一次性筷子，卫生条件大为提高。

(2)由于操作间的分间操作以及厨师的分工操作，使得操作间卫生条件大为改观，生熟分间，热冷分间，主料辅料分间，荤素分间等问题迎刃而解。

(3)成百个操作间集中起来，使集中供燃气，集中供开水，集中排烟尘，集中收垃圾，专人清理卫生，专人检查卫生，设立专门的洗涤间、更衣室等都不成问题。

(4)生产间的生产垃圾，消费间的剩菜剩饭，以及水的处理均有专人负责，并且有专门的处理设备。

经过二次创业，亚细亚五彩购物广场以其庞大的营业面积，交通便利的区位优势，全新的经营模式，成为餐饮业中一个新秀。

这个新秀内有余个操作间的几百名厨师的几千种菜点，荟萃了中国几千年饮食文化的精华，成为闻名全国的以至全球的中华美食博览会。

这个新秀所能提供的专业化餐饮服务，令所有的五星级饭店刮目相看，成为星外级的旅游餐馆，并为周边的大型商场带来客源。

这个新秀不仅盘活了自己的几亿资产，而且还借ST等有关之壳上市，以惊人的业绩迅速扩大规模，在全国几个大城市设立同样或更新模式的超级餐饮超市，这时她已不再是河南的企业了，而是全国性的企业集团了。

经过几年的沉淀积累，这个新秀在全世界各几个大都市都相继建立了以此模式发展成熟的超级餐饮超市，所经营的品种荟萃了全世界各民族的各种餐饮精品。

那么这个新秀已成为一个跨越国门的餐饮跨国集团企业，是可以与麦当劳、可口可乐等跨国集团一比高低。

多么美好的远景啊，这不是痴人说梦，难道说几千年中国食文化积淀下来的上千种菜肴比不得一种近似药品味道的可口可乐吗？比不得一种面包牛奶或炸薯条的方便快餐吗？在这么广泛的基础上营造一个摩天大楼是完全可能的，中国的餐饮业企业只要有现代化的思路，完全可以在几年或几十年中跻身与世界五百强之列。

第三章　基本的模式

上边所提到的仅是以亚细亚五彩购物广场作为假想对象构思的方案，将方案提出来，其基本模式是这样的：

以餐饮场所的消费者这个服务对象为中心，充分考虑消费者的需求，提供以餐饮为主，其它服务为辅的全方位服务，主要服务形式是用现代化高科技手段，将服务项目（主要有几百个厨师所提供的上千种具有高水平的美味佳肴，次要的有文化娱乐，信息服务等）以"电脑菜单"的形式提供给消费者，由消费者选择，上规模，上档次，充分显示其规模效益，在规模经济条件下实现管理服务的现代化，将餐饮服务的水平跃进到一个相当高的水平上。

以高速的计算机信息管理系统为框架，将几百个操作间和几百个大中小餐厅有机地结合到一起，是基本模式，厨师由后台走到前台，公开竞争，优胜劣汰是该超级饮食服务的生命力所在。

该基本模式实际上是利用现代化高科技手段和大型的建筑物将一个城市或一个地区所能提供的餐饮服务有机的集成到一起，将一个城市或一个地区的几百家餐馆、几百个操作间由一对一变为百对百，有机的结合到一起。

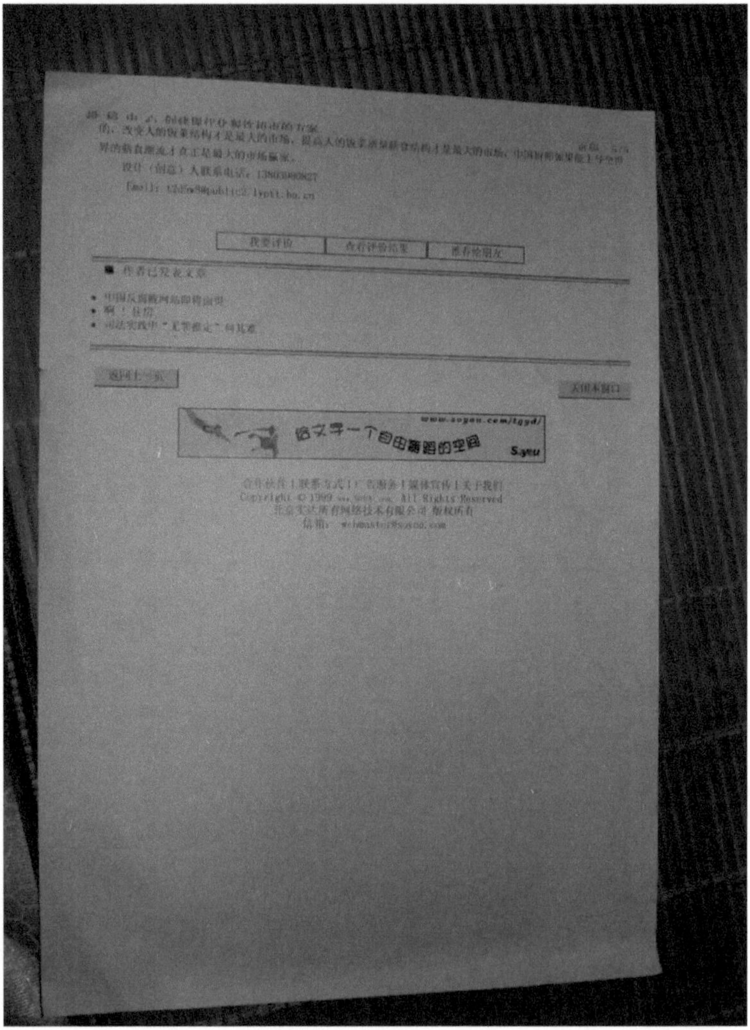

我要评价 | 查看评价结果 | 推荐给朋友

作者已发表文章

- 中国反腐败网站即将面世
- 司法实践中"无罪推定"何其难

返回上一页

关闭本窗口

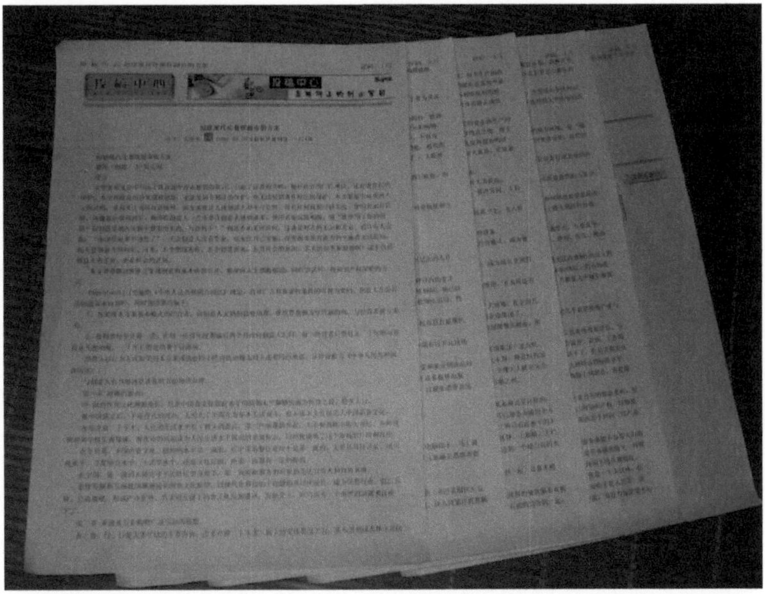

编者注：创建现代化餐饮超市的方案难道不比后文所列新闻倡导的何平律师所创凉粉连锁店，编入是为说明有此转行想法的不止何平律师一人。

中国反腐败网站即将面世

据说中华全国律师协会和全国人大的部分高层人士正在研究中国反腐败网站的建设方案。互联网经济的蓬勃发展势必影响到上层建筑，即互联网政治的展开。该网站将向社会公开立法动态、立法研究、司法解释、群众监督等栏目，除新闻、学术探讨外还要开办执法者违法曝光台、公开举报箱、匿名信等专栏以弥补现有新闻监督的严重不足。

通过互联网进行公开曝光来遏制腐败现象，树立法制的尊严已不是新鲜话题，印度“中央警戒委员会”的网站（http：//www.cvc.nic.in）已成为全印度人点击次数最多的网站，据说第一次使“中央警戒委员会”起到了反腐败的作用，详见《百姓信报》2000年5月2日第四版。

据说全国人大为如何遏制日益严重的司法腐败问题所困扰，仅靠为数不多的人民代表来监督已显出是杯水车薪，所以考虑以合适的方式动员律师界参与到社会监督的领域来。

互联网是一个完全开放的领域，一旦该网站开通，各种各样的信息都可能出现，尤其是匿名信专栏，很容易成为无耻诽谤、名誉侵权，甚至成为反党、反社会主义的舆论阵地，为避免上述弊端，该网站将对敏感栏目，如执法者违法曝光台、匿名信等栏目的上载信息予以一定限制，如只让执业律师、学者等阶层人士上载并要求上载人对信息内容的基本属实负责，有社会人士需上载信息必须通过律师代理，经过律师筛选的信息将使网站的负面影响减少到最低程度。

司法腐败已逐渐成为广大群众深恶痛绝的社会现象，严重损害了党和国家的威信。有些司法部门受利益驱动，违法执法。如有贪污犯买官竟指名要买反贪局长这个位子见诸报端；如《今日说法》栏目所报道的河北高阳县耿兰刚贪污案中的检察机关已明显不是办案水平问题，而是涉嫌迫害；如有些地方黑势力猖獗数年才被打掉等问题。包括尉建行同志也认识到利益驱动是违法办案的根源，提出政法机关只准吃皇粮不准吃杂粮 呼吁。

据说该网站的建立就是为了借助社会舆论来有效地遏制司法腐败等腐败现象的滋生蔓延。

据说建立网站的方案一旦形成，还将征求中央纪检委、监察部、信访系统以及高检、高法等部门的意见，以取得这些部门的支持和参与，使该网站的建站方案更完善、更有效。**拉起一道巨大的官方民间共同行动的反腐倡廉，依法治国的互联之“网”**。以表示党和国家反腐倡廉的决心和信心。

据有关人士予测，根据国人关心政治的传统，该网站一旦开通，其点击率将会超过所有的现有网站。据说一些消息灵通的IT界人士也在积极谋求参与网站的建设事宜，尽管这是一个社会公益性网站。

新世纪，五彩广场向何方

贾 曹

肉食者谋之，又何间焉
刿曰：肉食者鄙……
摘自《左传》

一、两个死结,系于一点

2000年10月12日，《大河报》刊登了郑州中级人民法院关于亚细亚五彩广场有限责任公司破产债权登记的公告，为期三个月的债权登记已过去了两个多月，新世纪的钟声即将敲响，而五彩广场将走向何方，不禁令郑州市民们以及省内许多关心五彩广场的人士拭目以待。

在郑州的商场中，五彩广场未曾辉煌就走入了死胡同，漂亮高档的巨大设施占据着郑州市最繁华地段的一块黄金宝地，然而她已静静地躺了两年多了。

两年多是什么概念?意味着成百上千万的地租或房租在默默中化为灰烬，意味着价值几个亿的资产在默默中贬值和折旧而无所贡献，意味着多少资金的孳息随着时间的长河哗哗流逝，谁看到不为之痛心呢？

然而市场是无情的，看着郑州商业热的退潮，二七塔四周各大商场不再是人如潮涌，五彩广场步入困境就不难理解了。

笔者不才，斗胆认为，只要解开两个死结，五彩广场这个巨人就会否极泰来，重新走向繁荣和辉煌。

-94- 这两个死结，简而言之就是巨大的债务负担和与市场发展适应的经营方向。

巨大的债务负担，随着业已启动的破产程序的进展便可以依法得到解决，而与市场发展相适应的经营方向却是一个较大的难题，这个问题不解决，即使破产了，也面临五彩广场诺大的固定资产何人接盘、如何变现的问题，直接涉及众多的债权人如何尽可能的实现破产债权。问题的最终关键还是落到了五彩广场以后的经营方向问题，经营方向决定预期盈利水平，预期盈利水平决定五彩广场的市场价值，而市场价值则决定破产债权的清偿比例，远看是如何盘活这个巨大的资产，近看直接影响到债权人的清偿比例和债权的实现。

记得电视上有一则报道，说北京的商场面积是东京的十倍，而购买力则是东京的十分之一，可见大型商场经营举步维艰有着深层次的原因，郑州能例外嘛？

无独有偶，同样在郑州的郑百文虽然走向破产边缘，但它还有一个靓丽的壳资源，使远在山东的三联集团不惜巨资来买这个“壳”，而五彩广场几万平方米的营业设施竟比不上郑百文在上交所所占席位的价钱，不能不说是一种难以理解同时又是可以理解的难堪，这种难堪给我们了一种什么样的启发呢？

我们不妨作一设想，五彩广场的旧法人破产了，卸去了巨大的债务负担，新主人接手后如何利用这些营业设施呢？如还是商场，那么周边的几家商场就是典范，难以走出破旧债、欠新债或惨淡经营的旧圈子，能否闯出一条全新的道路呢。网上有一篇文章值得我们一读，网址是www.soyou.con/tgzx/ytem/2000-03-22/1072.html，文章题目是《创建现代化餐饮超市的方案》。

该文章为五彩广场描绘了一个全新的灿烂的前景，好像有点痴人说梦，笔者认为文中的有些观点是非常可取的，试论述一二。

二、他山之石可以攻玉

该文为五彩广场重新启步打开了充分的想象空间，跳出了仅仅如何使其设施有效利用的小圈子，采用否定的方式首先说明了五彩广场继续作为商场使用的弊端，这个是已经被实践证实了的东西，但要面对这个现实，正视这个现实，的确需要一定的勇气。从文中观点可以看出，仅有否定过去的勇气是不够的，而树立开拓未来，寻找一条前所未有的通向辉煌的道路才是最重要的，文中所提的方案，对五彩广场可能不是最佳选择，但这种思路对五彩广场来说却是必需的。

对于任何困难的事物来说，仅仅能说不行是不行的，这是人人都会说的，但如何行是许多人说不出来的，而如何行恰恰才是最重要的。

仁者见仁，智者见智，愿这篇文章能打开智慧的闸门，让更多的更好的、切实可行的方案给五彩广场描述美好的未来，让五彩广场不再是一块心病，而是一片希望。

三、《方案》一文预示了餐饮服务业市场整合的一种趋势

即将到来的二十一世纪，有人说是知识经济的世纪，有人说是网络经济的世纪，有人说是全球一体化经济的世纪，无论怎么说，可以肯定一点，未来变化将是巨大的，各行各业都将迎接这种挑战，餐饮服务业也不能例外。《方案》一文实际上描述的是一个互联网这个高科技与传统产业结合的一种模式，

即所谓的鼠标加水泥模式。

餐饮服务业所面临的市场是巨大的，人们对餐饮服务业的需求更是巨大的，《方案》所描述的是一个想象中的餐饮环境对顾客有着相当强吸引力的规模经营企业，依照方案的描述，我们不难想象。在现有餐饮环境下，我们不可能象慈禧太后一样想吃什么就有人做好了送上来，但在《方案》所描述的餐饮环境却是可能的。

《方案》所描述的企业是传统餐饮饭店无法比拟的。

1、百菜百味

我们随意走进郑州或省内任何一家餐厅，无论他是星级饭店还是街头小摊，他们都只有一个操作间（不论大小）并且谢绝客人的参观，可能我们所点的几个菜都是出自一个无名的“名厨”之手，味道雷同，或者大同小异。也有可能是一个不知所云的菜名，问了问小姐这个菜是什么，小姐也说不清，我们称量称量囊 中之物，合理的进行了荤素贵贱的搭配，点好了菜，可不一会小组来了说对不起，这个菜没有了，哪个菜缺原料，将我们的计划全部打散，好不扫兴，这是我们常常遭受的礼遇。

现有的模式不可能避免这些现象的发生，而《方案》中所描述的餐厅就不会出现这种情况，上百个操作间各有各的特色。一个厨师做一百个菜可能是一个味，而一百个厨师做一个菜却难以味道相同。这就是模式所带来的差异，它使厨师的专业化分工成为可能。

2、价格合理，计量标准

大多数餐厅的菜单是印刷品，一年可能印几次，但不可能一天印一次，同是一盘炒鸡蛋，鸡蛋四元一斤时，它是五元一份，三元一斤时，它还是五元一份，两元一斤时它还是五元一份。而一盘菜的份量却是由厨师来掌握的，它可能是五个鸡蛋，也可能是三个鸡蛋，盘子有大有小，碗有大有小，在价格构成中，主料多少，辅料多少，加工费多少，服务费多少，顾客一无所知。

而在《方案》所描述的餐厅中，电脑菜单却可以一一列明，充分尊重顾客的知情权，每道菜的原料配方，计量标准，成品标准，价格构成，顾客都有可以一目了然，各种饭菜的价格随着市场原料价格的波动都反映在电脑菜单上。

3、文化载体丰富

我们老在说饮食文化，而我们的平时就餐中享受了多少文化韵味，一个菜名的由来、典故都是一种文化享受，在传统的餐饮业是无法品味的，而在《方案》中所描述的餐厅里却是可以领略的，电脑菜单可以在你点菜时，用多媒体的方式向你介绍这个菜的渊源、特点、计量标准、营养构成、主理厨师、价格构成，还可能给你讲一讲这个菜曾经发生的故事，还可以用外文向不同语种的顾客来介绍这些内容，多么诱人的前景啊，难道你不愿意到这种餐饮环境里就餐吗？

以上只是从三个细节的方面描述了该《方案》可以营造的顾客中心地位，这个方案也描述了餐饮业以顾客为上帝的发展方向。

至于方案中所陈述的厨师的人才地位、环境保护等方面与传统模式的差异、优势等等，限于文章篇幅不再论述。

四、该《方案》用于五彩广场的可行性值得专门研究

该方案只是一个初步方案，轮廓十分清晰，经营思路比较明确，在经济上是否切实可行尚需做大量的工作来调查研究，仅从感性认识上来说是值得肯定的。首先说将五彩广场经营方向向餐饮业转移，面临最大的问题是这么大规模的餐饮服务场所是否为市场认同问题，如按老模式办好一个诺大的餐馆，无论如何都是难以想象和理解的，但是按照方案中所描述的模式，客源和内部管理则与其规模就较为适应了。

其次，从资本需求上来说，广场现有资产价值上亿，重新启动仅流动资本一项无论做什么经营都不是一个小数，而餐饮业是劳动力密集行业，资金需求量可能相对较少，周转速度相对并不旺销的商场来说也要快得多。

其三，用于超市现代化的计算机网络，无论从技术上，还是经济上来说，实现的困难都不大，从现有网络技术来说，组建一个这样的局域网从软硬件来说都不成问题，价格也不贵，专用的应用程序也不难开发，只是这样的专用程序尚无人开发而已，而这个部分内容将是方案中所描述超市的高科技部分，局域网巨大的容量将使顾客在品尝美味的同时，也充分领略高科技的魅力，由此给超市积累下厚厚的文化沉淀，与其相关的知识产权也是超市的无形资产。

当然，该《方案》只是一个较大的框架，就象五彩广场巨大的楼面一样，现在看起来只有骨头没有肉，但是有了这个巨大的框架，我们才能将传统的、新的经营优势统合于一体，才能使这个大骨架逐渐丰满起来。

前边所说的三点只是从规模、资金以及技术方面认为这个方案适应于五彩广场的现状，有进行深入可行性研究的价值，因为搞可行性研究也是要花钱的，要搞市场调查，专家论证，技术经济模型分析等工作，不是拍脑袋想当然。

而从社会环境来看，从郑州市建立大商贸城、旅游城市的角度来看，也有

搞可行性研究的价值，笔者试简述之。

1、郑州地处中原腹地，是联系东西南北的重要枢纽之一，要想发展成重要的可与西安、武汉匹敌的商贸城，仅从饮食行业来说，光有烩面是不行的，必须广采各地之所长。方案中所描述的超市，将会汇各地特色于一体，使人有进入这样超市便可尝尽天下美味的感觉，如果能对郑州的商贸旅游起到一定的带动的龙头作用，也是有吸引力的过人之处。

2、全国有许多生不逢时的大商场，尚处于举步维难的状态，如果经过严密的科学论证，这个方案可以实施，尽快付诸行动，如其《方案》一文所述，将其模式更尽善尽美的复制于其他城市，将给社会带来巨大的效益，作为输出管理经验和知识产权的五彩广场将可能发展成为全国性集团企业

综上所述，可以得出一个结论，尽快对该方案是否适用五彩广场进行深入的可行性研究很有必要，直接关系到五彩广场价值数亿资产尽快盘活问题，直接涉及到五彩广场众多的债权人切身利益问题，间接涉及建立郑州商贸城中心地位的突破点问题，这难道还不够吗？

五彩广场在新世纪走向何方，从某种意义上讲也是预示着郑州市在新世纪走向何方的问题。

试谈破产的“五彩”如何“瓜分”

《大河报》3月29日头版刊登了记者胡炳俊的文章《破产的“五彩”如何“瓜分”？》报道了“五彩”破产的进程和有关动向，文章标题颇有新意，道出了许多人的心声。

笔者作为一名律师，也想对如何“瓜分”谈一点自己的看法。

五彩广场设施面积8万余平方米，占地40余亩，位于郑州市繁华的地段，资产价值不菲。报道说“会议结束之后，将由清算组进行资产变现，为第三次债权人会议进行财产分配做准备”。稍有商业常识的人都可能想到，这么大的资产变现谈何容易？仅变现的费用就是一笔不小的数目，而这笔费用还是依法优先从破产财产中支付的。

从清算组计算的负债率713.63%来看，五彩现有资产价值仅有2.12亿元人民币，即使不考虑抵押、担保部分债权和破产变现费用以及四千多名职工的安置费用，债权人的平均受偿率也仅为14%左右，如果考虑了这些因素，一般债权人的受偿率很可能为零。

破产已成既成事实，现在需要的是面对现实，择善而行，笔者提出一种设想建议供决策者参考：

将破产企业的现有资产由债权人按照已经债权人会议确认的债权数额的份额共同共有。由债权人按照债权持有份额自愿组成股东大会，选出新的董事会，组成新的股份有限公司，接受破产企业的全部职工和资产，新公司成立后主要经营不动产资产，将动产部分资产变现后依照破产债权清偿比例清偿给不愿以破产债权入股的破产债权人。

这样做有以下几个好处：

1、降低破产费用，主要是变现费用，减少破产债权人的损失。

2、破产债权变股权，有可能使破产债权人的损失降到最低的限度，因为破产财产变现后的清偿实现率从理论上讲永远达不到100%，用股市术语叫斩仓出局，而债权变股权却不一样，有五彩广场的设施存在，在今后的股份收益和不动产增值中还有可能找补回来，一旦经营的好，具备上市条件的话，还有可能获得更好的回报，而出局以后则连这种可能也不会有了。

3、可以降低破产清算难度，因为像五彩广场这么大的设施，如果拍卖的话，买受人一下子拿出多么多款项来分给债权人的可能性很小，就是可能的话，新的买主也会走过去债务负担太重的老路，而采取该思路则可以彻底卸去新经营者的债务负担，有利于五彩广场设施的尽快重新启用。

4、有利于五彩广场四千余职工的重新上岗，减少失业对政府的压力和对社会的压力。

以上是一种低成本破产清算思路，决策权依照法律规定仍在债权人会议，只要广大债权人能认清形势、达成共识、择善而行，争取政府的支持，这种思路的实现并不是很困难的。

以上观点仅是抛砖引玉，愿有识之士都能仁者见仁，智者见智，出谋划策，使五彩广场这只搁浅近三年的航空母舰尽早走出困境、扬帆启航，走向辉煌的明天。为郑州商贸城画卷添上一笔浓浓的“五彩”。

河南天地律师事务所律师　吴元明

二〇〇一年四月三日

刑事申诉书

申诉人：付金爱，女，汉族，54岁，初中文化，

卢氏县五金厂退 休工人，住卢氏新建路103号二单元，

系亡人李延珩之妻。

申诉代理人：吴元明，三门峡天地律师事务所律师。

执业证号：161194110046

申请事项：

撤销三门峡人民检察院一九九四年十月二十二日所做三检反贪撤字（1994）第2号《撤销案件决定书》，复查该案，作出合理合法之结论。

申诉理由：

申诉人之亡夫李延珩于一九九四年七月死于三门峡市人民检察院，在我们家属的强烈要求下，和三门峡市人大常委会的干予下，三门峡市人民检察院于一九九四年十月二十二日作出三检反贪撤字（1994）第2号《撤销案件决定书》，在该决定书送达之日，我们家属就提出反对意见，要求贵院对本案进行复查，并通过各种途径进行申诉，一直得不到合理的答复。现依据最高人民检察院1998年6月16日发布并实施的高检发控字（1998）6号文《人民检察院复查刑事申诉案件规定》，向贵院提出复查申诉，要求贵院复查该案。

申诉人认为，该《撤销案件决定书》认定“被告人李延珩确有贪污犯罪事实存在”属于有罪推定，违背了《中华人民共和国刑事诉讼法》的基本原则，越权以决定书的形式判决申诉人之夫李延珩贪污罪名成立，侵犯了公民的合法权益。请求三门峡市人民检察院依照《人民检察院复查刑事申诉案件规定》第二条，第五条，第十三条，第十五条，第十七条，第三十四条之规定复查该案，作出合法的结论，给已去世近七年的李延珩昭雪罪名，以慰亡灵，搬去压在亡人亲属心头的石头，还法律一个公道。

申　诉　人：刑事申诉案亡人李延珩之妻：付金爱

申诉代理人：三门峡天地律师事务所律师　吴元明

二○○一年二月二十八日

第二条　人民检察院复查刑事申诉案件的任务是：通过复查刑事申诉案件，维护正确的决定、判决和裁定，纠正错误的决定、判决和裁定，保护申诉人的合法权益，保障国家刑事法律的统一正确实施。

第三条　人民检察院复查刑事申诉案件，必须遵循下列原则：

（一）案件的决定权与申诉复查权相分离；

（二）依照法定程序复查；

（三）全案复查；

（四）实事求是，有错必纠。

第五条　控告申诉检察部门管辖下列刑事申诉：

（一）不服人民检察院不批准逮捕决定的申诉；

（二）不服人民检察院不起诉决定的申诉；

（三）不服人民检察院撤销案件决定的申诉；

（四）不服人民检察院其他处理决定的申诉；

（五）不服人民法院已执行完毕的刑事判决、裁定的申诉以及被害人不服人民法院已经发生法律效力且尚在执行中的刑事判决、裁定的申诉。

第九条　人民检察院分、州、市院管辖下列刑事申诉：

（一）不服本院决定的申诉（另有规定的除外）；

（二）被害人不服下一级人民检察院不起诉决定，在七日内提出的申诉；

（三）不服下一级人民检察院复查决定的申诉；

（四）不服同级和下级人民法院已经发生法律效力的刑事判决、裁定的申诉。

第十三条　人民检察院对原案当事人及其法定代理人、近亲属提出的申诉应当受理。申诉人委托律师代理申诉的，也应受理。

第十五条　人民检察院收到申诉人的刑事申诉后，应填写《刑事申诉受理登记表》，对申诉材料进行审查，并分别情况予以处理：

（一）对不属于本院管辖的刑事申诉，应及时移送有管辖权的人民检察院或有关部门，并通知申诉人；

（二）对认为需要立案复查的刑事申诉，应制作《刑事申诉提请立案复查报告》，经承办部门负责人或主管检察长批准后立案复查；

（三）对不需要立案复查的刑事申诉，经承办部门负责人批准，可制作《刑事申诉不立案复查通知书》，通知申诉人。

第十六条　人民检察院对有下列情形之一的刑事申诉，应当立案复查：

（一）不服人民检察院不起诉决定，七日内提出申诉的；

（二）原处理决定、判决或裁定有错误可能的；

（三）上级人民检察院或本院检察长交办的。

第十七条　原处理决定、判决或裁定是否有错误可能，应从以下方面审查：

（一）申诉人是否提出了足以改变原处理结果的新的事实或证据；

（二）据以定案的证据是否确实、充分或者证明案件事实的主要证据之间是否存在矛盾；

（三）适用法律是否正确；

（四）处罚是否适当；

（五）有无违反案件管辖权限及其他严重违反诉讼程序的情况；

（六）侦查、检察、审判人员在办理该案件的时候，有无贪污受贿、徇私舞弊、枉法裁判行为。

第三十四条　复查刑事申诉案件，应在立案后三个月内办结。案情复杂的，最长不得超过六个月。

对上级人民检察院交办的刑事申诉案件，应在收到交办文书后十日内立案复查，复查期限适用前款规定。复查交办的刑事申诉案件，逾期不能办结时，应向交办的上级人民检察院书面说明情况。

编言:谨以此文纪念蒙冤已满十八年的亡灵，没有比自幼就熟识的人蒙冤更令心灵震撼！

三门峡市司法局：

二00二年十一月十三日，贵局天地律师事务所律师梁剑锋、吴元明以向我行追索36万元代理费为由，在湖滨区法院对我行提起诉讼。本案的实际情况如果在社会上公开，必将严重影响我市律师以及市中级法院的形象。为此，我行将实际情况如实向贵局反映，请贵局劝其撤诉。

98年4月10日，我行收到金额为240万元收款人是张朝钧的银行汇票一张。4月20日，张朝钧将其兑付，并随即全额存入我行。我行为其办理帐号为636399——001000128518的存单一份。

98年4月20日，张朝钧将该存单为北京三峡兴业商贸公司三门峡分公司提供承兑质押。4月22日该分公司与我行签订《银行承兑契约》。同日，我行为该公司签发银行承兑汇票240万元。到期日为98年10月22日。98年5月29日中国农业银行浙江省分行杭州市西湖支行杭州大厦分理处将该汇票贴现。

98年9月25日，乌鲁木齐市沙区公安局向我行出具《冻结犯罪嫌疑人存款通知书》将张朝钧存款240万元全部冻结。从98年9月25日起至99年3月25日止，期限半年。

98年10月22日承兑汇票到期，杭州方面亲自来人，

— 1 —

催促我行承兑。我行因承兑担保款被乌市公安局冻结，恐怕承兑以后，我行落空，合法权益受损害，遂拒绝承兑。杭州方面即向中国农业银行总行申请裁决。

我行与北京三峡兴业商贸公司三门峡分公司在市宾馆商量，认为乌市公安局非法扣款是矛盾的焦点，一定要让乌市公安局将款解冻。但因不熟悉法律，不知怎么办。因兴业商贸公司三门峡分公司经理张宏伟、副经理徐卢保均和吴元明是同学，所以叫吴元明到宾馆进行法律咨询。吴元明叫梁剑锋同往。

律师建议，在市中院立个案，让区农行当原告，分公司当被告，通过打官司的办法来阻止乌鲁木齐方面冻结和划款。梁剑锋、吴元明律师当区农行的代理人，代理费由分公司承担。当时，律师提出要搞个代理书，并说这是个假的，是应付中院的。此后，案子上的事全由两位律师操作，经费全由分公司出。于99年11月26日三门峡中院（1999）三经初字第9号经济判决书出台。截止99年12月31日，梁剑锋律师共到三门峡分公司取走现金6.8万元。

判决书判令分公司十日内偿还区农行款240万元及利息，过期未受清偿，张朝钧以其在区农行质押的存单240万元及其利息清偿。但是，该判决新疆方面不但毫不理睬，而且乌鲁木齐公安局又连续两次冻结该款，使我行的承兑行为仍然无法进行。该判决没有发生任何效益。律师白忙一场，没起任何作用。

不仅如此。2000 年2 月15 日中国农业银行作出内部经济纠纷（2000）第6 号《裁决书》，该《裁决书》第2 条称：“乌鲁木齐市公安局对银行承兑汇票和已质押存单采取冻结措施是不恰当的，被申请人应当主动向公安机关说明情况争取解冻”。但是，新疆方面不但对农业银行的《裁决书》照样不予理睬，而且又于2000 年3 月3 日，由新疆维吾尔自治区人民法院向区农行出具《协助冻结存款通知书》，将该款继续冻结。又于2000 年4 月4 日，乌鲁木齐市天山区人民检察院向区农行致函，要求将该240 万元予以追缴。2000 年4 月17 日中国农业银行会计部将区农行的240 万元强行划走，而且，履行兑付业务。所以，市中院判决书出台后，我行面临的却是越来越严重的局面，二位律师束手无策。

直到2000 年9 月4 日，经我行和兴业商贸公司三门峡分公司连续多次反映和催收，最高人民法院下达（2000）执协字第34 号文件，指出我行对张朝钧出质的240 万元存款享有质权，并指出新疆高院扣划该款是错误的，要求新疆高院十日内撤销其裁定。至此，方才万事大吉。保住了

240 万元未被划走。

2002 年十一月十二日，我行接到三门峡天地律师事务所的《通知》一份。该通知称"关于贵行与北京三峡兴业商贸公司三门峡分公司、张朝钧存单质押纠纷案，我单位梁剑锋、吴元明为贵行代理人，当时约定的风险代理，在贵行实际收回后15 日内付清收回款额的15% 的代理费"。并于次日在湖滨区法院对我行提起诉讼，要求支付代理费36 万元。

对于以上事实及两位律师的诉讼请求，我行认为：

一、我行和北京三峡兴业商贸公司三门峡分公司及张朝钧系业务伙伴关系。我们相互之间没有任何纠纷。所谓三门峡市中级人民法院（1999）三经初字第9 号经济判决书纯系两位律师凭空炮制。根本没有合法性可言。

二、梁、吴二律师所进行的打假官司、假打官司的行为不属于《律师法》所规定的律师业务，而是一种违法行为，无权收取代理费。

三、我行、三门峡分公司及二位律师，三个方面已经协商，本案是因三门峡分公司的业务引起的，所以，律师代理费由三门峡分公司支付，且该公司已经支付了6.8 万元，二位律师不应再向我行索要。

四、在同一案件中，二位律师既是原告的代理人，又

— 4 —

是被告的代言人，已收被告的费用，又向原告诉讼索要。而律师既然是我行的代理人，为啥又要收被告的6.8万元，这6.8万元是什么费用，我们想不明白。

五、二位律师所称代理合同中的风险代理条款我行不知是何时所写，该条款与三方协商结果相矛盾，不能成立。

六、二位律师在维护我行合法权益方面没有起到任何作用。二位律师既然称是风险代理，那么，这种毫无意义、毫无作用的代理不应当收取代理费。

本案的全部事实和我行的看法即如上述。我行如有错误之处，敬请指出。如有正确之处，请奉劝二位律师撤诉，息事宁人为好。

谢谢贵局支持。

此致

敬礼

三门峡市农行湖滨区支行

二00二年十二月四日

— 5 —

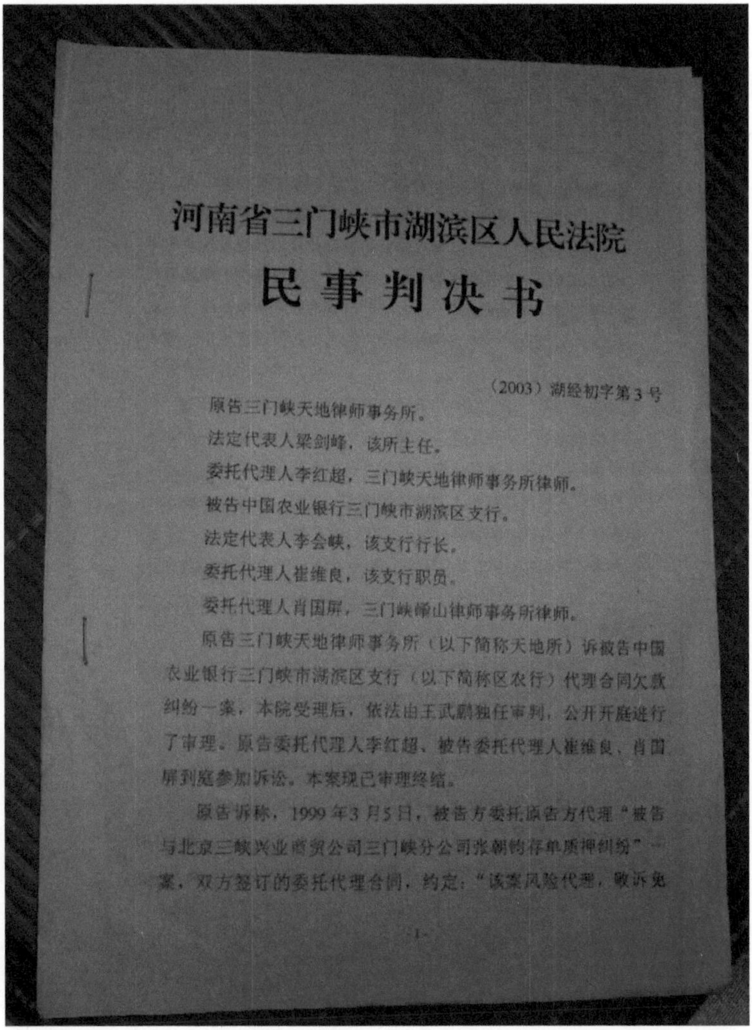

河南省三门峡市湖滨区人民法院

民 事 判 决 书

（2003）湖经初字第3号

原告三门峡天地律师事务所。

法定代表人梁剑峰，该所主任。

委托代理人李红超，三门峡天地律师事务所律师。

被告中国农业银行三门峡市湖滨区支行。

法定代表人李会峡，该支行行长。

委托代理人崔维良，该支行职员。

委托代理人肖国屏，三门峡崤山律师事务所律师。

原告三门峡天地律师事务所（以下简称天地所）诉被告中国农业银行三门峡市湖滨区支行（以下简称区农行）代理合同欠款纠纷一案，本院受理后，依法由王武麟独任审判，公开开庭进行了审理。原告委托代理人李红超、被告委托代理人崔维良、肖国屏到庭参加诉讼。本案现已审理终结。

原告诉称，1999年3月5日，被告方委托原告方代理“被告与北京三峡兴业商贸公司三门峡分公司张朝钧存单质押纠纷”一案，双方签订的委托代理合同，约定：“该案风险代理，败诉免

-1-

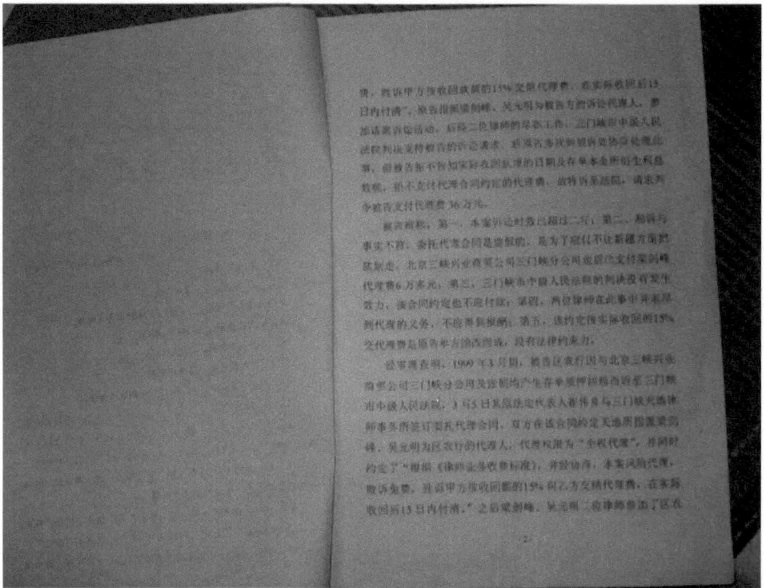

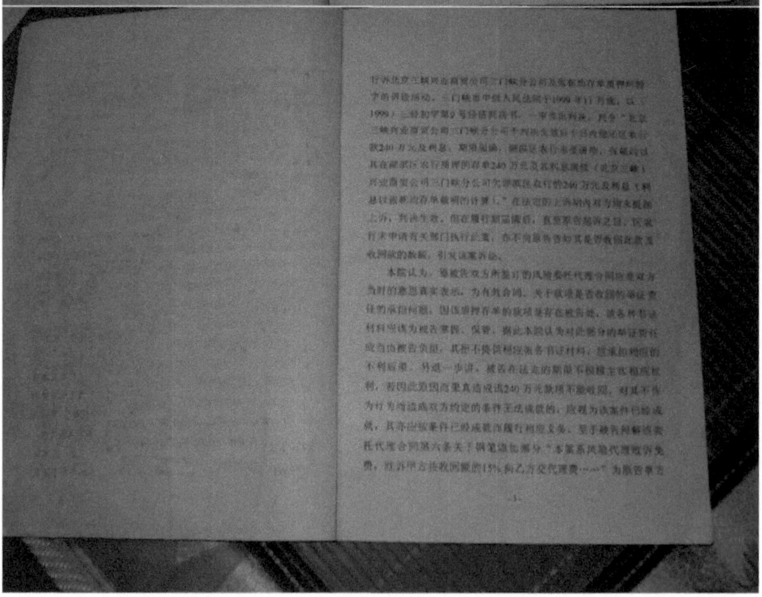

涂改，区农行不予认可，该条款没有法律约束力的意见，因其不能举出相应能够证明该部分为原告事后私自涂改的证据，对此辩解意见本院不予采纳。故对原告的诉讼请求本院予以支持。依照《中华人民共和国民法通则》第八十四条、第一百零六条第一款、第一百一十一条之规定，判决如下：

被告区农行于本判决生效之日起十日内支付原告天地所代理费36万元整。

诉讼费11870元，由被告负担。

如不服本判决，可在判决书送达之日起十五日内向本院递交上诉状，并按对方当事人的人数提出副本，上诉于河南省三门峡市中级人民法院。

审判员：[illegible]

二〇〇三年三月十[illegible]

本件与原本核对无异

书记员：谢晶玮

-44-

奇文共欣赏

——看检察官如何红眼律师

律师为当事人打赢了官司，当事人赖律师费不付，律师无奈将当事人告上法庭，于是种种怪事便出现了：

一审尚未终结，被告当事人先向司法局投诉律师，企图压服律师；一审判决未发，公安机关已经介入，公安机关为什么要介入民事纠纷？

http://www.house2008.com/article.asp?articleid=2966

一审法院 2 月 13 日作出判决，地方报纸 2 月 19 日对该案作出报道。

http://www.smxdaily.com.cn/R.asp?DIR=xbcf&DATE=67&URL=2003218204188&ID=48

2 月 26 日原告向三门峡市纪检委书面控告区委某副书记后，2 月 27 日在原告接到判决书两周、报纸已报道一周后才将判决书发送被告，公安机关也偃旗息鼓，不知什么时间作出了不立案决定。

判决书送达被告后，被告既不上诉，也不履行；原告申请强制执行后的 4 月 1 日，原告接到检察院的立案决定书，同时执行机关也收到《检察建议书》。检察建议书称：原审判决“证据不足”、“适用法律不当”、“拟提出抗诉”、“为避免执行回转难”、“建议暂缓执行”、落款日期同样是“4 月 1 日”

检察机关经过 28 天的日夜工作，终于高效率的炮制出来一份《抗诉书》（附后）。看了这个《抗诉书》就可以知道检察官是如何红眼律师；不惜歪曲事实，挟嫌对律师进行职业报复：

一、且看抗诉书审查查明的事实：

抗诉书第三自然段的陈述完全是歪曲事实

1999 年 3 月新疆高级人民法院带着沙区公安书一块来划拨张朝钧在湖滨区农行已质押的存款 240 元，区农行和兴业公司三门峡分公司在求助于公安机关不行，求助于市中院无果的情况下，才问计于律师。当时吴元明律师也是区农行和建材市场的法律顾问，而不仅仅是张宏伟的同学，抗诉书陈述“兴业公司法定代表人张宏伟及副经理徐卢宝恐被冻结的 240 万元存款被新疆方面划走，公司承担还款责任，遂向 …　”完全是歪曲事实。

1、新疆方面划走不划走存款兴业公司三门峡分公司都应当作为承兑汇票申请出票人和贷款人承担还款责任。

2、恐被划走款项的是区农行，因区农行是质权人，如质权灭失，着急的应当是债权人而不是债务人。

3、张宏伟不是兴业公司法定代表人，而是北京兴业公司三门峡分公司的负责人，徐卢宝不是兴业公司的副经理，而是分公司的副经理。二人同时也是吴元明律师和梁剑锋律师所服务的银信房地产开发公司及下属机构建材市场的正副经理。

4、抗诉书陈述“吴元明即请…　并通知湖滨区农行原行长…　商议此事 6 人商定：…云云”纯系子虚乌有，吴元明为何要通知行长，这个律师有什么资格通知行长？

5、抗诉书陈述“诉讼的费用由兴业公司承担”的根据是什么？既然诉讼的费用由兴业公司承担，为什么区农行的副行长张志敏要陪同吴元明律师到三门峡中级人民法院以转帐形式向中院预交案件受理费？

6、既然“诉讼的费用由兴业公司承担”为何抗诉书又认定“梁剑锋、吴元明以天地律师事务所的名义与湖滨农行签订了委托代理合同”，可笑至极。

吴元明既不是天地所的主任，也不是合伙人，只是一般律师，梁剑锋是天地律师事务所的主任，有主任在场代表律师事务所，何用吴元明画蛇添足。 检察官的意思是暗示签订合同的“主体”是梁剑锋、吴元明个人顶着律师事务所的名义，而不是律师事务所，梁剑锋这里是代表个人不是代表律师事务所。

在这里检察官在不经意间将律师的职务行为认定为个人行为，其用心不可不谓之险恶。

7、该自然段未尾称“兴业公司在诉讼中先后交给湖滨区农行的委托代理人 6.8 万元”，将建材市场交纳顾问费的行为认定为兴业公司替湖滨区农行的交费行为

二、且看检察官是如何滥用监督权的“认为”

1、 在抗诉书认为的第一项陈述中所罗列的证据，不知如何证明“上述当事人的陈述互相印证，证明了湖滨区农行起诉兴业公司的费用应由兴业公司承担的事实”，不知如何证明“建材市场已经代替兴业公司履行支付诉讼费，律师代理费的约定义务的事实”

将与本案风马牛不相及的6.8万元顾问费强行拉来充抵湖滨农行欠缴的代理费是原审被告赖帐的伎俩，检察官看不出还是不愿看出？将原审法院当庭质证无法采信的互相矛盾、不能自圆其说的证人证言来否定铁一般的事实，企图三人市虎，这难道就是检察官的水平？

从法理上讲，湖滨区农行有什么理由让被告承担费用，并且检察官不知依据哪一条法理认定“应由”其承担费用，不知又依据哪一条法理和哪些事实证明“建材市场已经代替兴业公司履行支付诉讼费，律师代理费的约定义务”。

事件何以变得如此复杂，检察官先无中生有的炮制“6 人商议结果”；“约定”区农行起诉兴业公司三门峡分公司及张朝钧的费用义务由兴业公司承担；然后用一些事实将“约定”变为“应由”；再用兴业公司、建材市场是一个法定代表人张宏伟的事实来证明“建材市场代替其支付诉讼费和律师代理费事实；--------累不累呀！牵强附会的本领真大。

2、 在抗诉书中的第二项认为中认为“天地律师事务所未提供证据证明任何一方要求变更该合同，且双方已达成新的协议的证据”、“第六条与第四条互相矛盾”、“与第八条相悖”来责难律师，让律师确实感觉到什么叫“秀才遇到兵，有理说不清”。

认为“第六条添加的内容湖滨农行不予认可，也无双方加章确认，且系天地律师事务所代表人所书写”；以此逻辑，印好的格式合同钢笔填写统统可以认为是“添加”了，可以“不予认可”了，任何填写的部分都应加盖公章了，合同不应由一方书写，应由双方书写了。什么逻辑？区区三十六万元的代理费竟让检察官眼红到了如此不讲理的程度。

综上所述，检察官一句“实体判决不公”是对上述不公的“总结”。

作为一名律师，我为检察机关检察官的业务素质、道德素质汗颜！我为国家法律监督权掌握在类似炮制如此低劣质量的“抗诉书”的检察官们手里而担忧！

我要为改变这种状况尽一个公民的义务，就是本人写这篇文章的目的；我随时准备接受炮制该抗诉书的检察官的报复，因为我是一名无权无势的律师。

两律师追讨３６万元代理费

2003/2/18 20:22:52 来源：三门峡日报

分享到： 0

作者： 网络编辑：admin

相关新闻

- 宣传防火常识 预防火灾发生
- 塞浦路斯拟对存款征税 民众开推土机取款
- 加拿大市民要求政府限制中文招牌引争议
- 美共和党保守派推选2016年总统选举候选人
- 男子直播试验称武汉水质差 测试后变褐色(图)
- 9岁女儿街头卖身救父 网友献爱心先捐10万元
- 小孩引发山火 家长报警骗称“见义勇为”
- 武汉机场大巴焊死行李槽防贼 称效果好(图)
- 女孩得重病月经一来5个月 平和老乡捐1万元
- 男子ATM机上取钱后忘取卡 5000元只剩下...

新闻搜索

搜索

最新新闻

- 集市上宣传条例[图]
- 义煤集团跃进矿开展了学雷锋义务献血活动[图]
- 一个月后， 银行返还其800元
- 白衣天使签名宣誓拒绝红包廉洁从医
- 因地制宜宣传教育防火意识深入人心
- 免费优生检测惠及众多村民
- 王家大院古韵浓[图]
- 小手拉小手传递真情意
- 女青年不幸陷困境好义工上门送温暖[图]
- 儿童摄影受推崇萌照背后藏隐忧

热点新闻

- 共庆“三八” 表彰模范
- 捡到钱包找失主煤业工人好样的
- 黄河见证巾帼豪情
- 慰问矿山“黑玫瑰”立足岗位作贡献
- 近期走连霍高速请多留意
- 传承雷锋精神弘扬时代新风
- 河南再次上调企业退休人员养老金
- 未雨绸缪 打好基础[图]
- 灵宝市中小学春季篮球赛圆满结束[图]
- 敬老院里笑声多[图]

-114-

２月１３日，三门峡天地律师事务所（以下简称天地所）的梁剑锋、吴元明两位律师终于盼来了三门峡市湖滨区人民法院的一审判决："被告中国农业银行三门峡市分行湖滨区支行自本判决生效之日起，１０日内支付原告天地所代理费３６万元整……"看着这份判决书，梁、吴两位律师不禁长嘘了一口气……

案件的起因还得追溯到１９９８年。当年4月１０日，中国农业银行三门峡市分行湖滨区支行（以下简称区农行）收到了一张开自新疆、金额为２４０万元的银行汇票，收款人为张朝钧。１０天后，在新疆某单位工作的张朝钧将汇票兑付后将这笔款存入该行，并于当天用这张２４０万元的存单作担保，为一家名为"北京三峡兴业商贸公司三门峡分公司"（以下简称兴业公司）的单位提供了承兑质押。当年４月２２日，区农行为该分公司签发了一张２４０万元的银行承兑汇票。１９９８年5月２９日，这张承兑汇票被人在中国农业银行浙江省分行杭州市西湖支行杭州大厦分理处贴现。这原本属于一宗手续齐备的正常银行业务。不料，张朝钧此时却因涉嫌诈骗被新疆公安机关立案侦查。１９９８年9月２５日，乌鲁木齐市警方派人持一份冻结犯罪嫌疑人存款通知书来到区农行，将张朝钧质押在区农行的２４０万元存款全部冻结。当年１０月２２日，作为贴现行的杭州方面来人催促区农行予以承兑，区农行拒绝了承兑。杭州方面随即向中国农业银行总行提起了仲裁申请。之后，有关方面又将张朝钧所在单位起诉到法院。新疆高级人民法院随后也发出一份要求区农行协助冻结存款的通知书。

看这２４０万元的存单要"飞"了。这时，区农行想到求助于法律来维护自己对这笔质押款享有的合法权益。天地所的梁剑锋、吴元明两位律师从这时介入该案。经过商议，两位律师建议区农行到法院起诉兴业公司，要求其还款，从而确保对质押存单的质权以及阻止新疆方面对该款项的冻结和划拨。１９９９年3月5日，梁剑锋、吴元明两位律师作为区农行的委托代理人，按事先商定的方案到三门峡市中级人民法院起诉了兴业公司。１９９９年１１月２６日，三门峡市中级人民法院作出判决，支持区农行的诉讼请求，判令“北京兴业三门峡分公司１０日内偿还区农行２４０万元及利息，逾期将用张朝钧在区农行质押的２４０万元存单及利息清偿”。

至此，两位律师认为完成了委托，到区农行协商有关代理费的处理问题。但双方的争议也由此开始：在双方签订的委托代理合同中，有一条用钢笔写下的条款“该案为风险代理，败诉免费，胜诉按收回款额的１５％交纳代理费，在实际款额收回后１５日内付清”——天地所要求区农行按此条款支付代理费３６万元；区农行对此条款却不认可，认为“不知是何时所写，系原告方天地所涂改而成，没有法律约束力”。而且，区农行还认为与天地所签的委托合同是虚假的，是为了应付不让新疆方面把款划走。２４０万元的款项虽没被新疆方面划走，三门峡市中级人民法院的判决却没能阻止新疆方面的继续冻结，两位律师没尽到风险代理的义务，按委托合同约定，也不应取得报酬。

在协商不成的情况下，天地所于２００２年１１月１３日向湖滨区人民法院提起了诉讼。法院经过审理后认为，原、被告双方所签订的风险委托代理合同应是双方当时真实意思的表达，为有效合同。在三门峡市中级人民法院１９９９年１１月对天地所代理的案件作出的判决生效后，区农行一直未申请有关部门执行，也不向天地所告知其是否已收回判决的２４０万元，才引发了纠纷。因作为质押的存单为区农行掌握和保管，故举证责任应由其负担。区农行拒不提供有关账目等书证材料，应承担相应的不利于己方的后果。至于被告所称的委托合同中关于交纳１５％代理费的条款“为原告单方涂改，没有法律约束力”的意见，因其无法举证，法庭不予采纳。据此，法院依法判令区农行１０日内支付天地所代理费３６万元。

据了解，在三门峡，如此巨额的律师代理费纠纷尚属首例。

烫手的三十六万元律师代理费

作者：刘亚涛　发布时间：2003-05-27 08:48:47

律师所追讨36万元律师代理费，法院一审判决其胜诉

2002年11月13日，三门峡天地律师事务所（以下简称律师所）把中国农业银行三门峡市湖滨区支行（以下简称区农行）告到湖滨区法院，要求其支付36万元律师代理费。律师所诉称，1999年3月5日，被告区农行委托其代理区农行与北京三峡兴业商贸公司三门峡分公司（以下简称三门峡分公司）及张朝钧存单质押纠纷一案，双方签订的委托代理合同中约定："该案风险代理，败诉免费，胜诉按收回款额的15%交纳代理费，在实际收回后15日内付清。"随后，原告指派梁剑锋、吴元明两律师作为被告的诉讼代理人，参加该案诉讼活动。经两位律师尽职工作，三门峡市中级法院判决支持被告的诉讼请求。后原告多次到被告处协商处理此事，但被告拒不告知实际收回款项的日期及存单本金所衍生的利息数额，拒不支付代理合同约定的代理费……

事情的起因要追溯到1998年。当年4月10日，区农行收到了一张开自新疆、金额为240万元的银行汇票，收款人为张朝钧。10天后，在新疆某单位工作的张朝钧将汇票兑付后把这笔款存入该行，并于当天用这张240万元的存单作担保，为三门峡分公司提供了承兑质押。当年4月22日，区农行为三门峡分公司签发了一张240万元的银行承兑汇票。1998年5月29日，这张承兑汇票被人在中国农业银行浙江省分行杭州市西湖支行杭州大厦分理处贴现。这是一宗手续齐备的正常银行业务。不料，张朝钧此时却因涉嫌诈骗罪被新疆公安机关立案侦查。1998年9月25日，乌鲁木齐市警方派人持一份冻结犯罪嫌疑人存款通知书来到区农行，将张朝钧质押在区农行的240万元存款全部冻结。当年10月22日，作为贴现行的杭州方面来人催促区农行予以承兑，区农行拒绝了承兑。杭州方面随即向中国农业银行总行提起仲裁申请。之后，有关方面又将张朝钧所在单位起诉到法院。新疆维吾尔族自治区高级法院随后也发出一份要求区农行协助冻结存款的通知书。这时，区农行想到求助于法律来维护自己对这笔质押款享有的合法权益。于是，律师所的梁剑锋、吴元明两律师介入该案。经过商议，两律师让区农行起诉三门峡分公司和张朝钧，要求三门峡分公司还款及实现对张朝钧质押存单的质权，以此来阻止新疆方面对该款的冻结和划拨。梁剑锋、吴元明两律师作为区农行委托代理人，按事先商定的方案到三门峡市中级法院提起了诉讼。

三门峡市中级法院认为，区农行依据与三门峡分公司承兑契约的约定，为三门峡分公司办理了银行承兑汇票，依法应当承担保证该汇票承兑和付款的责任。因此，区农行虽未将款兑付，但并不影响其作为本案权利人的主体资格。三门峡分公司未按期将款交付区农行，应承担相应民事责任。张朝钧以其存入湖滨区农行的240万元为三门峡分公司质押，且将存单交于区农行，其行为符合《担保法》关于质押的规定，质押依法发生法律效力。因此，区农行请求以张朝钧质押的240万元存单及其利息实现质权的理由符合法律规定，应予支持。1999年11月26日，三门峡市中级法院作出判决，判令三门峡分公司10日内偿还区农行240万元及其利息，逾期将用张朝钧在区农行质押的240万元存单及其利息清偿。至此，两位律师认为完成了委托。

针对律师所追讨代理费的诉求，区农行辩称：一、起诉与事实不符，委托代理合同是虚假的，目的是为了应付不让新疆方面把款划走；二、判决没有发生任何效益，事情是经过区农行自己案外努力解决的，律师没起任何作用，不应得到报酬；三、约定按实际收回款的15%交纳代理费是原告单方涂改而成，没有法律约束力。

湖滨区法院经审理认为，原被告双方所签订的风险委托代理合同是双方当时的真实意思表示，为有效合同。关于款项是否收回的举证责任的承担问题，因该质押存单的款项存在被告区农行处，各种书证材料应该为区农行掌握、保管，故此部分的举证责任应当由被告承担，其拒不提供相应账务书证材料，应承担相应的不利后果。另退一步讲，如果被告在法定的期限内不积极主张相应权利，从而造成240万元款项不能收回，对其不作为行为而造成双方约定的条件无法成就的，应视为该条件已经成就，其亦应按条件已经成就而履行相应义务。至于被告辩解该委托代理合同关于钢笔添加部分"本案系风险代理，败诉免责，胜诉按收回额的15%向乙方交纳代理费……"为原告单方涂改，没有法律约束力的意见，因其不能举出相应能够证明该部分为原告事后单方涂改的证据，对此意见不予采纳。2003年2月13

日，湖滨区法院判决支持了原告律师所的诉讼请求，被告区农行于判决生效之日起10日内支付原告律师所代理费36万元。

区农行多方求助称案件有隐情，认为律师打假官司私改协议

一审法院2月13日作出判决，当地报纸2月19日对该案作出报道。在案件尚未审结时，区农行先向三门峡市司法局反映情况，投诉律师，认为本案实际情况如果在社会上公开，必将严重影响律师及法院形象。在一审判决作出后，公安机关介入，传唤讯问律师。2月26日，原告律师所向三门峡市纪检委书面控告湖滨区某领导干预案件。2月27日，判决书发送到被告区农行手中。

在区农行向三门峡市司法局的情况反映信中，区农行站在自己的角度，详细叙述了律师为其代理案件的情况，充分表达了自己的观点。

1998年10月22日，三门峡分公司为出票人、区农行为兑付行的银行承兑汇票到期，贴现行杭州方面来区农行要求承兑。区农行因承兑担保款被乌鲁木齐公安机关冻结，恐怕承兑以后合法权益受损，遂拒绝承兑。杭州方面即向中国农业银行总行申请裁决。

区农行与三门峡分公司在宾馆商议此事，认为乌鲁木齐公安机关扣张朝钧款是矛盾的焦点，一定要让他们将款解冻。因不熟悉法律，便找来吴元明、梁剑锋两律师进行咨询。

两律师建议，在市中院立个案，让区农行当原告，分公司当被告，通过打官司的办法来阻止乌鲁木齐方面冻结和划款。梁剑锋、吴元明两律师当区农行的代理人，代理费由分公司承担。当时，律师提出要搞个代理协议，并说这是假的，是应付中院的。此后，案子上的事全由两位律师操作，经费全由分公司出。截至1999年12月31日，梁剑锋律师共到三门峡分公司取走现金 6.8万元。

三门峡中级法院的判决书令三门峡分公司10日内偿还区农行款240万元及其利息，过期未受清偿，张朝钧以其在区农行质押的存单240万元及其利息清偿。但是，新疆方面对该判决不但毫不理睬，而且又连续两次冻结该款，使区农行的承兑行为仍然无法进行。因此律师白忙一场，没有起任何作用。

2000年2月15日，中国农业银行针对杭州方面的申请，作出内部经济纠纷裁决书，其中称："乌鲁木齐市公安局对银行承兑汇票和已质押存单采取冻结措施是不恰当的，被申请人应当主动向公安机关说明情况，争取解冻。"但是，新疆方面照样不予理睬。2000年3月3日，新疆高级法院向区农行出具协助冻结存款通知书，将该款继续冻结。 2000年4月4日，乌鲁木齐市检察机关向区农行致函，要求将240万元予以追缴。2000年4月17日，中国农业银行会计部将区农行的240万元强行划走，履行兑付业务。直到2000年9月4日，经区农行和三门峡分公司连续多次反映，最高人民法院下达（2000）执协字第34号文，指出区农行对张朝钧出质的240万元存款享有质权，并指出新疆高院划扣该款是错误的，要求新疆高院10日内撤销其裁定。至此，才保住了240万元未被划走。

区农行认为，一、自己和三门峡分公司及张朝钧系业务伙伴关系，之间没有任何纠纷。三门峡市中级法院关于质押存单的判决书系两位律师凭空炮制的，根本没有合法性可言。二、梁、吴二律师所进行的打假官司、假打官司的行为不属于《律师法》所规定的律师业务，而是一种违法行为，无权收取代理费。三、区农行、三门峡分公司及两位律师三方已协商过，本案是由三门峡分公司的业务引起的，所以律师费由三门峡分公司支付，且该公司已支付了6.8万元，两位律师不应再向区农行索要。四、两位律师所称代理合同中的风险代理条款，区农行不知是何时所写。五、两位律师在维护区农行合法权益方面没有起到任何作用，这种毫无意义、毫无作用的"风险代理"不应当收取代理费。

以上是区农行对律师代理此案的另一套说法。

判决书送达区农行后，区农行没有上诉，但也没有履行判决。2003年3月下旬，律师所申请强制执行。

检察院建议此案暂缓执行，不久作出抗诉书，律师所请求上级机关撤销抗诉书

区农行直接申请检察院抗诉了。2003年4月1日，湖滨区检察院受理区农行抗诉申请，决定立案审查。没来得及向湖滨区法院调一审案卷，当天就出具建议书，称原判决证据不足、适用法律不当，拟提出抗诉，为避免执行回转，建议暂缓执行。

2003年4月28日，三门峡市检察院作出民事抗诉书，认为湖滨区法院（2003）湖经初字第3号民事判决书认定事实及适用法律错误，实体判决不公：

一、原审中，被告区农行向法庭提交了律师所1999年12月31日出具的由张宏伟（三门峡分公司负责人）签字报销在建材市场入账的法律顾问费6.8万元的发票；提供了支付该笔费用的三门峡分公司公司业务员徐卢保证明三门峡银信房地产开发公司、建材市场、三门峡分公司同是一个法定代表人，以及张宏伟，崔伟良（原区农行行长）、梁剑锋、吴元明等人共同在市宾馆商议通过诉讼抵制新疆的划款，先从建材市场账上取款5万元，后又陆续支付给梁剑锋1.8万元共计6.8万元的证明；崔伟良也证明其与梁剑锋、吴元明、张宏伟、徐卢保等人在宾馆协商由区农行起诉三门峡分公司，梁和吴为区农行的代理人，诉讼费用由三门峡分公司承担的证明；张宏伟也出具了其与其他5人在宾馆协商由区农行起诉三门峡分公司，律师费用由三门峡分公司承担，并先后支付给梁剑锋6.8万元的证明。即使是参与宾馆协商、受律师所指派代理区农行参与区农行与三门峡分公司诉讼的律师吴元明，于2003年2月26日接受公安机关询

同时也称委托合同中所谓的风险代理当时自己并不知道，只是在后来办理立案手续时才知道的，对该涂改内容是否确系双方签订合同当时的约定，也没有作出肯定的证明。上述当事人的陈述互相印证，证明了区农行起诉三门峡分公司的费用应由三门峡分公司承担的事实。梁剑锋、吴元明、张宏伟及法院有关人员为解决该汇票纠纷先后去新疆、北京等地的差旅费用均由张宏伟签字在建材市场报销，更加印证了该案的费用由三门峡分公司承担，建材市场已经代替三门峡分公司履行支付诉讼费、律师代理费的约定义务的事实，原审依照被涂改过的委托代理合同，对上述事实不予认定，显系认定事实错误。

二、原审中，律师所向法庭提交了委托代理合同。该代理合同系律师所事先印好的已有双方实体权利义务记载的填充式带有编号的格式合同，其中原合同第六条“根据《律师业务收费标准》，并经双方协商，甲方向乙方交纳　　元。”在这一涉及双方权利义务的重要条款中“甲方向乙方交纳的　　　元”被律师所代表人划掉，又用钢笔添加了“本案风险代理，败诉免费，胜诉甲方按收回款的15%向乙方交纳代理费，在实际收回后15日内付清”的内容。根据该添加内容，区农行并不预先支付代理费用，也就不涉及代理费的退还与否的问题，故添加的内容与原合同第四条所约定的“乙方无故终止合同，代理费全部退还甲方；如甲方无故终止，代理费不予退还”明显矛盾；律师所未提供证据证明任何一方要求变更该合同，且双方已达成新的协议的证据，故也与第八条所约定的“如一方要求变更合同条款需再行协议”相悖。第六条添加的内容区农行不予认可，也无双方加章确认，且系律师所代表人所书写，因此，律师所应当提供其添加内容是事先经过区农行同意的证据。原审却以区农行不能举出相应证据为由对律师所的诉讼请求予以支持，既无事实根据，也无法律依据。

律师所认为，抗诉书查明的基本事实错误，且无证据，只偏听偏信抗诉申请人的一面之词。抗诉理由也不能成立：

一、抗诉书认定“建材市场已经代替兴业公司履行支付诉讼费、律师代理费的约定义务”是错误的。

首先，三门峡分公司没有支付代理费义务（三门峡分公司没有委托律师），其次也没有代替支付的约定。事实上，建材公司更无代替支付。向法院预交的诉讼费是区农行转账支付的，这是铁的事实。怎么出现建材市场代三门峡分公司支付？抗诉机关的这一说法简直是没有根据的。抗诉申请人提交的6.8万元的发票，清楚地显示该款是建材市场所交的1997年到1999年的法律顾问费，而非此案的代理费。不知为何抗诉机关要曲解这原始书面证据，而去偏信抗诉申请人的口头证明和与本案有直接利害关系的张宏伟、徐卢保的口头证明，如果检察机关坚持认定建材市场替区农行支付了代理费，为何不去追究张宏伟、徐卢保挪用公款的刑事责任？张宏伟、徐卢保所在的银信房地产公司是三门峡市农行的下属公司，建材市场是银信公司下属的国有公司，张宏伟、徐卢保将国有公司的6.8万元挪用给区农行，岂不构成挪用公款罪？

总之，书面的、原始的证据的效力高于口头证据，更别说本案的几个证人与案件本身有利害关系。这是最基本的法律常识。

二、抗诉书中的第二条理由更是错误。

首先，原审时，原告向法庭提交了“委托代理合同”原件，抗诉机关一会儿将该合同称为“涂改过的委托代理合同”，一会儿又称其为“添加了内容”，一会儿又称其为“新的协议”。足见抗诉机关是根据自己的需要，而随意认定同一证据性质。如果是涂改过的合同，那么旧合同是什么样的？抗诉申请人为何不将自己认可的、没有涂改的、没有添加的旧协议拿出来看看？抗诉机关既然运用了大量的推理去否认申请人提交的合同，怎么不论证一下旧的、没有被涂改的、没有添加内容的合同是什么样的？为何不让抗诉申请人拿出这份合同？

其次，抗诉书称：“第六条添加的内容区农行不认可，也无双方加章确认，且系天地律师事务所代表人所写……”难道区农行行长最后的签名和加盖的公章不是对整个合同的确认？难道合同的每一条都需加盖公章和签字再确认？难道合同只能由第三方书写，或是甲方书写才算数？还是需要双方握一支笔书写？该合同全文（除印好的部分）均是律师所的代表人书写，最后双方签字并加盖了公章，合同即生效，这是最简单的法律常识。

至于说合同中有矛盾的内容，这简直是鸡蛋里挑骨头。且不说无矛盾，即便有，此类合同中手写部分的效力高于原先印好部分的效力。这也是最基本的法律常识。

其实事情很简单，抗诉申请人只要将自己持有的那份合同拿出来，一切真相就可大白。区农行为何不将自己持有的、自认为对自己有利的、没有被涂改的、没有添加内容的、原始的协议拿出来？

因此，律师所向上级检察机关申诉，请求撤销三门峡市人民检察院对此案的抗诉书。

访谈

风险代理制度期待规范

针对本案中的有关法律问题，记者采访了郑州天翔律师事务所主任王福立律师。他了解了基本案情后，对此案发表了自己的看法。

根据《票据法》规定，湖滨区农行对于自己出具的银行承兑汇票，必须保证向票据持有人——杭州方面履行兑付义务。张朝钧质押的存单无论出了什么问题，都与此无关，这样做是为了保证市场流转中票据交易的安全。湖滨区农行兑付汇票后，应持汇票要求出票人（借款人）——北京三峡兴业商贸公司三门峡分公司“埋单”。三门峡分公司无力支付借款，湖滨区农行则可要求实现对张朝钧的质权。

根据《担保法》规定，质权因质物灭失而消失。湖滨区农行在张朝钧作为犯罪嫌疑人被羁押、新疆方面要求划扣张240万元存款的情形下，要保证质权不灭失，规避自己的商业风险，只能通过诉讼方式尽快实现其质权，从而对抗新疆方面对存款的冻结和划扣。

至于律师所与湖滨区农行关于风险代理费的纠纷，排除人为干扰，从目前已有证据来看，对湖滨区农行来说显得不利。现在，检察院已抗诉，究竟谁是谁非，相信法律自有公断。

对于风险代理， 王律师说，诉讼中的风险是客观存在的。无论当事人还是其代理人，他们追求胜诉欲望与意志尽管在程度上有所差异，但总体方向上却是一致的；而诉讼风险对他们的影响，尽管有着直接与间接的不同，但总的损益方向也是一致的。这两个方面的共同利益使他们有可能更为直接地共同分担诉讼风险从而获得更大的诉讼利益，而这种分担的具体形式便是风险代理。对于风险代理，尽管有人持否定态度，但现实中它不容忽视地存在着。

风险代理在我国司法实践中还处于萌芽状态，法律对此更无任何具体的规范，甚至还存在着不少的争议。王律师认为，这种形式的代理将不可避免地成为我国律师代理收费制度的重要组成部分。从基本的法律原则上讲，只要风险代理协议能够体现协议双方真实的意思表现并且不违反法律法规禁止性的强制规范，我们并不能找出使其无效的法律依据；并且这种做法对于当事人与代理人双方而言都的确具有相当的实际价值，出于自身利益的考虑，他们之间的这种合意以及相关民事权利义务的约定当属法律应予保护的“处分自由”。风险代理人与当事人对于诉讼及其风险的认识能力有着相当悬殊的差别，前者通过专业的法律知识与丰富的执业经验可以对此作出比较准确的分析与判断，而后者却往往只有一点感性认识。因此，风险代理制度应有严密的法律规范以及具体的监督机制。规范以及监督的重点应在于防止代理人滥用风险代理侵害当事人的合法权益，同时也在于保护风险代理人合法、正当的收益。可以考虑风险代理协议强制公证或登记生效制度、限制或禁止代理人就某类诉讼请求范围的分配权利、就具体的分配比例或代理费用根据适当的标准确定最高限率或限额等规范监督措施。

来源：河南法制报

责编：刘运荣

来源：《法律与生活》2003年第13期 作者：余芳蕊

案中案潜伏的36万元代理费

2002年年底,河南省三门峡市的一律师事务所状告委托代理单位拒付巨额风险代理费的案件,一审判决原告胜诉。委托代理单位不服,透露出这是一起律师策划的假官司的内幕。公安局、检察院依法介入。目前,此案由三门峡市中级法院裁定一审法院进行再审。律师策划以案化案1998年4月,中国农业银行三门峡市湖滨区支行(以下简称区农行)收到金额为240万元,收款人为张朝钧的银行汇票一张。4月20日,区农行应张朝钧的要求,将该银行汇票解付,并全部存入区农行。当日,张朝钧在区农行办理了《权利质押协助通知单》,以该存单为北京三峡兴业商贸公司三门峡分公司(以下简称三门峡分公司)提供承兑质押。4月22日,三门峡分公司与区农行签订《银行承兑契约》。同日,区农行为该公司签发240万元银行承兑汇票一张,到期日为1998年10月22日。1998年9月25日,区农行忽然收到了乌鲁木齐市沙依巴克区公安局出具的《冻结犯罪嫌疑人存款通知书》,宣布从1998年9月25日起至1999年3月25日,将张朝钧240万元存款全部冻结。1999年3月,三门峡分公司法定代表人张宏伟及副经理徐卢保担心如果被冻结的240万元一旦被新疆方面划走,就要由自(本文共计2页)......[继续阅读本文]

2013年03期

2013年02期

2013年01期

本期目录

相关文章推荐 搜文章

案中案潜伏的36万元代理费	《法律与生活》2003年13期
逃逸引发案中案	《汽车与安全》2003年03期
故意伤害引发案中案 检察监督真凶落法网	《海南人大》2005年05期
哈尔滨"信贷第一笔"落马记——农行黑龙江...	《检察风云》2003年05期
荒唐的"案中案"牵出了什么?	《学习月刊》2006年17期
荒唐判决"案中案"还能牵出什么	《观察与思考》2006年16期
英雄,不能流血再流泪	《检察风云》2002年20期
二石一鸟 一举两得——一起代理企业国际追...	《律师世界》1999年02期
农行不应承担赔偿责任——对一起票据侵权案...	《现代金融》2001年11期
案中案里的"明法"贪心人	《农村百事通》2006年01期
李嘉廷案中案之一:父爱名义下的权钱交易—...	《检察风云》2003年15期
李嘉廷案中案之二:拿李嘉廷当"保护伞"的...	《检察风云》2003年15期
谁给私盐开绿灯——一起贩卖私盐案引发的案...	《政府法制》2001年05期
08频发"抓记者"背后都有案中案	《政府法制》2009年03期
律师帮他讨回公道	《北京观察》1996年01期

编注：下面是两份自写的诉状，当事人未起诉或上诉自然有自己的理由，从电脑中翻出，也算遗斑做一展现。

民事诉状

原告：梁剑锋，男，汉族，河南天地律师事务所主任律师，住河南省三门峡市永兴街司法局家属院

被告：《法律与生活》杂志社

法定代表人： 社长

地址：

诉讼请求：

1、确认被告杂志二OO三年七月二日总第241期第二十二页至二十三页所载文章《案中案潜伏的36万元代理费》一文严重失实严重侵犯了原告人的名誉权。

2、判令被告停止侵害，消除影响，赔礼道歉，恢复名誉。

事实与理由：

二OO三年七月八日，原告接到朋友来电，问称原告是否犯了诈骗罪，原告在惊愕之余细问才知道，7月2日出版的《法律与生活》杂志以“记录”为名刊登了一篇署名为余芳蕊的文章：《案中案潜伏的36万元代理费》，报道了原告所在单位所涉一桩代理费诉讼案。

原告立即找来该期杂志，只见封面上赫然提示“三门峡…敬请关注”翻开该杂志二十二页只见一幅图片映入眼帘，该图片给人以明显无误的感觉就是“律师事务所‘不要脸’的‘狮子大开口’”。

经对该篇题为“案中案”一文的研读，令原告愤怒不已。令原告不解的是封面上赫然印着“中华人民共和国司法部主管”的号称权威的全国发行《法律与生活》杂志竟然冒天下之大不韪，公然捏造事实将一九九九年由原告单位代理区农行的、经三门峡市中级人民法院判决的、其生效判决已使区农行受益的案件“披露”为“假官司”。

该文在对“假官司”进行披露过程中不惜捏造事实，无中生有的、指名道姓的宣判原告“其行为构成诈骗罪”。该文还多处对梁剑锋进行指名道姓的恶意中伤和诋毁。

该文章引起原告及原告同事们极大的愤怒，该篇文章不仅侵害了原告合法的名誉权，污辱了原告的人格。该文的压题图片还构成了对律师全行业的污辱和诽谤，该文章将原告代理的案件说成“假官司”，间接地损害了三门峡市中级人民法院作为国家审判机关的威信，使原告“是可忍，孰不可忍”，为捍卫自己合法的名誉权，为捍卫国家的法律尊严，为捍卫原告所在的律师行业合法的整体利益，原告人不得不斗胆将被告这个强大的舆论工具诉诸于法庭，以促使其改正错误。

原告人寄希望于受理该案的法院秉公执法，不畏权势，依法判令被告承担因其行为应当承担的法律责任，给原告人一个公道，给原告一个恢复对法律信心的机会。

此致

北京市丰台区人民法院

具状人：

民事上诉状

上诉人：北京道杰士投资咨询服务有限公司，住所地北京市朝阳区惠新西街15号。

法定代表人：李忠，该公司董事长。

被上诉人：北京三七二一科技有限公司，住所地北京市朝阳区光华路8号和乔大厦B座610室。

法定代表人：胡欢，该公司总经理。

上诉人因不服北京市朝阳区人民法院(2003)朝民初字第19076号民事判决，依法提起上诉，恳请二审人民法院依法裁判，以维护上诉人的合法权益。

上诉理由如下：

一、原审判决适用法律不当。

本案起因是被上诉人在履行服务合同时单方中止履行义务，多次协商未果引发诉讼。

1、原审判决以上诉人未提供充分证据为由驳回原告诉讼请求显属适用法律不当。

依据原被告所提供证据，并经法院认定确认了“2003年1月初三七二一公司停止向道杰士公司提供网络实名服务”和“三七二一公司已将网络实名‘搜房’许可给搜房咨询公司使用”的基本事实。由法院认定的事实可以证明原审原告(上诉人) 已经完成诉原审被告违约的举证义务。

2、被上诉人辩称并未违约的理由是上诉人未按照格式条款履行义务，而原审判决对格式条款是否具备法定有效条件未予确认，将明显符合 《合同法》第四十条规定特征的无效格式条款直接作为划分双方责任的有效条款直接引用属适用法律不当。

3、原审判决对于被告辩称所引用的格式条款未按照合同法第三十九条、第四十条、第四十一条进行效力认定，未进行是否当事人真实意思表示、权利义务是否对等、有无解释歧意的审查也属适用法律不当。

最根本的在于，原审判决划分责任的主要依据，格式条款的内容完全符合《合同法》第四十条的法定无效条件，属于法定的无效条款，对上诉人根本不具备约束力。

上诉人认为注册条款第8条2款和相同内容的服务条款第9条第2款所规定的内容符合《合同法》第四十条"或书"无效条件理由有如下几点:

A、该条款文述"当申请注册唯一性网络实名时"，"或者他人对已注册的网络实名提出异议并要求复议时"，是两个时间条件，第一个时间条件是签订服务合同前，第二个时间条件是签订服务合同后，三七二一公司在这里将签订合同的审查权从时间空间上给予了扩大，扩大到了签订合同以后。是一种加重对方责任的时间条件约定。

B、下文就约定的时间条件成就时，三七二一有权要求合同对方提供"合法使用权"的证明材料，不知道这个权利从哪个法律授权而来，这是一种法律的审查权，三七二一在这里已经不将合同对方作为平等的民事主体来对待，而作为管理对象来看待，在这里将无法从法律上获得的对合同对方当事人的审查权、裁判权从约定中获得，完全背离了《合同法》第五条规定确定的公平原则和第三条规定确定的平等原则。

C、再下文述"任何一方（是指三七二一公司受理的异议方和注册方），如果不能（不是拒绝）在7个工作日之内提供此类证明材料、或证明材料不完整、不真实"，"将被视为""不拥有""合法使用权"。苛刻之极，7日之限与曹丕的7步之限可谓异曲同工，三七二一获得了凌驾于服务对象之上的优越地位，不仅可以拒绝提供服务，还要冠其以"将被视为""不拥有""合法使用权"的罪名，以免除已方的拒绝提供服务的法律和道义责任，与强盗逻辑有什么区别。

D、该条款将对方支付价款获得服务的主要权利，设定了"包括"但"不限于"的"证明"义务，并且只有"7个工作日"的时限，如果"不能""将被视为""不拥有""合法使用权"。该服务商的客户权利成了狼身边的羊，随时都有被剥夺的可能。而被剥夺的权利还要"被视为""不拥有""合法使用权"。

而这样的"霸王条款"，居然成了原审判决划分责任的依据并被全条引用，难道原审人民法院就是这样适用当事人约定之"法"的吗？

4、合同法第七章违约责任中首先适用的是应当承担继续履行、采取补救措施或赔偿损失等违约责任。而原审人民法院却以承诺的服务期限已经届满，双方的服务关系已经终止为由不支持原告要求被告对不当中止服务承担补救措施的请求，也属适用法律不当。

综上不难看出，说原审判决适用法律不当已不足以反映本案原审的水平，说原审判决适用法律错误也不为过。

二、原审判决主要案件事实认定不清：

1、本案属第三人搜房公司与被告恶意串通，剥夺原告依合同取得的网络实名使用权而引起诉讼。原审判决确认了“2003年1月初三七二一公司停止向道杰士公司提供网络实名服务”和“三七二一公司已将网络实名‘搜房’许可给搜房咨询公司使用”的基本事实。而没有将被告人把自己设计的具有“唯一性”特征的权利先后许可给两家使用属于恶意违约的事实予以认定，有意回避第三人向被告提出的异议理由是否成立的事实，有意回避被告是否有权受理异议并做出“合法”与否认定的权利，仅以原告未能证明的向被告提供约定的“不限于”的材料这一事实就免除被告为第三人所托请而违约的责任，这种事实认定以偏概全显失公正。

2、有意思是的原审人民法院还根据本案证据查明了“当日及同月20日道杰士公司陆继将其营业执照……传真至三七二一公司”，说明原告已尽了勤勉的履约义务。“同月25日三七二一公司告知道杰士公司依据……将终止服务”，“同月26日道杰士公司致函三七二一公司”说明上诉人及时于第二日提出异议，认定此后原告未再向被告“提供材料”，未提供什么材料？三七二一公司要求的什么材料？判决书没有说明，而依据这个莫须有的事实认为原告履行义务不当。

判决称“道杰士公司认可服务条款第9条第2款列举的商标注册证书为其应提交的必要材料”有何证据证明？“但现有证据不能证明其已提交了该必要材料，故构成违约。”什么逻辑？先看大前提是否成立，道杰士公司认可服务条款中的商标注册证书为其应提交的必要材料，认可行为有什么具体表现，只是合同成立时的一般认可，还是特别认可？商标注册证书为必要材料是否有效，法庭可做一个统计，三七二一网络实名的用户有多大比例持有该网络实名的商标注册证书，而这些用户都以相同的方式认可了三七二一服务条款，照此判决为例，三七二一公司完全可以随时停止对半数以上网络实名用户的服务，而以其在“七个工作日内”“不能”提交商标注册证书这个“必要材料”为由。这符合合同法保护合同的法定宗旨吗？

3、原审判决将明显已查明的事实不认为违约，而将不能证明是否发生的事实作为原告违约的理由，属于明显的分配举证责任不公。即使原告不能证明其确向被告提供了“注册商标证明文件”就一定构成违约吗？原告的违约责任要由原告证明其不违约，是一种推定违约，被告能证明原告拒绝提供该件吗？根据谁主张谁举证的法定分配原则，被告应举出原告拒绝提供材料的证明。而恰恰相反，被告承认收到了材料，只是不承认收到特定材料而已，不承认就推定没有提交又是什么逻辑？

综上所述，原审判决认定事实不清的提法已不能反映本案审判真相，说原判认定事实错误或说原判颠倒黑白是否过分也值得探讨。

够了，为维护人民法院的威信，为维护合同当事人的合法权益能得到应当得到的法律救济，特请求二审人民法院充分注意上诉人合同的公平权利已遭受无效格式条款的侵犯这一重要事实，撤消原审人民法院显失公正，粗糙不堪，没有页码（意味着可随意增删）的错误判决。充分注意上诉人以及不特定的绝大多数不具有、或具有未提交、或未在7个工作日之内提交、或提交过没有证据证明提交过“商标注册证书"的网络实名使用用户的权利，认定该格式合同条款无效，依法裁判，还上诉人以及不特定绝大多数网络实名用户一个公道。

此致：

北京市第二中级人民法院

上诉人：北京道杰士投资咨询服务有限责任公司

2003年12月2日

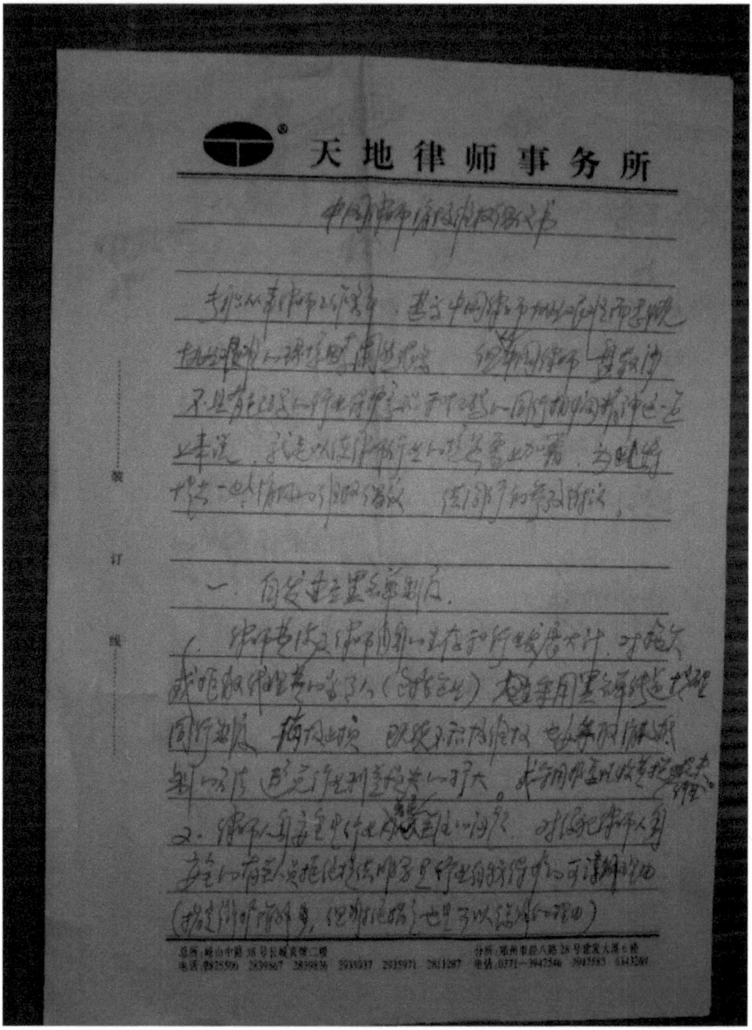
天地律师事务所

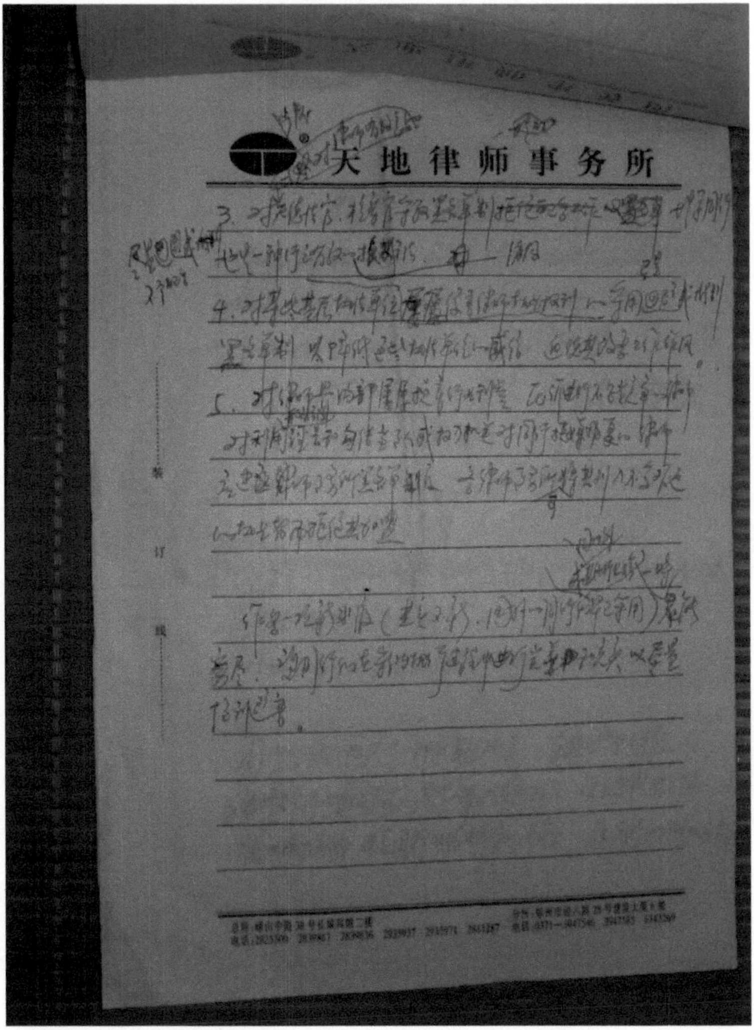

天地律师事务所

[illegible]

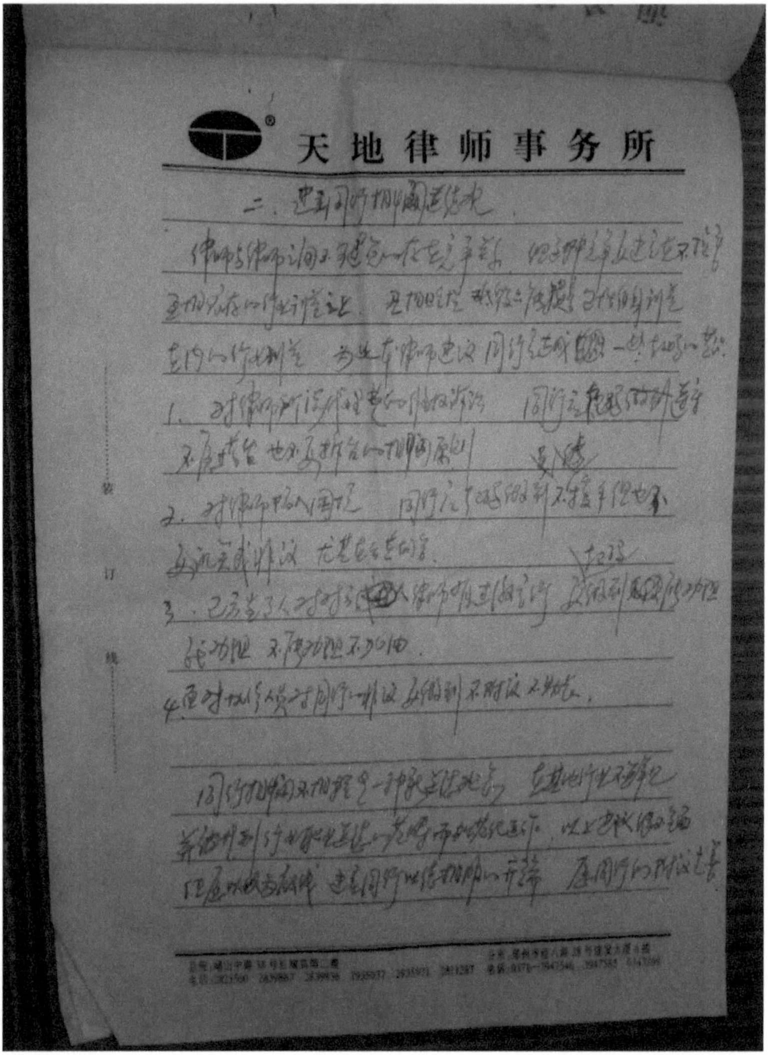
天地律师事务所

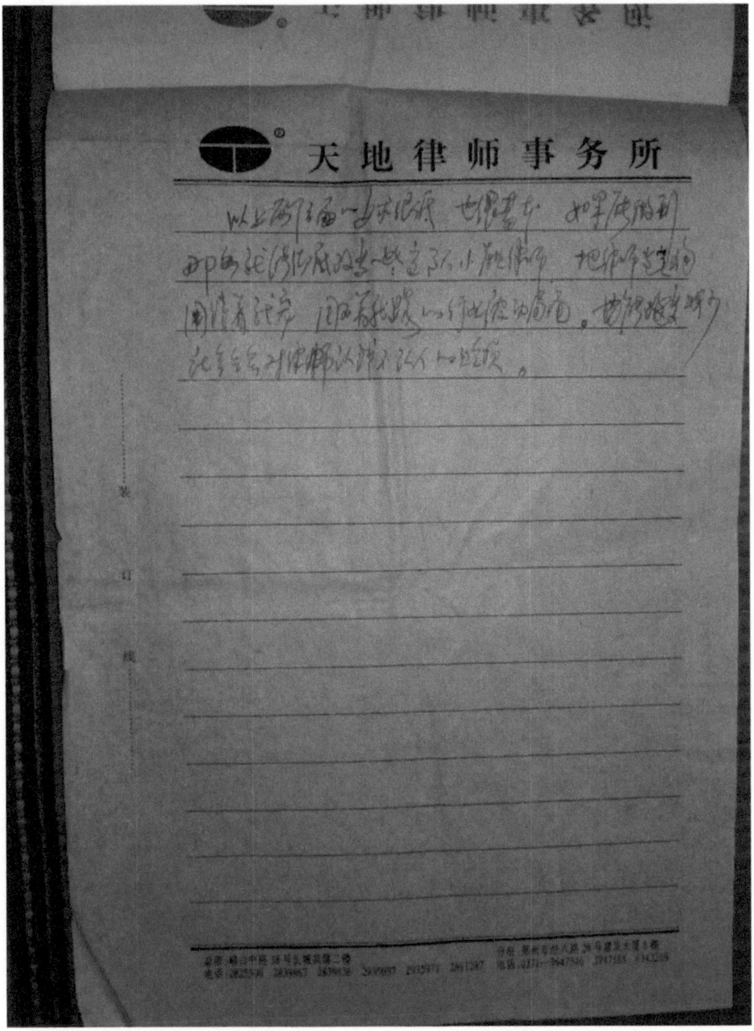

天地律师事务所

[illegible]

专业律师提示：购买北京“四合院”需慎重

日前，北京市国土房管局和市地方税务局新近出台了《关于印发鼓励单位和个人购买北京旧城历史文化保护区四合院等房屋试行规定的通知》（以下简称通知），即京国土房管改[2004]375号文。

通知规定：一、本市行政区域内和符合国家及本市规定的其他省、区、市（包括香港、澳门和台湾地区）的机关、企事业单位、社会组织和个人，以及其他境外企业、组织和个人（以下简称单位和个人），除法律、法规、规章另有规定外，均可购买四合院。

专业律师提示欲购买四合院者应特别注意本条中的除外条件“除法律、法规、规章另有规定外”，以免形成房屋交易的法律风险。

这些除外条件包括哪些呢？

律师认为法律、法规另有规定的主要是指购买者的主体资格和四合院的权属性质。

一九八三年十二月七日国务院发布的《城市私有房屋管理条例》第十三条规定“机关、团体、部队、企业事业单位不得购买或变相购买城市私有房屋。如因特殊需要必须购买，须经县以上人民政府批准”。

这是一条行政法规的强制性规定，如违反该规定，根据《中华人民共和国合同法》第五十二条（五）之规定，可能直接导致购买合同或购买行为无效。

2002年刚修订的《中华人民共和国文物保护法》第二十五条“非国

有不可移动文物不得转让、抵押给外国人”。

这是一条国家法律的强制性规定。如违反该规定根据合同法第五十二条（五）之规定，也可能直接导致购买合同或购买行为无效。

由于该通知的除外条件涵盖的范围比较宽，一时难以穷尽，仅列两条作为提示，请置业者提高风险意识。

仅从这两条来讲，北京旧城历史文化保护区四合院等房屋除所有权属于公有的，单位个人均可购买外，属私有房屋的四合院单位购买应符合“如因特殊需要必须购买，须经县以上人民政府批准”这个法定条件。外国人则只能购买不属于“文物”的北京旧城历史文化保护区四合院。

我们不禁要问，

3. “机关、企事业单位、社会组织和个人以及其他境外企业、组织和个人（以下简称单位和个人）”均可以自由交易的既不属于私有、又不属于“文物”的、“均可购买”的北京旧城历史文化保护区四合院还有吗？
4. 这种“鼓励”还能合法存在吗？
5. 这种“通知”可以被认为是“县以上人民政府批准”吗？
6. 而部门规章和政府规章另有规定的“除外”条件还有多少呢？还有必要列举吗？

这个通知使人想起一个命题：除鸡蛋外，鼓励你用任何东西孵小鸡。

用科学发展观看现代法律服务业的规范发展

——一名执业律师学习第十一五规划建议的思考和建言

吴元明

新世纪的第五年，中共第十六届五中全会通过了执政党关于制定国民经济和社会发展第十一个五年规划的建议，该建议将成为第十届全国人民代表大会第五次会议制定中国第十一个规划的纲领性文件。在这个纲领性文件中，似乎看到了中国律师行业实现突破的一丝曙光，愿这一缕曙光能成为中国律师行业走出黎明前黑暗的晨曦。

律师界应当充分发挥行业政治敏感性，积极把握这个历史机遇，做出实现律师行业发展的体制性突破的努力。

《中共中央关于制定国民经济和社会发展第十一五年规划的建议》（以下简称《建议》）提出"推进产业结构优化升级"的新任务，具体内容就是"发展先进制造业，提高服务业比重和加强基础设施建设"，其中提高服务业比重的措施包括了"促进服务业加快发展"。

在促进服务业加快发展的过程中，要自始至终坚持科学发展观。

科学发展观是五中全会提出的重要概念，科学发展观就是要研究市场发展规律，在尊重和遵循规律的基础上谋求发展，这就需要律师界研究法律服务市场的基本规律，发现这些基本规律，并利用这些基本规律实现律师行业发展的体制性突破，最终实现法律服务业这个《建议》中定位为"现代服务业"的现代化发展。

律师行业只有用科学发展观实现法律服务市场的规范发展，才可能在为社会提供法律服务时为其他现代服务业提供法律支持与帮助，不然的话，就会仍然陷入目前的怪圈，不能自渡，何以渡人，连自己的合法权益都不能维护，何以维护委托人的合法权益。

《建议》中明确提出"大力发展现代服务业"的措施就是"坚持市场化、产业化、社会化的方向，建立公开、平等、规范的行业准入制度"，这就给法律服务这个现代服务业提出了科学发展的方向，而坚持这个方向实现体制性突破要依赖法律服务业主力军律师行业的集体努力，要发挥律师行业懂法、用法、立法的主观能动性，首先实现法律服务业的市场化、产业化和社会化，首先实现法律服务市场公开、平等、规范的行业准入制度的建立和完善，这是大力发展法律服务这个现代服务业必须首先面临的突破，没有这个突破就不可能有法律服务业的现代化发展。实现这个突破只能依靠与之利害相连的律师界的共同努力，不要有任何幻想，不要幻想既得利益者的仁慈和让步，不要幻想执业环境的自然改善，只有努力努力再努力，抗争抗争再抗争，才能实现包括律师自身利益在内的社会民众权益在内的社会进步与发展。

本文就是作者作为一名执业律师对法律服务业的市场化、产业化和社会化的理解和对法律服务市场的公开、平等、规范的行业准入制度建立和完善的思考，并试图用科学发展观来阐述这种理解和思考，愿这种浅显的理解和思考能激发同行们形成共识，共同努力实现我国法律服务业即律师行业的突破发展和走向繁荣。

一、法律服务业的属性

法律是国家意志的体现，在人民民主国家里，法律是通过国家强制力推行和体现的全民意志，是社会和谐发展的制度保障，通过法律的确认和规范，实现社会成员的平等和尊严，是民主社会进步和发展的必需手段。

法律服务则是法制社会的一种社会分工的必然，法律作为重要的上层建筑学科有其复杂性和专业性，不可能作为普通知识为全体社会成员所掌握和运用，法律服务则是通过专业人员对法律的运用实现法律作用于社会的功能。

广义的法律服务，包括立法、司法、执法等国家的公共服务，同时也包括法学研究，法学教育等社会的公共服务，自然也包括了具体社会成员从市场上以对价方式取得的具体法律服务。社会公众所取得的广义的法律服务是作为社会成员自然取得的权利，所承担的义务是遵守法律的相关规定维护法律尊严。狭义的法律服务是市场条件下平等的社会成员因具体的利益需求到法律服务市场上所购买的具有商品属性的专业人员的法律服务。这种服务具有商品的属性。

属公共服务的法律服务具有社会服务属性，这种服务属性不属于商品，由国家提供，属公共服务但不是不用价值衡量，实际上是由社会成员以纳税的方式进行公共积累实现的，而市场法律服务一般属于商品，属于市场交易的标的物，社会在向社会公众提供普遍意义上的公共法律服务的同时，通过市场向具体的社会成员提供一些具有商品属性的具体法律服务，两种服务互相促进互相补充，才能最大程度满足社会成员的法律服务需求，才能最大程度的保障社会成员的合法权益。

法律服务本身的属性决定了法律服务属于知识密集型服务业，法律服务的质量在某种意义上决定了社会发展的水平，决定了社会进步程度以及文明程度。

提高法律服务的质量体现在两个方面，一个是公共的法律服务水平，主要包括国家机关的立法水平、司法水平以及司法人员素质的提高，另一个是市场的法律服务水平，即法律服务市场上提供有偿法律服务人员的职业素质，两者缺一不可，不可有任何一种偏废。

服务本身相对于其他有形社会财富具有三个本质的特点，非实物性、生产与消费的同时性、不可储存性，服务的质量存在于服务的过程之中，决定于提供服务的人的具体道德素质和知识性服务技能，这是基本的科学原理不容置疑，同样适用于法律服务这种服务。

国家在提供公共法律服务时同样重视这个基本的科学原理，一直在不断采取措施提高立法的质量、司法执法人员的素质水平就是明证。刚进入新世纪，就把律师资格考试升格为国家司法资格考试，客观上是将公共法律服务质量与市场法律服务质量的标准进行统一的重大决策。

二、用科学发展观看规范法律服务市场的必要性

如果说进入新世纪开始的国家司法资格考试可以被认为是将公共法律服务与市场法律服务在质量标准上进行统一的重大举措话，这仅仅是一个国家宏观层面上提高法律服务质量的举措，相同或相似的举措应向市场法律服务这个狭义的法律服务领域延伸。《建议》明确指出“坚持市场化、产业化、社会化的方向，建立公开、平等、规范的行业准入制度”是规范发展法律服务市场的必要手段。

从我国目前法律服务市场的现状来看，不是没有行业准入制度，而是没有具备“公开、平等、规范”属性的行业准入制度，从事有偿法律服务的主体极其杂乱，直接影响或损害了法律服务市场的规范与发展，直接影响了法律服务质量的提高，直接损害了社会公众享有市场法律服务的利益，进而直接妨害了我国法制的进步与发展，这绝不是危言耸听，而是客观的社会现实。

在我国的法律服务市场上，从事有偿法律服务的人员除法定的律师外，从官方取得法律服务资格的人员还有基层法律工作者，基层政府的司法助理员，企业法律顾问、公证员、专利代理人、商标代理人、土地登记代理人等，这是以行政割据方式瓜分法律服务市场的既成局面；而没有官方身份靠地缘优势从事有偿法律服务的，包括公检法司离退休人员、黑律师、土律师、讨债公司、咨询公司、法务人员等，则是以地方割据方式蚕食法律服务市场的既成事实。这种局面和事实已经使我国的法律服务市场成为条块分割、无序竞争随处可见的“江湖卖场”，没有任何秩序可言，各色人等都在为“争夺各种法律业务而上演着一幕幕的快意恩仇”[1]，均为经济利益而拼搏。

混乱的市场格局必将带来混乱的市场秩序，依法执业的律师生存空间受到空前的挤压[2]，律师行业在这种生存尚且艰难的情况下求发展简直如同痴人说梦；每年虽然都有不少人通过司法资格考试，但踏入法律服务行业者无不感叹生存之艰难。

市场经济就是法制经济，在法律服务市场上法律规则已被既成事实和局面破坏殆尽，市场的

监管者政府职能部门为争夺部门利益纷纷画地为牢置法律规定于不顾，长此以往法律服务市场上都是无法无天的混乱局面，社会主义市场经济何以为继，社会主义法制到什么地方体现。

市场的混乱必然带来法律服务质量的低下，各色人等的劣行引起的社会公众非议都全部要由律师买单，因为在社会公众看来，这各色人等几乎都是以明示或默示的“律师”名义活动的，而主管部门却揣着明白装糊涂，不整顿市场只整顿律师队伍，李鬼作祟让李逵吃药，以至于以法律为生存基础的律师队伍也对法律不敢抱以信心，一个个向商人看齐，以经济效益为追求目的，以挣钱多寡为业绩衡量指标了。这种倾向如果继续，损害的不仅是律师行业的社会形象，损害的不仅是社会公众所应享有的法律利益，必将影响公共法律服务领域的廉洁性，最终损害的是法制国家建设的顺利进行。

为法制国家的建设，为市场经济的发展，为和谐社会的进步，为律师行业这个现代法律服务业走出困境走向发展，都应当从依法规范法律服务市场开始。

三、用科学发展观分析规范法律服务市场的要点

法律服务是通过专业人员对法律的运用实现法律作用于社会的功能，无论国家和社会提供的公共法律服务和市场主体提供的商品法律服务都服务于这一功能的实现，这两类来源不同的法律服务的互动和互为依存决定这一功能实现的程度和水平。

服务的质量存在于服务活动过程之中，决定于提供服务的具体操作人员的综合水平。

质量的衡量一般用标准来界定，对于产品来说不难理解，而对于服务来说，体现的方式则不同。

标准是时代的产物，在自然经济条件下，人们过着自给自足的生活，交换并不普遍发生，用于交换的产品和服务，只要双方认可就行，就是符合“标准”的。在计划经济条件下，统一生产和统一分配，规范产品或服务的标准由各个有权部门制定，在普遍短缺情势下，产生不同的质量标准，是“宁滥勿缺”的标准，有国际标准、国家标准、部门标准，甚至地方标准还分为省标、地标、市标及企业自定的标准。各种不统一的标准给商品的市场流通带来极大障碍，改革开放后国家对产品实行质量的统一标准，是“宁缺勿滥”的标准，使产品市场经济在质量较有保障的前提下获得长足发展。产品的标准统一是产品市场发展的基础，是被实践证明的科学，同理，服务市场标准的统一也应当是服务市场发展的基础。

市场经济发展规律决定产品经济时代发展必将带动服务经济时代的到来，对服务类商品的质量标准的制定和统一是发展服务业的基础性社会需求。

服务类商品相对于产品类商品的非实物性、生产与消费的同时性、不可储存性决定了对服务类商品质量标准的要求只能体现在对服务提供者的市场准入上，服务类商品的质量只能由服务提供者的服务态度服务技能来体现。

法律服务业属于知识型服务业，与普通服务业不同，知识存在于人的脑子中，不可能像产品可以存储于库房中，不可能像衣物可以穿着于任何人身上。知识型服务商品的品质决定于服务过程中具体服务的操作人员对知识和技能用于事务处理的智能性判断和把握，不具备一定教育背景和专业技能的人在具体操作中就无法达到可能或应当达到的效果，知识型服务业的服务品质决定于从业人员的知识水平和道德水平。

具备相应知识水平和技能的人如果缺乏道德水平，在服务中既能给接受服务的人带来利益，也可以带来难以弥补的损害。

不具备相应知识水平和技能的人即使道德水平再高，也不可能给委托人带来服务利益，使其服务毫无市场价值而言。本身不具备相应知识水平和专业技能的人以专业人员自居，从事力不能及的服务，使服务对象的利益处于没有任何保障的风险之中，在道德上就属应当被谴责的行为，就如同非法行医一样，应当受到刑事处罚惩罚。

因此，知识型服务商品的标准的实现就体现在对从业人员的市场准入体制是否科学是否合

理。

科学合理的市场准入体制只能保障知识型服务业从业人员的知识和技能水平，而道德水平的保障则放在对取得准入资格的从业人员的教育、引导、规范和惩戒等行业内的科学管理上，其中对符合准入条件的专业人员赋予法律意义上的信赖义务也是对服务这种商品的一种标准要求。

对知识性服务商品进行标准规范，以公示的方式贴“达标” 的“标签”，则只能贴到符合条件的服务主体的“脸上”，向不特定的社会公众公开表示，这个服务主体能提供特定种类符合特定条件的服务。即赋予从业者以特定的职业身份，用执业许可的方式给从业者贴“标签”的管理方法。

从执业许可的本质来看，也是一种交易，被许可者获得某种职业身份以这种职业身份到公开市场上提供服务获取收益，是以履行法定义务和承诺承担某种特定义务为代价的，当服务出现过失或暇疵时承担信赖义务所具体体现的各种责任，包括丧失职业身份即剥夺执业许可的责任。而没有被许可的人普遍被禁止进入市场提供有偿服务，即使从事了这种服务因不具备客观的合格标准而不具备报酬请求权。同时不被许可的人也不承担职业人员法定的信赖义务。“许可”这种交易的实质就是以具备承担信赖义务的条件和承担信赖义务来换取执业特许权，而“许可”是以普遍禁止为前提的，没有普遍禁止，许可则无任何实际意义可言。

以上论述只是想说明一个观点，要想建设法治国家和市场经济，法律服务市场的规范是重要一环，如何规范、规范的目的要围绕保障法律服务质量这个原则进行，具体的措施就是完善法律服务业的市场准入机制，如《建议》所指，这种行业准入制度必须是“公开、平等、规范的”，这是各种服务市场规范的要点，同样更是法律服务市场规范的要点。

四、统一的市场需要统一的标准

市场准入就像一道门槛，只放行具备越过门槛能力的人进入市场提供服务，相对可以保障服务这种商品的起码质量，如果门槛一端高一端低，高的一端效用就被低的一端替代。与木桶理论一样，桶内水平高低决定于最短一块组成木桶的木板的长度，其他长的木板长出部分就是多余和无用。同样市场准入门槛的设计也体现了管理当局的智慧，中国有句成语“利令智昏”，造成市场准入体制混乱不堪的原因仍是利益因素。

我国的市场经济建设是从计划经济转轨而来的，计划经济时代为排除市场规律对计划执行的影响，对市场固有的因素在法律政策制度的制定上都采取排斥观念，而这种观念影响下已制定的法律政策制度在改革开放后，在市场经济的建设中并没有得到修正和完全废除，直接对市场经济的建设产生负面影响和阻碍作用。

就是在市场经济的建设中，这种观念的清除也不是一朝一夕可以完成的，往往计划经济时代留下的经济格局在市场经济建设过程中给一部分人带来利益，既得利益者反对改革阻碍改革，维护这种观念和这种观念指导下制定的不合理政策也属市场经济条件下的正常反映。

这种反映在服务业发展中主要体现为对服务市场人为的割裂和割据。这种割裂和割据主要反映在各利益部门制定不同的市场准入标准，人为的造成市场的混乱和低质低效。

目前对知识型服务商品提供者的市场准入制度存在的问题，就像改革开放前的七十年代产品制造市场所存在的标准不统一问题一样，体现在服务市场的准入政策制定上，需要引起重视，统一的市场需要统一的标准，这是市场的公平属性所决定的。在市场内划分不同级别划分不同领地是不科学的，也是难以实施的。

万有引力的发现者，传统力学的奠基人牛顿是一个伟大的智者，传说当他关起门思考问题时，常受到猫的干扰，因为门关上后猫无法进出就会抓挠影响他的工作，于是他决定在门板上掏洞供猫通行。他家有两只猫，一大一小，他就掏了两个洞，也是一大一小，邻人不解问他，他解释到大猫走大洞，小猫走小洞，邻人问小猫为何不能走大洞过？伟大的牛顿也自嘲的笑了，这是一个传说，这个传说却反映了市场准入制度的哲理。

市场的本质是流动的，市场不是影剧院，可以根据座号不同而不同标价，在市场内要想人为割裂划分泾渭分明谈何容易，就像牛顿想使小猫不走大洞一样难以理喻。

法律服务市场上，一方面严格律师的进入制度，一方面另开口子允许另一个标准的基层法律工作者进入法律服务市场，使社会公众难以区分律师与基层法律工作者的区别，直接影响法律服务这种服务商品的质量，人为的造成市场准入双重标准，并且发源于一个管理部门，难以用利益驱动以外的原因来解释这种形势和局面的形成。

服务作为市场交易的特殊商品，制定在市场条件下的统一标准，是服务业发展尤其是知识型服务业规范发展的重要基础性制度保障。

认真落实《建议》"建立公开、平等、规范的行业准入制度"，就是要在法律服务这个市场上打破行政地方割据藩篱，严格执行《律师法》和《行政许可法》的法律规定，统一法律服务市场的准入标准，废除违法的规章和政策，不仅是律师行业发展的需要，也是"贯彻依法治国基本方略"，全面推进法制建设的需要，更是落实《建议》所提出的"完善市场主体、市场交易、市场监管、社会管理、可持续发展等方面的法律法规"的现实需要。

五、用科学发展观认识法律服务的本质

一个健全的法治国家提供给社会成员的法律服务主要有两类，即公共法律服务市场法律服务，两者的共同点在于这种服务都是通过社会成员中因分工而从事法律工作的专业人员的具体活动完成和实现的，而不同点则是服务时的有偿和无偿之分。

公共法律服务如法官的审判活动，检察机关的法律监督活动，政府机关的行政管理，人民代表大会及常委会的立法活动都是国家财政来支持的，不需要服务对象在接受服务时支付对价，但这种服务不是不用价值来衡量，而是由社会成员所纳税款等公共积累来支付的，因而就涉及到"司法成本"这样一个概念。

市场法律服务则是具有商品属性的选择性服务，这种服务的商品属性在于服务对象须支付对价方能获得，产品商品有质量高下之分，有假冒伪劣存在，服务商品同样如此。不合格的商品和假冒伪劣的商品因不具有价值或有害于社会进步和生产发展不允许进入市场，服务商品也是同理。

从产品质量标准来说，达不到标准的产品可以退货，可以拒付价款；而服务质量标准则是反映在报酬请求权这个具体的权益之上的，拥有市场准入条件获得执业许可的职业服务者享有报酬权，但是当服务有瑕疵或过失时报酬权归于消灭，造成损害的还应赔偿，不拥有市场**收**入条件的非职业服务者的服务则不能被认为是市场条件下的服务，根本不享有报酬权。报酬权是职业服务者获得市场准入权利中的一项基本权能。

职业服务者的报酬权是行业生存和发展的基础，服务报酬不仅是从业人员的生活来源，也是行业生存发展的经济基础。

职业服务者的报酬权是以对社会公众承担信赖义务为前提的，而非职业服务者不承担法定的公示的依赖义务自然不能享有报酬请求权，这样的法则同样适用于法律服务市场。《中华人民共和国律师法》第46条第2款规定："没有取得律师执业证书，为牟取经济利益从事诉讼代理或者辩护业务的，由所在地的县级以上地方人民政府司法行政管理部门责令停止执业，没收违法所得，可以并处违法所得一倍以上五倍以下罚款。"这条法律规定就体现了职业服务者报酬权排他享有法则在法律服务市场上的具体规定。

从服务本身的含义来说，是一个社会成员为另一社会成员处理事务的普遍活动，社会成员处理自己的事务则不属服务范畴。

从市场意义上的服务来讲，服务则成为市场交换的特殊商品。

法律服务和市场法律服务也属概念不同的两个范畴，公共法律服务是国家义务，社会成员之间无偿的法律服务具有互助性质，一般仅发生在具有相识或相知的社会成员之间，而市场法律服

务则是有偿的为原则，无偿的属例外，以承担法定的信赖义务为前提，市场法律服务的提供者依法律规定仅是律师，律师是社会法制进程中为不特定社会公众提供法律服务的社会发展分工产生的职业。是法律服务市场的唯一合法供方。这是全世界所有法制国家公认的公理。也是法律服务市场的本质所决定的。

市场法律服务与国家的公共法律服务是相辅相成的，市场法律服务的质量直接或间接的影响国家的公共法律服务质量，进而影响国家法治建设的进程和社会公平的实现。

司法部正在推行的政府律师和公司律师究竟属于市场法律服务还是公共法律服务倘有探讨空间，从取得标准来看，也是以通过全国司法资格考试或律师资格考试为前提的，没有降低法律服务质量的可能。但是却与《律师法》第十五条所规定的“律师事务所是律师的执业机构”相悖，从而引发更深一步的思考。

我们应当思考是律师个人还是律师事务所是市场法律服务的主体。政府和公司作为社会成员无论以政府采购的形式还是以市场自由交易的方式取得律师的服务都无可非议，但这种取得是从律师个人处取得，还是从律师事务所取得，直接影响到法律服务市场中市场主体的确定问题。

这个问题对律师行业的定位和社会管理都有着举足轻重的社会意义。具有突破性启发作用，直接涉及到律师个人在法律服务市场上有没有自己名义执业的自由权问题，也直接涉及到律师有没有不受雇于律师事务所的选择自由。非常值得探讨。

从市场法律服务的本质来看，从事法律服务的律师及所在律师事务所，向不特定的社会公众或具体特定的委托人提供的法律服务是具体律师个人的服务，无论是几个律师的服务，这种服务的付出必须有具体的律师个人操作。

具体特定的委托人从市场上购买律师的服务在合同法上不属买卖关系而属委托关系，这种委托的基础是信任，这种信任是对律师行业的信任，还是对事务所的信任，还是对从事具体服务工作的律师个人的信任，应当是兼而有之，更大程度的是对行业和个人的信任，对某个律师的选择包含了对其个人职业能力的倚重和对行业信誉的承认，而对某律师所在的律师事务所的信任因素则在次要地位。

从受托律师对委托人基于委托关系所承担的社会责任来看，不外是道德责任和法律责任。其道德责任在于：委托人信任你，你在道德上应当对得起这份信任，从良心论的道德观念出发以及对衣食父母的感恩情怀，律师就应当在法律以及道德的许可范围内将委托人委托的法律事务当作自己的事情来尽力；这种尽力包括智力和心力、毅力的付出，而不仅只是形式上的劳务及时间的付出；这种尽力还包括职业素养形成的判断，明明达不到委托人的期望硬为经济利益为不能为之事，则违背“应人事小、误人事大”的基本道义。委托人作为非专业人员对专业人员的信任的载体应是特定具体的自然人，具体的指向就是具体操作的律师，而不是律师所在的执业机构，机构作为法律上的虚拟人（法人）只能是承担法律责任的主体。

这段论述在于论证一个重要的论点，律师在中国社会从计划经济向市场经济的转型中应当确定律师作为自然人属性的独立的社会主体地位。

确定律师的自然人属性的独立的社会主体地位和资格有利于律师行业诚信机制的建立和完善，有利于社会公众将委托所基于的信托落在自然人这个实处。

赋予律师自然人独立的社会主体地位使其在社会活动中法律关系中成为具有独立地位的主体，是构建和落实行业及市场诚信机制重要的一环，这是市场法律服务自身规律和特点决定的，也是对自然人实行律师资格（或司法资格）的理论基础，同时也符合以人为本的现代观念。

这个论点有利于澄清律师事务所只是也只能是律师社会存在的一种延伸而不是律师存在的基础这种客观规律，以及管理层对这种规律的认识，从而彻底走出计划经济时代的人才单位所有制误区。

律师是市场法律服务的专业人员，在职能上区别于公共法律服务的专业人员，从事公共法律服务的专业人员如法官、检察官的工作属职务行为，这种行为是代表国家机关的具体行为。而律师受托进行的市场法律服务行为一般被认为是委托人的行为，是社会民事主体的行为，行为由具体操作的律师进行，后果由委托人承担而不是律师事务所承担，片面强调律师只能在律师事务所执业，客观上是将委托关系置于律师事务所和当事人之间，律师则成了律师事务所转委托的对象，律师助手则成为转委托的转委托对象，使受托人对委托人的道德责任落实在只能承担法律责任的虚拟人身上，无法落实在具体的自然人身上，从根本上就降低了社会公众对律师行业的信赖程度，也不符合行业吸引社会公众进入信赖关系发展律师事业的基本规律。市场法律服务的本质决定了法律服务市场的管理方式，与市场法律服务本质不相适应的管理方式只能阻碍和限制法律服务市场的功能实现和发展。

六、客观认识法律服务市场的体制性缺陷

首先明确一个概念，市场是社会公众通过自由选择满足需求的交易场所，市场是属于社会公众的市场，不是政府所有的市场，更不是各级政府职能部门的领地，法律服务市场更是如此。政府职能部门所担负的是政府监管市场的法定责任，这种监管本质上是履行政府作为社会公众守夜人的职责，是一种公共服务职能，是以追求市场机制所带来的社会效益为目标的，市场中的经济效益是市场主体在市场竞争中在实现社会效益的同时追求的目标，是启发市场主体在市场竞争中实现社会效益的市场机制和手段，不应成为政府职能部门政绩考核量化的指标和政府职能部门的监管着力点。政府职能部门更不能成为市场中某些主体不法利益的代言人，而损害政府的廉洁性。政府职能部门更无权超越法律规定以行政许可方式直接或间接追求经济利益，损害法律的权威性。

现实的法律服务市场则不是这样，现实的法律服务市场现状反映了以政府职能部门所代表的不同利益群体争夺和追逐经济利益情况的广泛存在。本文因篇幅所限不再详述，请参看刘思达文章《江湖、衙门与砍柴刀——浅谈中国法律服务市场的竞争与规范》，该文较为客观的描述了法律服务市场不规范的现状和成因。

要消除这种体制性缺陷，就必须从规范政府职能部门的市场监管行为入手，严格依照法律规定执行政许可法和依法行政，不允许任何以权力损害法律尊严的现象存在，再通过立法完善法律，彻底解决市场监管部门的越位和缺位问题，没有这种体制性缺陷的消除，就没有法律服务业的发展，更不可能有法律服务业的现代化大力发展。

法律服务业的规范发展是法治国家建设的一个极其重要的方面，我们无法设想一个连法律服务业能不能有效规范的法治国家是如何建立和名符其实的。这个问题不仅是法律服务业从业人员从自身利益出发考虑的问题，也是中央政府应当重视的社会和谐发展的大问题，更是全社会不可忽视的社会发展的一个重要方面。

只要重视用科学发展观，这样的问题并不难解决，就像社会司法鉴定问题的解决一样，从乱到治就是一个从认识到重视的过程。

七、大力发展现代法律服务业首先要信任律师

《建议》作为纲领性文件提出：“促进服务业加快发展，制定和完善促进服务业发展的政策措施，大力发展金融保险、物流、信息和法律服务等现代服务业”，“提高服务业的比重和水平”；并提出“坚持市场化、产业化、社会化的方向，建立公开、平等、规范的行业准入制度”。这是用科学发展观大力发展法律服务这个现代化服务业的重要指引。

中国律师作为中国市场法律服务的行业，根据《建议》的指引将面临前所未有的发展机遇。

不难看出“制定完善促进服务业发展的政策措施”意味着困扰行业发展的各种限制将被打破，律师将面临解放的曙光，律师行业本身所具有的活力在“促进”的政策措施下必将展现巨大的发展潜能。

“坚持市场化、产业化、社会化的方向”意味着律师行业必将冲破各种行政割据地方割据的

藩篱，统一法律服务市场并排除各种非法障碍走向更广阔的发展空间。

"建立公开、平等、规范的行业准入制度"意味着律师行业可以面对规范的市场公平的竞争的氛围，排除不正当竞争的干扰，实现行业发展环境的净化。

当然这三种意味并不是现实，变成为现实仍需坚持不懈的努力，至少需要律师行业自身做出不懈努力，这种努力包括使社会信托律师、理解律师，排除社会对律师的歧视和偏见认识，尤其是排除相关部门在意识深处的不信任以及这种不信任所表现的控制和限制，至少在法律上确立社会管理层对律师推定信任和不歧视义务。

中国律师是在社会主义法治建设中，在逐渐建立起来的日益趋向公开、公平、规范的行业准入制度下的产物，不相信律师就是不相信这种制度，否定律师就是否定这种制度，这种制度有着其科学性和公平性，中国的绝大多数律师都是在这种相对公平的筛选机制下走向律师职业的，并且这种制度已经实践和历史考验的肯定，并升级为国家司法资格，成为国家机关选任公民成为法官、检察官的公开公平的尺度，只有那些习惯谋求不公正不公平或特权利益的人才会以不健康不理智的晦暗心理否定这种制度的产物律师，并以各种形式和方法排斥律师应享有的权益。

应当将维护律师合法权益提高到维护产物就是维护制度的高度来认识，维护合法制度就是维护社会主义法制，维护合法的制度就是维护社会公平与正义。从这个高度来认识，社会公众既然都可能通过公开公平规范的行业准入制度成为律师，律师的工作又是通过市场向社会公众提供法律服务，那么律师行业的社会属性就决定了律师行业是社会公众利益法制化的体现，保护律师行业利益就是保护不特定的社会公众利益的一种体现，发展律师代表的法律服务业就是发展不特定的社会公众的社会公共利益，这是科学发展观在法律服务业的具体体现，三种意味变成现实就是科学发展现实现的必要举措，三种意味变成现实就必须确立信任律师这个制度产物的理论基础。

八、大力发展现代服务业的必要举措

根据前述对法律服务业不尽全面不及深度的客观规律的认识，根据前述对《建议》不够深刻不够全面的学习理解，作者认为大力发展现代律师服务业的必要举措包括并不限于如下亟待实施的措施：

（一） 安内必先攘外

在法律服务业业已具备行业准入制度的前提下，完善这种制度，落实这种制度，净化法律服务市场环境，旗帜鲜明地宣布所有没有取得律师执业许可的法律服务不具有商品属性，在法律上不享有报酬权和报酬请求权，并以法律的方式不仅要体现在律师法中，还要体现在即将修改的三大诉讼法中，以及即将进入立法程序的《民法典》中，形成净化法律服务市场的法律网络，体现法律保护法律服务市场消费者利益的全方位功效。对违法在法律服务市场上追求经济利益的活动建立健全追究机制，以法律的形式明确其应当承担的民事法律责任、行政法律责任、乃至刑事法律责任，确保社会公众在法律服务市场上享有起码的符合一定质量标准服务的消费者权益落在实处，这不仅是发展现代化法律服务业的需要，也是市场监管者应当履行的法定责任，也是法治国家建设的需要。

最新颁布将于明年三月一日实施的《中华人民共和国治安处罚法》就没有将《律师法》第46条所规定的"冒充律师从事法律服务的，由公安机关责令停止非法执业，没收违法所得，可以并处五千元以下罚款，十五日以下拘留"列入，使《律师法》的这个规定在近十年来一直成为具文空置、束之高阁的现象仍将继续，不能不说是一大遗憾。

落实这种制度还有一个重要方面，就是严格执行《行政许可法》，清理没有法律依据的对进入法律服务市场的行政许可，将违反《行政许可法》第十六条第三款"不得增设行政许可"的与《律师法》相悖的部门规章予以废止，即确立律师法律服务市场的标准唯一性地位，将基层法律工作者，企业法律顾问等种种蚕食瓜分法律服务市场的主体，统统公示明确其不应也不具有的法律服务市场地位，并最终清理出法律服务市场，彻底改变法律服务市场有法不依、违法不究的混乱局面。这是创造大力发展现代法律服务业市场环境的必要条件，也是维护法律服务市场正常秩序的需要。

（二） 解除禁锢，尊重和确认律师应享有的基本权利

以修改律师法，修改三大诉讼法为契机，在法律上确认律师法律服务市场的主体地位以及应当享有的基本权利，从市场法律服务的功能和规律来界定律师的责任能力，构建及加强与国际惯例相一致与其承担的责任相适应的权利能力，使律师的权利能力成为实现和提高责任能力给委托人提供服务利益的重要法律保障，彰显律师在社会主义法治建设中的作用和功能，使律师不再成为市场监管部门控制和管制的对象，一改律师“连自己的合法权益都难以维护何以维护服务对象合法权益”的“无用多余”的社会形象。这是律师行业急待的保障生存的“促进”政策措施，没有这种措施就更不敢奢望什么“促进发展”的政策措施。

（三） 科学界定政府主管部门和行业协会的职能

在法律服务市场需求日益旺盛的今天和今后，要科学客观的认识法律服务市场基本规律，加强科学管理和管理科学的研究和创新。

政策主管部门对法律服务市场的监管要把重点放在宏观管理上，重点是对没有获得许可进入法律服务市场牟取经济利益的掠夺者和不正当竞争者依法进行清理和处罚，取缔非法的有偿法律服务活动，考察政府主管部门的政绩指标应是法律服务市场的秩序指标，而不是律师行业的经济指标。

政府主管部门对律师及律师事务所的管理规范应本着相信律师是一个高素质群体的观念倚重于律师协会这个行业自治组织，要退守到依法行政、尊重律师正当权利的界限上，才能走出对法律服务市场的管理就是对律师的管制的误区，才能走出管理部门认为律师难管、律师对主管部门不满的、控制与反抗不断加剧的怪圈，才能创造主管部门与律师各自发挥主观能动性共建法律服务市场和谐繁荣的局面。

律师协会要以律师行业根本利益为代表对象，反映律师对政府的正当要求和呼声，才能改变律师协会的附庸形象，才能有效团结和组织律师共创行业新形象。

大力发展现代法律业的现实及时代需要，要求政策主管部门为律师行业净化市场环境，为律师行业的发展多做创造宽松环境的努力，少做不当干预的具体管理，改行政干涉为行政服务，才能得到绝大多数律师的尊重和配合，才能增加和谐减少对立取得双赢的局面。

只要对比一下律师界几年来所做的牺牲，对比一下司法行政机关对律师行政处罚和对非律师非法从事法律服务的处罚的数据统计，就不难理解作者的这个观点。

九、意犹未尽的结束语

从事律师执业多年，一直在彷徨与矛盾中挣扎，一方面为执业艰难而感慨，一方面又不愿放弃希望；现实与理想的差距，风光与艰难的对比，不甘心与无可奈何，不服气与无能为力，不断摧残和消磨着信心与意念。不时拿“前途是光明的，道路是曲折的”自勉，但却总看不到光明，只感到脚下的步履维艰，环顾四周几多茫然，总是冒出是坚持还是放弃的盘算。

与 1997 年“依法治国”燃起的热情能让我又坚持了“八年抗战”一样，这次五中全会第十一五规划的“科学发展观”又使我有了“再坚持一下”的信念，愿将自己的观点以此文与同行们交流以自勉和互勉。

此文的观点属一家之言，偏颇和狭隘在所难免，好在现在社会还有“不同意你的观点但尊重你的发言权”的宽容，不妨一吐为快。

愿从《建议》始，我们的律师执业证书能成为纵横法律服务市场的挥洒自如的宝剑，而不是“食之无肉，弃之可惜”的“鸡肋”。这也可能是律师同行们的共同心愿。

万丈豪情已锐减，
环顾四周心茫然；

权尽人事待天命，
虎头蛇尾了此篇。

[1] 刘思达文章《江湖、衙门与砍柴刀——浅谈中国法律服务市场的竞争与规范》，该文载于《视角》杂志 2005 年 10 月刊，作者为芝加哥大学社会学系博士候选人，北京大学法学院法学学士，美国律师基金会访问学者。

[2] 刘晓玲报道《大量无执业证的“黑律师”占据了本市法律服务市场》，该文载于 2004 年 02 月 12 日北京青年报

作者声明：文章是作者思考的表达，任何人可以批判，但不容许阉割或强奸。欢迎转载，不得删改。作者为北京市中济律师事务所律师

大量无执业证的“黑律师”占据了本市法律服务市场

发布日期：2004-2-12

八成民事案件不请律师

大量无执业证的“黑律师”占据了本市法律服务市场

刘晓玲

本报讯　据市司法局的统计，全市法院 2003 年共审结经济民事类案件 17.3 万多件，但聘请律师的仅占 16%。业内人士分析，律师代理率低一个重要的原因是大量“黑法律工作者”占据了法律服务市场。

据市司法局律管处副处长柴磊介绍，在国外打官司不请律师这是不可想象的，在国内这种情况却比较普遍。这八成多没请律师代理的案件包括不请律师和公民以个人身份代理两种情况。虽然近几年律师行业发展较快，但对普通百姓来说，仍然比较神秘。对于收费标准、服务质量等问题，老百姓仍然存在着不少疑虑。因此在打官司时，不少人认为请律师作用不大，或者不知道怎么请到最合适的律师。

公民以个人身份代理的案件中，有很大一部分是违法的有偿法律服务。我国《民事诉讼法》第 58 条规定，“律师、当事人的近亲属，有关的社会团体或所在单位推荐的人，经人民法院许可的其他公民，都可以被委托为诉讼代理人”，这就让一些没有律师执业资格的人钻了空子，他们明里以个人身份代理案件，私下里收取费用。没有律师执业证，但以牟取经济利益从事诉讼代理或者辩护业务是法律明文禁止的，然而由于这种违法行为非常隐蔽，司法行政机关很难查处。同时，“黑法律工作者”代理案件收费低廉，操作上相对简单，也迎合了部分当事人的要求。

“黑法律工作者”的存在，影响了法律服务市场的正当秩序。首先这种行为属于地下操作，代理质量很难保证，会增加老百姓的诉讼风险。其次，他们不仅挤占了法律服务市场，抢走了律师的市场资源，还影响了律师的整体形象。

据悉，今年，整顿清理法律服务市场，查处假冒律师执业、非法成立法律咨询服务机构、未经许可设立法律服务分支机构等违法行为，将是司法行政机关的工作重点。

信息来源：北京青年报 2004 年 02 月 12 日

兔死狐悲——为六亿骗贷案的按揭律师鸣冤

中国律师网 4 月 4 日出现一篇新闻《烂尾楼引出律师蛀虫》，系转载《南方周末》3 月 31 日的文章《一座烂尾楼牵出六亿骗贷案》，作为全国律师协会主办的网站将原文第一自然段中“一家房地产公司，两个律师……”为改为“两个律师，一家房地产公司……共同导演了一出骗贷 6 亿元的大案”，看后令我这个执业律师有一股难以言状的悲凉。

将两篇文章阅读后，才知道孔卫东和战军作为按揭律师被认为是涉案关键人物在 3 月将其正式逮捕。将文章认真阅读后发现，二位律师被捕理由是“严重不负责，出具证明文件严重失实，前者造成中行北京市分行被骗 6 亿元，后者为 3000 万元”，涉嫌犯罪事实是“出具了严重失实的法律意见书”，这给所有的律师都是一个警钟，如果仅是出具法律意见书而没有其它情节，被判罪的可能性倒不大，仅被刑事追究，就够两位同行胆寒了，也让所有参与过按揭业务的律师倒吸一口冷气，不寒而栗。

看到这篇报道，想起去年舆论界讨论的一个事情，即“按揭律师费”该谁出的问题，该讨论的内容是银行聘律师为何让贷款人出律师费。

又想起 2003 年北京建行要求按揭律师参加其组织的考试，被北京律师协会抵制一事。

将三场事联系起来一想。孔、战二位律师的被捕也是偶然中的必然。

为什么这样说呢。试一一分析之。

一、按揭律师的替罪羊地位

房地产开发商发售楼房给购房人，因购房人的购买力有限，均承诺提供按揭，并指定了提供按揭的银行，这是有约在先，其背后还有什么原因，后文再叙。

购房人的贷款程序什么时间才开始呢？而是签订完购房合同（或预售合同）和交完首付款之后，这时购房合同中并无银行不给贷款合同如何处理的约定，购房人贷款已成必然。

等到购房人向银行提出贷款申请后，才进入了按揭贷款的程序，这时银行提出了一大堆条件要求购房人提供种种证明、担保、保险的条件，购房人已无退路，只好硬着头皮，不惜作假来满足这种种要求，而银行明知这种种要求可能致假，便指定了一个律师来审查这些证明文件，并让这个律师以律师事务所的名义出具法律意见书来证明这些东西都是真实的，而对律师工作投入的费用，则由申请贷款人来负担，客观的情况是购房人拿不到贷款是不可能支付律师费的。法律意见书则是千篇一律的肯定意见，而没有任何保留意见和否定意见，否则不仅要得罪无路可退的购房人，还要得罪给这个按揭律师提供业务来源的贷款银行和售房的开发商，这个法律意见书只有唯一的选择即是肯定意见。

这个法律意见书的结果唯一性是由开发商和贷款银行的默契决定的。这个开发商之所以选择这个银行，很大程度上是由该银行在前期已经给这个开发商了一定的贷款支持决定的。按揭贷款的目的只是由购房人贷来的款冲抵开发商所贷款项，剩余部分按揭银行才转给开发商，这就是前文所说的有约在先的原因或之一。

通过以上阐述，你就可以明白按揭律师从一进入就决定了其替罪羊的地位。按揭律师从一进入就决定了其被动角色只是其一。

二、按揭律师费“不义”之原罪

律师代表律师事务所的法律意见书在形式上被认为是银行向购房人发放贷款的依据。

在这里这个法律意见书在某种意义上是为降低银行信贷风险提供服务或者提供担保的，受益的是银行，但工作费用却是要购房队承担的，这里在银行的默许下，律师工作的任务就是让贷款人顺利贷到款，符合贷款人的利益，也符合发放贷款银行的利益，同时也实现了律师的收费利益。而出具保留意见或否定意见的法律意见书将是冒天下之大不韪，将被认为不可理喻。

既然法律意见书的结论就是一开始赋予的任务是唯一的，律师的工作尽不尽职责又有何区别呢？

在这里律师成了一个银行权力寻租的对象。律师只要付出租金，在事先拟好的法律意见书上签字盖章，就会拿到依靠银行优势地位而取得的贷款人的律师费，而不问其工作深入程度如何，工作质量如何这都是其次的，按揭律师的工作重点就是怎样被银行指定，不能被指定，一切都无法说起，而被指定的话，将财源滚滚。于是同行间的竞争将是按揭律师的全部或绝大部分的核心工作内容。而指定了你就绝对不是偶然的，这是潜规则决定的。

说好听的，按揭律师是搭车收费，说不好听按揭律师是为虎作伥，所收取的购房人为贷款而违心支付的律师费也是不义之财。财既不义，便有原罪。

三、按揭律师费分配潜规则

这些不义之财都被律师得了吗？答案是否定的。如果都被律师得了，那么按揭律师身负原罪，出现被捕的情况也不冤枉，可惜律师所得只是其中一部分，据说相当一部分或相当大的一部分变成了权力寻租者的灰色收入。潜规则一旦成为规则就有可能显现出来，于是便有了本文开头所提 2003 年 7 月份建设银行北京分行让按揭律师培训和缴费及缴存抵押费一事，这是权力膨胀到了将灰色收合法化的地步。简直有点肆无忌惮，才遭到北京律师协会的公开抵制。

也可能有人说，你的说法太危言耸听了吧。不信你可以从以下情况得到证实：哪个购房人在律师那里得到按揭律师持保留意见或否定意见的法律意见书？不可能。购房人所持的律师费凭证大部分都是收据，而不是税控发票。这是因为按揭律师在按揭业务中的收入并没有全部装入自己的腰包为不堪税赋的无奈选择。信不信由你。潜规则是不能被证明的，能被证明的就不是潜规则。

四、仅凭法律意见书就追究是客观归罪

再回到孔、战二位律师所出具的法律意见书上来看，孔、战二律师如何得知或如何能得知开发商和购房人所购合同是假的，凭什么或者说有无可能拒绝购房人的贷款要求，如果答案是否定的，那么凭什么要二位律师对中国银行北京市分行贷款风险承担被刑事追究身陷囹圄的责任。

在这里我要说的是，如果这个开发商不卷款而逃，如果这个项目在目前房价不断高涨的形势下顺利完工并真正销售出去而通过转按揭的方式将所骗贷款合法化，孔战二位律师可无忧矣。

假设如果房地产市场一旦崩盘，大多数贷款购房人随着房价声声跌落，变成“负”翁而断供，那么多少从事过按揭的律师也比照孔、战二律师为“原罪”付出各种各样的代价呢。

五、律师的悲哀不仅是这些

律师啊律师。没有业务做，也不要做按揭。为虎作伥，雪上加霜的收取贷款购房人的律师费已是不义，还要承担开发商和贷款银行的不测风险，更为可怜的是这有限的不义之财还要向权力贡献。何苦呢

同行们啊，但愿君心似我心，定不负相知意。

这不是绝对地，如果你确定生活不下去了，不妨也去刀口喋血，饮鸩止渴潇洒走一回，不仅有孔、战二律师还有被敲掉饭碗的律师做先例，最后不过是不干律师而已，丢掉这个破饭碗也没有什么可惜，只是丢掉了做人的尊严而已。

话又说回来，中国律师有何尊严而言！

难怪南方周末记者庞瑞锋认为“在这起大案中，有两家律师事务所的负责人被捕，是多少有些出人意料的”；

难怪作为全国律师协会主办的网站《中国律师网》编者将“两个律师”命为“蛀虫律师”列为“导演了一出骗贷6亿元的大案”的首犯；

难怪南方周末记者庞瑞锋4月7日的追踪报道将此案的揭示做出两种解释；

难怪近期关于房地产泡沫的讨论无人敢对有金融寡头垄断地

位的银行说“不”；

难怪按揭律师挣贷款人支付的律师费要不得不为银行贷款风险买单。

【参考文献】

[1]《南方周末》3 月 31 日的文章《一座烂尾楼牵出六亿骗贷案》记者庞瑞锋 http://www.nanfangdaily.com.cn/zm/20050331/jj/jjxw/200503310041.asp [2]律协发文抗议建行新规《京华时报》(2003 年 8 月 1 日第 A3 版) [3]烂尾楼引出律师蛀虫 http://www.chineselawyer.com.cn/pages/2005-4-4/s27769.html [4]中行六亿骗贷大案追踪 http://www.nanfangdaily.com.cn/zm/20050407/jj/jjxw/200504070039.as [5]安省 72 律师涉物业按揭诈骗案被调查 http://www.canadaren.com/index_readnews_ads.asp?id=55661 [6]银行请律师，购房者买单 http://www.louking.com.cn/2004-12/20041228162406.htm

读完这本书　你会买房吗？

乍看来，这像一个可笑而愚蠢的问题；换一个说法，如果当年你能知道股票市场是现今这样，你会买股票吗？

不对，好像也不宜这样理解。

怎么说呢？只要你体会过或知道政策对股市的决定性影响，你就可能意识到这个问题的真正内涵。

再说一遍：读完这本书　你会买房吗？问的是什么？应当答什么？不要所答非所问哟！

亲爱的读者，读完这本书，你自己会有答案的。

《房产交易法律要点解析》是一本以房产交易为主要内容的普及法律知识的论著，是一名有志于成为建筑与房地产专业律师的法律服务生将其执业思考归纳给读者的奉献。

愿它能使你的生活和工作多一份愉悦或少一份烦恼。多一份启迪或少一份困惑。

更愿读者“达则兼济天下”——推动法律完善进步，“退则独善自身”——利用法律趋利避害，保护自己的权益。

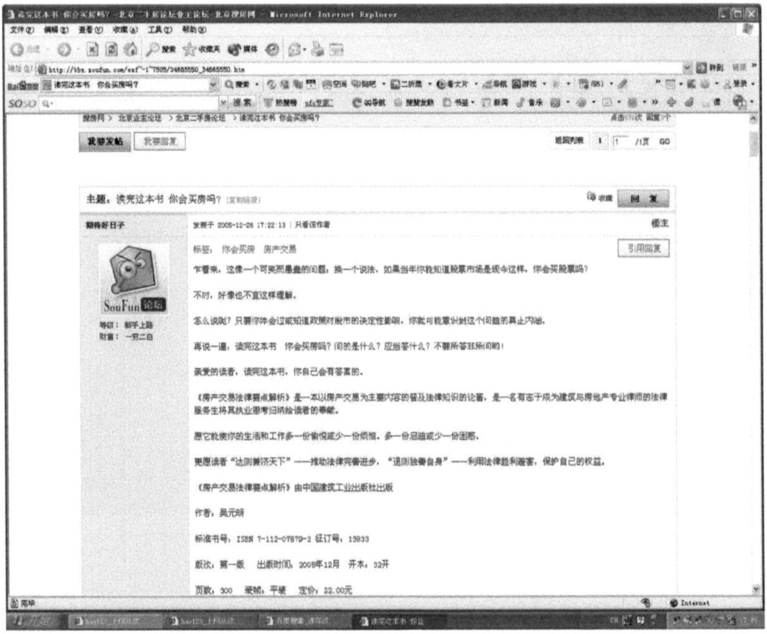

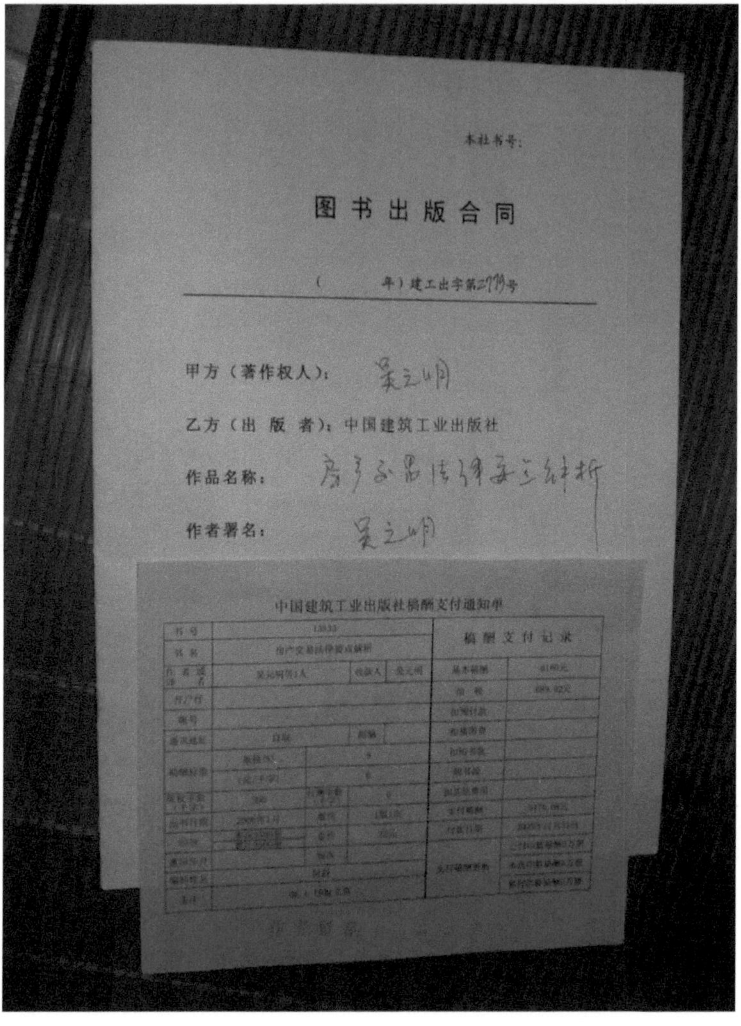
本社书号：
图书出版合同
（ 年）建工出字第 号
甲方（著作权人）：
乙方（出 版 者）：中国建筑工业出版社
作品名称：
作者署名：
中国建筑工业出版社稿酬支付通知单
稿酬支付记录

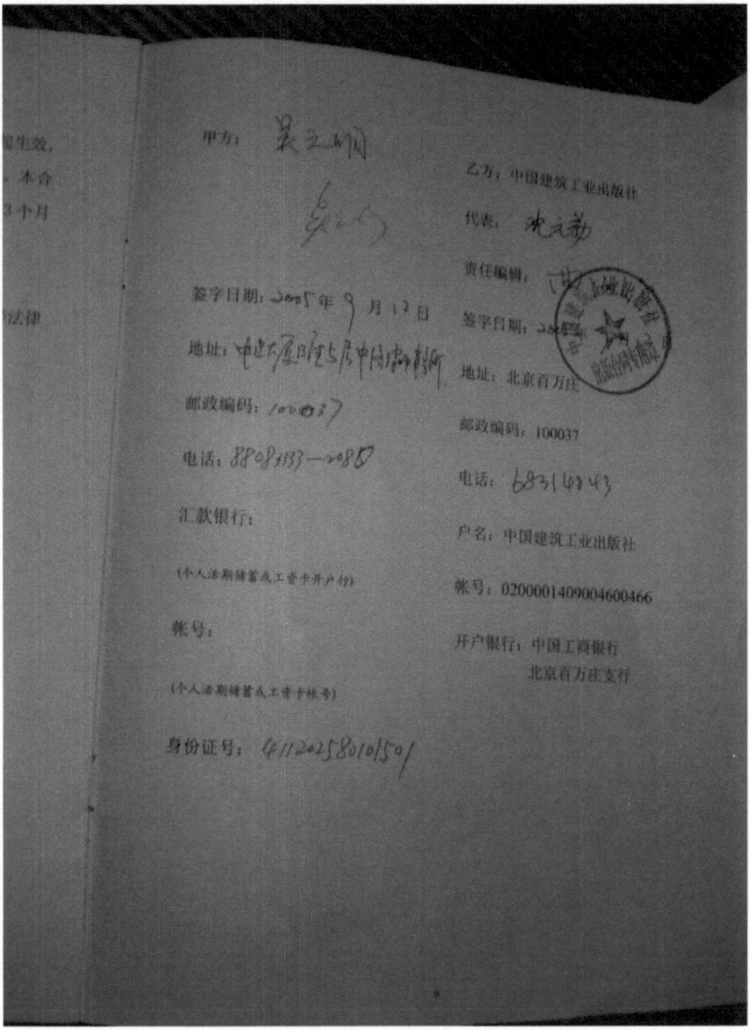

……起生效，
……，本合
……3个月

……法律

甲方：吴文润

签字日期：2005年9月17日

地址：中建大厦B座5层中国建筑科研所

邮政编码：100037

电话：88083133—2080

汇款银行：

（个人活期储蓄或工资卡开户行）

帐号：

（个人活期储蓄或工资卡帐号）

身份证号：411202580101501

乙方：中国建筑工业出版社

代表：沈元勤

责任编辑：

签字日期：

地址：北京百万庄

邮政编码：100037

电话：68314343

户名：中国建筑工业出版社

帐号：0200001409004600466

开户银行：中国工商银行
北京百万庄支行

9

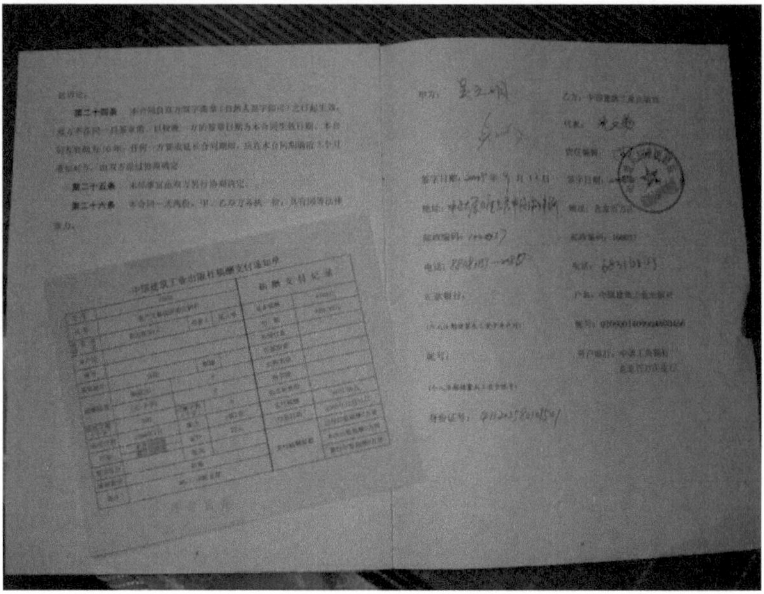

编言：3500 册书卖了 7 年卖不完？

私有房屋所有权人授权律师特别声明

北京市西城区小院西巷6号院房屋所有权人刘树和代表全体共有人

敬启社会各界：

位于北京市西城区小院西巷6号的四合院房产原属刘树和父亲刘必达的私人财产。*刘必达系原国民党三十军少将参议，一九四九年十二月二十五日追随原国民党三十军军长鲁崇义部队起义，属国民党起义人员，一九五一年被河北省南宫县法院错判死刑，该错判于一九九二年十一月由河北省高级人民法院（92）刑申字第2号刑事判决书予以撤销。刘必达的私人财产即北京西城区小院西巷6号院房产，基于一九五一年河北省南宫县法院的错判，*因历史问题被*原中国人民解放军北京市军事管制委员会军法处以一九五三年军字第五十七号裁定予以*没收，一九九五年北京市第二中级人民法院发布二中刑监字第209号刑事判决书将该房产予以发还。

一九九九年二月二十三日北京市房屋土地管理局及北京西城区房屋土地管理局向刘树和颁发了京房权证西私字第00562号《中华人民共和国房屋所有权证》，并同时向其他10位共有人颁发了京房西私共字第00237至00246号《中华人民共和国房屋共有权证》。

该房屋一九九九年七月三十一日前仍由北京市西城区房屋土地管理局管理和各公房承租人占有使用。自一九九九年八月一日起北京市西城区房屋管理局基于发还事实予以撤管。

二〇〇二年四月十四日至四月二十九日，房屋所有权人刘树和代表全体共有人专程从陕西来到北京，以每天15元的住宿费寄居于北京铁路南站招待所，往返于北京南站与西城区小院西巷6号院之间与实际占用人（原公房承租人）磋商私房租赁事宜，虽年近古稀经半月辛苦和夜以继日的努力，租金分文未曾取到，一份租约也未签成，无奈而返。

时至二〇〇六年，房产发还已六年半有余，房屋共有权人大多年逾古稀仍未曾实际享有所有权人对该房屋依法应享有的占有、使用、收益、处分等任何权利，无奈房屋所有权人刘树和只好委托律师处理相关事宜。

籍此授权律师声明机会，刘树和代表全体共有人感谢党和政府为其父亲平反昭雪，感谢人民法院和人民政府发还其父亲的财产给继承人，感谢党和政府一贯保护公民私有财产合法所有权和继承权的法律政策，并希望首都各界和各有关部门一如既往的声援和支持房屋所有权人实现合法权益的行动。

房屋所有权人刘树和已委托北京市中济律师事务所处理该事务，吴元明律师受中济律师事务所指派，经查阅相关资料和听取委托人陈述，依据中华人民共和国相关法律法规，形成如下法律认识：

1、刘树和所拥有的对北京市西城区小院西巷 6 号院四合院房产的所有权来源合法，并经北京市房屋土地管理局所代表的北京市人民政府所颁发的京房权证西私字第 00562 号《中华人民共和国房屋所有权证》的确认，该私有房屋所有权合法有效，理应受到广泛的尊重。

2、房屋所有权人自房管部门对该房屋撤管的一九九九年八月一日起，依法享有对该房产的占有、使用、收益、处分的权利，并依法享有对该权利受损进行追偿的合法权利。

3、一九九九年八月一日前的原公房承租人的公房使用权自公房撤管之日起因房屋产权法律性质的变化归于消灭。房屋所有权人尊重原公房使用权人对该私房的优先承租权，但这种权利必须建立在尊重所有权人的合法所有权这个基础之上。原公房使用权人对该私房的优先承租权等基于租赁关系所享有的一切权利事实上已经归于消灭或自始就不存在。

4、房屋所有权人自一九九九年八月一日至今长达 79 个月不能行使对该房屋的占有、使用、收益、处分等所有权权能是基于众所周知的原因，并非房屋所有权人的真实意思表示。原公房承租人及私自许可其他占有人的持续占有是房屋所有权人不能行使所有权权能的主要障碍，房屋所有权人依法有权随时结束这种持续占有。原公房承租人等持续占有人依法负有随时应所有权人及代理人的要求交还房屋占有使用权并对房屋所有权人因持续占有所受损害予以赔偿等法律义务。

5、众所周知，租赁关系是合同关系，合同关系的特点是自愿、公平、等价、有偿，而该房屋的占有人与房屋所有权人之间事实形成的占有关系不具备任何自愿公平等价有偿特征，在长达六年半有余的持续占有期间，未与房屋所有权人签订任何租约，也未曾交纳分文租金。根据民法通则第九十二条之规定，占有人负有将占用费及孳息返还给受损失的房屋所有权人的义务，占用费比照私房标准租的政府指导价计算（见附表），孳息应按同期银行贷款利率逐月累计计算。

6、房屋所有权人在该院内的房屋为 23 个自然间，建筑面积为 319.4 平方米，以 1999 年 1 月 26 日登记部门绘制的图为准（见附图），在此之后占有人为自己使用方便进行的搭建扩充，均未受到房屋所有权人的同意和有关部门批准，属违章搭建，理应自行拆除并恢复原状，违章搭建附着于所有权人的房屋之上，客观上已形成妨害，房屋所有权人有权予以排除，并有权向搭建人追偿排除和恢复原状的费用。

7、基于上列第 5 项的相同理由，房屋所有权人没有义务为占有人的持续占有承担房屋维修义务，占有人为维持占用而对房屋进行的维修，并非为房屋所有人的利益，不属民法通则第九十三条的无因管理，所有权人有权拒绝任何要求支付维修费用的无理要求，并有权拒绝以维修费抵销占用费及孳息的无理要求，占有人无权以搭建支出及维修支出为由继续其占有行为。

8、一九九九年八月一日房管部门撤管时，该房屋具备使用条件，已被占有人的持续占用事实证明，占有人交还房屋给房屋所有权时也应具备使用条件，对房屋的任何损害，所有权人有权予以追偿。

9、依据相关法律，房屋所有权人认为占有人对该房屋没有任何所谓法定的“政策利益”可言，占有人如认为享有“政策利益”，可自行向政策颁布部门主张自己的利益，房屋所有权人没有为占有人谋取或满足其“政策利益”的义务。

10、 随着法制的健全，房屋所有权人有信心和决心结束这种没有法律依据的占有关系，房屋所有权人决不可能长期姑息、纵容或屈服于任何侵犯房屋所有权人合法权益的行为，任何以非法形式谋求不正当利益的企图都不可能实现。忠告个别占有人不要抱有任何幻想。

上述几点法律认识基于我国法律规定，也符合社会公众的基本道德规范。

二〇〇六年四月五日是我国传统的清明节，也是刘树和等房屋所有权人的父亲刘必达罹难五十五周年的清明节，根据中国传统习惯，刘树和等刘必达的后人有意于清明节在刘必达所置房产内对刘必达进行祭奠，这种愿望合情合理，应当得到同情和支持。

尊重他人的合法权益是每个公民起码的道德标准，相信相关占有人作为首都人有这种起码的道德水平，为此房屋所有权人授权律师正式通知北京市西城区小院西巷 6 号院内的现占有人（即原公房承租人）：

1、 各占有人请务于二〇〇六年三月三十一日前将所占房屋腾空交还于房屋所有权人以及授权的代理人；

2、 各占有人请务于二〇〇六年三月一十五日前将附表所列二〇〇六年二月以前占用费汇付于本声明指定的中济律师事务所帐户，按时汇付者房屋所有权人授权律师豁免其应承担的孳息，不按时汇付者不予豁免；

3、 各占有人请务于交还房屋前自行拆除其违章搭建，不自行拆除视为放弃对搭建材料的所有权。

4、 在以上三条基础上房屋所有权人授权律师接受原公房承租人的合理要求，但必须是书面承诺上述三条并有法律依据的书面表述，不符合这些条件的要求将被认为是不合理要求予以拒绝。

同时房屋所有权人授权律师郑重声明：

房屋所有权人自二〇〇六年四月一日零时起正式行使对北京市西城区小院西巷 6 号院基于合法房屋所有权的占有使用权和排除干涉权，自此时起任何未经房屋所有权及其授权代理人同意的占用和进入均属非法行为，根据非法行为不受法律保护的基本原则，所有权人及其代理人以及直接间接经所有权人授权的人均有权对非法行为进行任何形式的排除，排除的后果理应由非法行为人承担。

特此声明

北京市中济律师事务所律师 吴元明

二〇〇六年二月二十八日

律师事务所电话：88083333 传真：88082003

北京西城小院西巷 6 号院房屋占用费计算表

单位：元

现占有人（原公房承租人）	占用间数	档案使用面积	1999.8~2000.3 **计 8 个月**	2000.4~2002.2 **计 23 个月**	2000.4~2002.2 **计 12 个月**	2003.3~2003.11 **计 9 个月**	2003.12~2006.2 **计 27 个月**	1999-8-1~2006-2-28 **总计 79 个月**
董睿	2	22.5	324	1635.3	2700.00	4050.00	21262.50	29971.8
马子云	2	16.7	240.48	1213.76	2004.00	3006.00	15781.50	22245.74
马莉	1	10.8	155.52	784.94	1296.00	1944.00	10206.00	14386.46
江茂新	1	9.5	136.8	690.46	1140	1710	8977.5	12654.76
刘明	2	19.1	275.04	1388.19	2292.00	3438.00	18049.50	25442.73
苗来山	2	21.2	305.28	1540.82	2544.00	3816.00	20034.00	28240.1
宗德福	1	10.6	152.64	770.41	1272.00	1908.00	10017.00	14120.05
李农庆	1	18	259.2	1308.24	2160	3240	17010	23977.44
陈云生	2	26.1	375.84	1896.95	3132.00	4698.00	24664.50	34767.29
刘彤	1	12.2	175.68	886.70	1464.00	2196.00	11529.00	16251.38
田文英	3	31.2	449.28	2267.62	3744.00	5616.00	29484.00	41560.9
注:占用费计算公式			使用面积×1.8×8	面积×3.16×23	面积×10×12	面积×20×9	面积×35×27	Σ=263618.65

流产的书稿 物权法定与建筑面积

2006年10月2日是星期一，是国际社会所称的“世界人居日”，这是第几个“世界人居日”，新华网上说是第21个，而根据有的资料推算是第17个，这是一个困惑却也无关紧要，暂且按下不提。

以前在网上看到一个帖子，说在中国，一个人把年过错了，将是十分可笑或可悲的事情，一群人把世纪过错了却也是正常的，没有人敢笑话他们。二十一世纪是从2000年元旦开始的，还是从2001年元旦开始的，当然不是由中华世纪坛的开坛时间决定的。

日月如梭，光阴似箭，二十一世纪的前六年即将一去不返，不过有些困惑仍是困惑，建筑面积就是一例。

作为一名有志于成为建筑与房地产专业律师的法律服务生，从1987 年涉足基本建设工作后无数次地在工作中涉及建筑面积数量或计算，还从来不曾为建筑面积一词挠头，真正挠头却是从今年的四月份接待一个当事人开始的。

为建筑面积挠头的原因不是没有统一的标准，而是有两个国家标准在适用问题上难以一致，难以一致的原因是有权部门发布的文件都难以一致。

带着这个问题到互联网上一查，才知道这些困惑由来已久，早在2002 年房地产界的大腕任志强先生就发表过一篇文章叫《对建筑面积的理解和疑问》（见本文附件1），读来很有启发。应当说到了2006年该篇文章所涉及的问题该是过去时了，但事情只要在中国就不会那么简单，到了2006年比任志强先生所提问题的2002年更为复杂。

2005年4月15日，建设部和国家质检总局联合发布了中华人民共和国国家标准《建筑工程建筑面积计算规范》，编号为GB/T50353-2005，该规范自2005年7月1日起实施（见本文附件2）。

任先生所提问题应随着该规范的出台当迎刃而解了，其实不然，该规范的出台，只是乱上又乱，正如任先生在文章中所提到的：建筑面积的名称概念应在所有涉及使用建筑面积这一用词的各个方面都是统一的，否则就“天下大乱”了。在此不得不佩服任先生的先见之明，2002年就能预计到2005年出台的国家规范之症结所在，2002年就能预测到2006年关于建筑面积的“天下大乱”。

一、 一场诉讼

话分几头，各表一枝，暂且按下任志强先生的问题，说一说今年四月份因接待一个当事人是如何开始挠头的。

打开律师工作日历查看，我是2006年4月26日下午第一次见到本案当事人的，因在外办事，与当事人在电话上约定的就近见面地点是位于永定路的长峰假日酒店。

使我印象最深的是，当事人来见律师时带着一本前文所提到的国家标准《建筑工程建筑面积计算规范》，并且当事人已就该规范咨询了许多部门，其中包括编制该规范的部门以及主要起草人员。

难以忘怀的是当事人问律师的第一个问题是：你知不知道这个规范？

最令律师难以回答的问题是：为什么测量部门的人说不知道这个规范？

当事人在咨询过律师后，经过一个多月的努力无法解决问题，于2006年6月1日委托律师以非诉讼方式解决问题，律师在接受委托后经过月余努力不得不建议委托人以起诉方式寻求解决。

北京市丰台区人民法院7月10日受理此案，8月2日就通知了开庭日期，8月16日在第八法庭开庭审理了此案。

庭后律师面对事实如此简单、但所依据的规章却如此杂乱的案件，不得不整理了长达十六页、多达八千字的代理意见，力图从基本知识说起，来详尽地说明原告所主张的观点。

2006年9月4日，我的当事人在呈送代理意见时带回了主审法官对原告证据的意见，有趣或意外的是，对原告所提交的已经庭审质证的十多份证据，主审法官只对所提交的《建筑工程建筑面积计算规范》这个正规印刷的文本提出意见。

对于当事人于9月5日到律师所所转达的主审法官意见，让律师一脸茫然，为防止当事人转达有误，律师与主审法官在电话上进行了沟通，在确定当事人的转达无误后，突然意识到另一种可能，那就是可能法官怀疑律师所提交的规范文本被人抽换页面，不然法官不可能提出那样的问题，不管法官“怀疑”的“可能”是否存在，消除这种“怀疑”才是最重要的，律师立即指示当事人到中国建筑书店购买几本该规范，并特意嘱咐当事人不要直接取货，而是委托书店直接寄送给主审法官，以消除这种不知是否存在的“合理怀疑”；谁让我是不受信任的律师呢？在遗憾的同时，也由衷地钦佩赞赏主审法官的谨慎。

该案就是一个典型的因建筑面积计算引发的房地产交易利益冲突的纠纷案例，关于此案的详细情况，因篇幅所限在此不再详述，可参见本文附件中的《交房面积起争端，飘窗平米卖九千》（见本文附件 3）、《律师函》（见本文附件 4）、《民事诉状》（见本文附件 5）、《原告证据目录》（见本文附件 6）、《代理词》（见本文附件 7）等文本。

编者按：流产的原因是无处出版

房面积起争端，飘窗平米卖九千

一、引子

上个月，围绕房地产市场宏观调控“国六条”的落实，关于“套型建筑面积”的定义，一度被媒体炒得沸沸扬扬。

据今年三月份报道，历时三年才得到解决的北京“友谊花园”建筑面积缩水案落定尘埃，以开发商退赔业主上千万元告终。

进入七月份，购房人与售房人早已存在房屋面积问题再次浮出水面。购房人张先生向北京市丰台区人民法院起诉开发商，要求开发商退还不应计算建筑面积而计算了建筑面积多交的购房款项，在起诉前双方已交涉多次，终因观点不同、达不成一致引发诉讼。

二、鲜为人知的国家标准

引发本次诉讼的诱因，还要追溯到去年。

2005 年 4 月 15 日建设部发布第 326 号公告，与国家质检总局联合发布了中华人民共和国国家标准《建筑工程建筑面积计算规范》（以下简称《计算规范》），编号为 GB/T50353-2005，规定自 2005 年 7 月 1 日起实施。

而在此前，房屋的建筑面积计算一直延用国家质量技术监督局发布的《房屋测量规范》（以下简称《测量规范》），也是国家标准，编号为 GB/T1986.1-2000 和 GB/T17986.2-2000，发布日期是 2000 年 3 月 17 日，自 2000 年 8 月 1 日起实施。

与购房人张先生诉讼案件相关的是，两个规范中对阳台投影面积折算建筑面积的规定不同。

《计算规范》第 3.0.18 条规定“建筑物的阳台均应按其水平投影面积的 1/2 计算”。并在说明中强调：“建筑物的阳台，不论是凹阳台、挑阳台、封闭阳台、不封闭阳台，均按其水平投影面积的一半计算”。而在《测量规范》以及以前的相关规定中，却是封闭阳台全算不封闭阳台算一半。

购房人张先生所购房屋的两个阳台全是封闭阳台，水平投影面积是6.6平方米，适用规范不同则产生相差3.3平方米的结果，合同价格是每平方米9430.31元，价款差额达到三万多元，对于工薪阶层的张先生来说，这个差额应是一个不小的数目。

争议还不止这一点，张先生所购房屋东墙上有两个落地飘窗，外部尺寸是 7 2 cm×166cm，合计水平投影面积是2.39平方米。按照《计算规范》第3.0.24条的规定，明确飘窗属于“不应计算面积”的9个大项中列举的项目之一，并在第2.0.23条对飘窗作出定义。而《测量规范》未明确对飘窗做出规定。

从张先生房屋平面图上看，很明显开发商将该面积计入了“套内建筑面积”，两个飘窗也算了两万多元。飘窗这个明文规定的“不应计算面积”的建筑饰物，居然也要卖九千多元一平方米“套内建筑面积”，这更是购房人张先生难以按受的。

张先生作为普通购房人，也是四月份收房时才从朋友那里得知《计算规范》这个新的国家标准存在的信息。在与开发商和有关部门交涉中才又得到许多人并不知道这个规范存在的“信息”，包括有关房屋测绘机构也称“不知道”这个规范存在。

三、两个标准的利益冲突

两个标准在本诉讼案件中就体现为双方当事人的利益冲突。

按新的《计算规范》，开发商应当退还购房人张先生5万多元的面积差价款，按《测量规范》开发商要求张先生补缴两千多元的面积差价款，这是仅从面积计算上说的。

再加上因面积争执带来的其它违约责任和损失，双方争议的利益已达近十万元，这是购房人张先生向法院起诉的标的。

而对于开发商来说，仅这一个项目已售和待售房屋就是八九百套，满足了购房人张先生的要求，其它业主怎么办，这已不仅仅是几万元的小数目了，而是以千万元计算的支出，非同小可。

从购房人张先生这方面来说，这近十万元是眼下的利益，从长远来说，物业费等也是张先生在使用房屋中不得不支出的费用，物业费也是按“建筑面积”计算的，平白多出5.69平方米建筑面积，在今后的68年中负担这“不应计算”的物业费；甚至在物业税开征后，还要多承担这“不应计算”的“建筑面积”物产税收负担。也不仅仅是十万元的问题，不讨个说法实在是心有不甘。

四、此案的典型意义

具体到本案利益冲突的根源，涉及到两个国家标准的适用范围问题，涉及到“建筑面积”这一中间性计量单位是刚性的还是柔性的问题，更涉及房产登记、房产交易计量标准的统一问题。

本案双方当事人之争不仅涉及到个别房地产市场主体的供需利益之争，而且是涉及全国范围的购房人消费权益的广泛问题。如果“建筑面积”的标准不能够统一，国家调控房价的措施就不可能落到实处，因为单价降了下来，计价的单位数却多了上去，和没有降有什么两样；房价不涨，而计算房价的基数却暗中涨了上去，和房价继续上涨又有什么区别。

从这个意义上讲，张先生就不仅仅是为自己在打这个官司了。

熟是熟非，何为公正，就看人民法院是如何判决的了。

代　　理　　词

尊敬的独任审判员：

北京市中济律师事务所接受原告当事人张 XX 的委托，指派吴元明律师作为本案原告代理人参与本案诉讼。代理律师基于前期非诉讼阶段代理活动取得的相关证据以及法庭调查查明的事实，谨形成以下代理意见供法庭在裁判时参考。

一、　原告享有法律上的实体权利和诉讼权利

本案原告作为本案合同标的物特定住宅的购买人享有的“公平交易权”,体现在《中华人民共和国消费权益保护法》第十条“消费者享有公平交易的权利”。“消费者在购买商品或者接受服务时，有权获得质量保障、价格合理、计量正确等公平交易条件，有权拒绝经营者的强制交易行为。”本案原告起诉的直接起因以及争议焦点就体现在对标的住宅“建筑面积计算”这个“**计量正确**”的公平交易条件上。这是原告在法律上所享有的实体权利，不容剥夺。

原告在认为实体权利受到侵害时，享有司法救济权。《中华人民共和国消费者权益保护法》第三十条规定“人民法院应当采取措施，方便消费者提起诉讼。对符合《中华人民共和国民事诉讼法》起诉条件的消费者权益争议，必须受理，及时审理。”原告的起诉正当，人民法院及时受理和审理更属正当。

二、 原告的诉请事实清楚、证据充分

庭审查明的事实说明，原被告双方对双方签订《商品房买卖合同》及《合同补充协议》的主要条款不持异议，主要争议的是合同标的物的商品量，和该计量所引起的合同价款变更，以及适用计量标准的正确与错误。正如被告答辩中所称“被答辩人的诉讼请求是基于对面积测量标准的错误坚持和对答辩人违约与否的错误认识而产生的”，可见双方对买卖关系成立不持异议，异议的焦点在于计量标准的适用。

（一） 原告第一项诉讼请求是：“判令被告依据补充协议第一条在交付房屋前退还原告多计算阳台、飘窗建筑面积 5.69 平方米的价款 53658.46 元”。

该项诉讼请求的合同依据是双方 2005 年 8 月 16 日所签《合同补充协议》第一条（见原告证据卷总第 19 页，以下简称 P19）

该项诉讼请求的事实依据是被告方在计算标的物“套内建筑面积”时，将阳台投影面积 6.6 平方米全部计入套内建筑面积，见被告方只允许原告阅读的测绘报告影印件（P47），飘窗也包含在套内的 123.87 平方米面积之内，庭审中被告对该事实未予否认。

根据建设部和国家质检总局 2005 年 4 月 15 日颁布 2005 年 7 月 1 日施行的《建筑工程建筑面积计算规范》3、计算建筑面积的规定第 3.0.18“建筑物的阳台均应按其水平投影面积的 1/2 计算”，在其条文说明 3.0.18 条强调“建筑物的阳台，不论是凹阳台、挑阳台、封闭阳台、不封闭阳台均按其水平投影面积的一半计算。”

根据该项规范“3.0.24 下列项目不应计算面积的”第 6 项，飘窗明文列于其中，并且在条文说明的“3.0.24 其他不应计算建筑面积”着重说明和强调：“第 6 项突出墙外的……**飘窗**……等**均不属于建筑结构**，不应计算建筑面积”。

所以原告认为被告多计算阳台建筑面积 3.3 平方米，两个飘窗 0.72×1.66×2=2.39 平方米，合计 5.69 平方米，每平方米 9430.31 元人民币，折合价款应为 53658.46 元，应予返还的事实清楚、依据充分，**被告从未对原告数据提出质疑，仅对适用标准提出异议**。

（二） 原告第二项诉讼请求是双方所签《商品房买卖合同》第七条（P7）“……绝对值超出 3%部分的房价款由出卖人双倍返还买受人”。

基于第一项诉讼请求的计算内容，合同约定的套内建筑面积是 130.21 平方米，其 3%是 3.91 平方米，5.69-3.91=1.78 平方米是绝对值超出 3%的部分，该项主张在 2006 年 6 月 15 日的律师函中已有表述（P36），被告方至庭审结束未曾有过实质性异议。

（三） 原告第三项请求是主张合同约定的违约金，见《房屋买

卖合同》第十条，出卖人逾期交房的违约责任（P9）计算依据为买受人已交付房款（P22），计算标准是每日万分之三，即每日 1227921×3÷10000=368.38 元，依据合同第九条的交付期限为 2006 年 4 月 30 日前，计算违约金根据约定应自 2006 年 5 月 1 日起计算。

被告在答辩中也坚持“原告未首先付清 2452 元房屋余款，是原告先违约，我方有权拒绝办理交房手续包括验收房屋”（答辩状第二

页 20 行）。充分说明被告坚持错误主张和先交付 2452 元房屋余款的无理要求是造成房屋不能按期交付使用的主要原因，也是造成本项纠纷的直接起因，理应承担约定违约责任。

（四）原告第四项诉讼请求是判令被告对纠纷发生负责，并承担原告为解决纠纷所支付律师费 6000 元和承担本案法院受理费用。

从原告人陈述的原被告交涉经过（P31）和原告人不得不求助于律师，律师在非诉讼阶段的努力（P32—P40）均未能有效解决纠纷，主要原因是被告方的傲慢无礼以及拒不履行《中华人民共和国消费者权益保护法》第八条保障消费者知情权的义务，理应负担原告人不得不诉诸于法院以及以前实际支出用于解决纠纷的费用。

三、 被告的抗辩不能成立

纵观被告的答辩状内容和被告代理人在庭审中的答辩观点，可以认为其答辩主要有两点：

第一点：被告认为面积计算适用何种标准是测绘单位的事，与被告无关，也与原告无关。

无视原告作为消费者所享有的法定的“计量正确”的公平交易权，对于建筑面积计算中是否将阳台、飘窗计入面积，计入多少，均持回避态度，对于阳台、飘窗应不应当计算面积也持回避态度，像这种掩耳盗铃的答辩也能称为答辩吗？

并在答辩中援引有关部门规章称“测绘部门对其测绘成果质量承担责任”，企图规避商品房出卖人应承担的合同义务，显然是不能成立的。

应当明确的是测绘部门是被告方委托的，与被告形成委托关系，测绘部门承担质量责任是对被告承担，其法律后果也理应由作为测绘委托人的被告承担（P46），这是委托法律关系的基本原理，以此来推卸被告应承担对原告的合同义务显然是荒谬的。

至于合同条款中列明测绘单位是格式合同说明条款，根本不能认为是原告当事人意思的真实表示，既不能证明原告与被告共同委托了该测绘单位，也不能证明原告认可该测绘单位的测量成果，更不能证明原告无权对该测量成果提出质疑。

所以被告的这种答辩理由不能成为对原告诉讼请求的抗辩，这种抗辩在法理上也是无效的。

第二点，被告在第一点抗辩理由的基础之上认为，是原告违约不是被告违约，原告的违约是“对房产面积测绘有关的法律法规和相关的技术标准、规定的认识错误并坚持错误而不履行先履行义务所致的”（答辩状第三页第 1 行），却没有出示任何可以证明原告认识错误的证据或依据，仅凭三寸不烂之舌闪烁其辞。

从原告当事人 2006 年 4 月 29 日第一次与其书面交涉（P29），到律师 6 月 15 日正式发函（P35~39），直至 8 月 16 日庭审，被告方的所有理由和依据都停留在口头之上，除答辩状外未见其证明原告认识错误的任何书面材料，没有任何证明原告“认识错误”的证据，这样的答辩认定原告违约是否过于武断了一些，所陈述的理由何以服人，同样与其第一点答辩一样，不能成为有效的抗辩，不足以对抗原告有理有据的诉讼请求。

综合以上被告答辩的实际内容，竟密密麻麻达三页半之多，简直是对审案法官智慧的污辱，不仅不能形成有效的抗辩，反而印证了原告所陈述事实的客观性和真实性。如被告在答辩第二项后以“此外”开始（答辩状第三页 20~38 行），证明了被告确实对原告方解决纠纷的努力从未进行过实质性响应。被告答辩所印证的原告陈述不再一一列举，相信睿智的法官不难鉴别。

四、本案所涉问题的焦点

从原被告争议的主要内容不难看出，原告主张交房前退还多计算的阳台、飘窗建筑面积价款 5 万余元，被告坚持交房前补交面积余款 2452 元。对于已经竣工验收的房屋来说，面积不可能再发生变化，两方争议焦点就是待交付房屋“建筑面积”的正确计量。

根据国家质量技术监督局 1998 年 12 月 22 日发布实施的中华人民共和国国家计量技术规范《商品房销售面积测量与计算》（P57）以及众所周知的常识，可以肯定房屋面积是“计算”出来的，不可能是直接“测量”出来的。

该计量技术规范在引用文献一段特别说明“引用本规范时应注意使用上述引用文献的有效版本”。

该计量技术规范所引用的三个文献中包含了建设部建房（1995）517 号文《商品房销售面积计算及公用建筑面积分摊规则》（P53），该规则第三条明文规定“**商品房销售以建筑面积为面积计量单位，建**

筑面积应按国家现行《建筑面积计算规则》进行计算”。

本案已经确定无误的事实是，原被告 2006 年 8 月 16 日签订《商品房买卖合同》时国家“现行《建筑面积计算规则》”就是已经修订并于 2006 年 4 月 15 日发布 2006 年 7 月 1 日实施的《建筑工程建筑面积计算规范》。

根据上述相关规定原告依照《建筑工程建筑面积计算规范》的计算方法，要求被告返还不应计算的阳台、飘窗面积价款是正当的、合理的和合法的。

被告无论在起诉前对原告的交涉还是在起诉后的庭审活动中，自始至终不谈《建筑工程建筑面积计算规范》的相关规定，甚至在答辩状中还振振有词地说：“答辩人没有权利要求北京市丰台区房屋经营管理服务中心测绘队必须采用什么规范标准，也没有义务向被答辩人解释北京市丰台区房屋经营管理服务中心测绘队为何采用《房产测量规范》而不采用《建筑工程建筑面积计算规范》”足见其傲慢无礼并无赖到无视国家计量标准存在的程度。

原告根据消费者权益保护法第八条、第十条所享有的权利，有权拒绝被告所**提出并坚持的、没有任何事实依据并拒绝说明的所谓的**“补交 0.26 平方米面积差价款 2452 元”的“强制交易行为”，有权要求被告承担由此所引发的一系列合同责任。

从被告该段狡辩式的答辩内容不难看出，被告作为测量工作的委托人，对于受其委托的丰台测绘队在面积计算中“采用《房产测量规范》而不采用《建筑工程建筑面积计算规范》”的不当行为是明知的，而为了获取不法利益坚持采用其授意的所委托的丰台测绘队不按国家规范炮制的《测绘成果》，谋取包括原告在内的该楼盘800多户购房人上千万之巨的不应计算面积的房屋面积价款，是极其恶劣的欺诈行径。

作为购房人的原告不能接受这种可恶的掠夺，诉请于人民法院是为了包括原告在内的其它许多目前尚不知情的购房人的合法权益不受非法侵害，人民法院有义务支持原告的诉请，制止和惩戒被告的无德违法行径。

为了上述理由，原告代理人认为有必要进一步阐述被告方授意其委托的测绘部门断章取义地适用《房屋测量规范》过时条款来计算建筑面积的不合理性和不公正性，以及这种行为掩盖下的主观恶意。

五、 本案所涉规范适用

从技术规范的一般适用原则来看，《建筑面积计算规则》以及修订后的《建设工程建筑面积计算规范》是建筑面积计算活动应遵循的标准，而《房屋测量规范》主要规范的是测量活动。

如果我们在建设工程的设计阶段不适用《设计规范》而遵循《施工规范》，在施工阶段不遵循《施工规范》而适用《设计规范》，将被认为是不可理喻的。

面积是计算出来的，不可能是测量出来的，这是基本的公理，不容置疑。

从建筑面积的计算来看，只要有满足计算条件的基础数据，就可以计算出建筑面积，这个基础数据可以是实地测量得来，也可以是设计的数据，更可以是假设的数据，“计算”过程是必需过程，“测量”则不是必需的。任何假设数据、设计数据或测量数据用来计算建筑面积都应适用《建筑工程建筑面积计算规范》。

本案合同中所约定的建筑面积数量也是根据施工图纸中的标明设计数据计算得来，其合同中使用“预测”一词只是一般意义上的不确定词语，与“测量”没有任何关系，更不能理解为“预测量”或“预先测量”的测量成果。

“房屋面积测量”一词描述的是一个工作过程，概括了从数据采集（即测量）到数据计算，再到计算结果的合计整个一系列过程，计算是必要过程，“面积”一词的“积”就是某种计算方法所得结果的定义，绝对不是数据采集（即测量）的结果。为此，《房屋测量规范》中第八条详细列明了房屋面积和土地面积的测算原则，其中房屋面积测算的相关内容来自于《建筑工程建筑面积计算规范》的前身，即《建筑面积计算规则》，这是权威部门的标准解释，详见《建筑工程建筑面积计算规范》第 15 页条文说明的 1.0.1 条第二款。

再从被告一直坚持的其委托的测绘部门在建筑面积计算所适用的《房屋测量规范》来看，根本不具备独立适用的条件，理由如下：

1、规范中关于房屋面积计算的篇幅仅占同一编号的标准文本两个单元中的一个单元的十条内容中的半条，并且这半条内容也来自《建筑面积计算规则》。

2、根据被告答辩状的引用的（答辩状第 3 页第 10 行）“建设部

《关于房屋建筑面积计算与房屋权属登记有关问题的通知》（建住房[2002]74 号文）”就明确规定了“三、房屋权属登记涉及的有关房屋建筑面积计算问题《房屋测量规范》未作规定或规定不明确的暂按下列规定执行”其中规定了十一种情形，并规定“自 2002 年 5 月 1 日起执行”。

3、上述“暂按”暂时到什么时间为止呢？只能暂按规定执行到 2005 年 7 月 1 日前，即正式的国家标准《建筑工程建筑面积计算规范》实施前。

通过以上三点理由不难看出，在建筑面积计算的标准问题上割裂历史发展、单独孤立地适用《房屋测量规范》中的过时规定是不成立的，也是荒谬的。

那么为什么被告作为开发商，作为房地产业内企业明知国家文件精神，还要坚持其错误观点呢，根本还是利益驱动，是想将购房人因信息不对称而不知情多交付的房款侵吞拒不退还，更何况手中还有依靠其生存的测绘机构所出具的《测绘报告》作挡箭牌，意图获取不义之财并推托或逃避应承担的法律责任和道德义务。

六、 计量正确是利益公平的保障

在本案中计量正确就体现了利益公平，反过来说原告所主张的法定公平交易权就体现在计量标准的正确适用上，前文陈述了标准适用的相关规定，下边不妨就本案再从工程造价构成来论述一下开发商和购房人的利益公平问题。

从阳台的构造来说，封闭阳台和不封闭阳台的差别只是阳台窗的制作安装与否，一般来说一个 3 平方米水平投影面积的阳台据测算只需要不超过 8 平方米的阳台窗，8 平方米铝合金材质的双层玻璃窗的市场价在去年到今年都不足 4000 元，而封闭阳台和不封闭阳台按《房屋测量规范》以及 2005 年 7 月 1 日前使用的《建筑面积计算规则》在计算建筑面积时却相差 1.5 平方米。在房价不超过 2000 元的城镇，反映在房价上的差别还不大，而在北京或其他均价超过每平方米 4000 元的城市，这种房价上的差别就大了，具体到本案是按套内建筑面积计价，其差别就更大了。如果长期继续下去，所有城市的住宅都没有不封闭的阳台了，所以《建筑工程建筑面积计算规范》规定阳台无论其封闭与否均按投影面积的一半计算是有道理的，起到了保障城市住宅阳台作为户外空间的功能不因利益驱动而失去的作用，也起到了保护购房人消费者合法权益的作用。

从飘窗的构造来说，飘窗是“为房间采光和变化造型而设置的突出外墙的窗”（《建筑工程建筑面积计算规范》2 术语 2.0.23 飘窗），窗子的正立面突不突出墙外都是不可缺少的，而突出外墙后仅增加两个侧面窗和一个底板（顶板为另一户之底板），就要按底板面积计算建筑面积没有任何依据。

《建筑工程建筑面积计算规范》明文规定“不应计算”，而《房屋测量规范》却没有明确的规定计算或不计算。本案中的被告计算了却又不出示依据。

从本案看，两个飘窗的外围尺寸是宽 72 厘米（突出外墙部分）

长 166 厘米，两个底板不过 2.39 平方米，侧窗面积也不超过 0.72×2.8×4=8.064 平方米，从建筑工程的造价来说，飘出后所增加造价不足 5000 元,而卖给购房人时按套内建筑面积计价增加了两万多元，加上将封闭阳台全面积多算的 3.3 平方米，共计 5.69 平方米的价款 53658.46 元。而与阳台不封闭窗子不飘出增加的造价打足了也不超过 10000 元，五万比一万这不是暴利是什么？况且这一万的投资因素早已包含在单价之内。

房屋是一个整体，综合了各项使用功能，在计算房屋的建筑面积时依照规范有的部位全算，有的部位只算一半，有的部位不计算，合计计算出来的建筑面积数量代表了这套房屋作为商品交易计价时的标准计量单位数量，在这个数量中包括了套内建筑面积和共摊建筑面积。而从单价来说，双方约定按套内建筑面积计价，这种计价方式是将非套内面积的价款摊入了套内建筑面积之上，这个单价包含了套内建筑面积自身的价款，也包含了非套内建筑面积的价款，自然也包含了计算建筑面积时全计、半计、不计三种房屋部位的价款。

单价和计价数量的乘积构成合同价款的整体，两者是有机联系在一起的，将阳台面积只应算一半的部分算成全面积，将飘窗算成全面积，实际上是在减少计价数量提高单价的基础上，又将所减少的数量重新按提高的单价又计算一次，其不公平性是显而易见却又难以计量的，这种变相的加价行为是深思熟虑的故意行为，作为业内自称佼佼者的被告 XX 公司绝对不是疏忽大意少找了别人钱的主儿，其主观恶意通过以上分析不难窥见一斑。

七、 关于第三方行为对本案的影响

被告在答辩中多次提到第三方“北京市丰台区房屋经营管理服务中心测绘队”（以下简称测绘队）其主要观点有以下三点：

第一、测绘队对测绘质量承担责任

第二、在起诉前的交涉中多次让我们去找测绘队，庭上这个观点没有明确表达，言外仍含有原告起诉对象错误这层含义。

第三、对规范的适用和建筑面积的计算避而不谈，认为规范的适用正确与否与建筑面积计算正确与否，都是测绘队的事，实际上这三个观点都是不成立的。

首先测绘队资质的取得只是政府准其进入测绘服务市场的许可而已，其成果政府职能部门对其监控，也是为保障其工作质量的一种行政手段，**其测绘报告没有任何行政认定或行政认可的效力**，这一点是必须申明的。

其次从建筑面积计算这一工作环节来看，也不是什么高精尖科技，任何一个完成九年义务教育的在建筑行业了解名词的农民工经过短期培训都可能完成，广泛存在的装修施工队就可以证明这个事实的广泛存在，没有什么神秘而言，也不要迷信什么权威或权贵，北京友谊花园案件最终结果就说明测绘部门也会错，只不过纠错的阻力大一些罢了。

再者，技术规范的适用与法律的适用在理论上一脉相承的，并不是只有测绘部门才能说清楚的事情，也并不是只有懂得技术的人或技术官僚才能说清楚的，测绘部门可以搞行业垄断、技术垄断，但是搞不了技术规范适用的垄断，更没有权力介入原被告之间的合同关系，或介入原被告对建筑面积标准的解释。

从原告当事人第一次向被告提出书面交涉，被告方就假借测绘部门的名义用电话向我的当事人“解释”:《建筑工程建筑面积计算规范》是针对工程造价的，不用于商品房的买卖，只有《房屋测量规范》是用于商品房的买卖的。（P31）当原告委托律师书面与其交涉时，其法律顾问仍是这种意见，并企图转嫁责任给测绘队，要我们向测绘队主张权利，原告当然不会上当。

按照被告假借测绘队的“解释”，首先否定的是《建筑工程建筑面积计算规范》的第 1.0.1 条，“为规范工业与民用建筑工程的面积计算，统一计算方法，制定本规范。”否定了这一条，就等于否定了国家标准的统一性。

关于在《建筑工程建筑面积计算规范》颁布后，在商品房销售过程中仍适用《房屋测量规范》中关于面积计算的规定的“解释”在理论上同样是荒谬的，不妨举例说明：1995 年颁布实施的《中华人民共和国房地产管理法》第七十条第二款规定“房产管理部门，土地管理部门工作人员利用职务上的便利，索取他人财务，或者非法收受他人财物为他人谋取利益，构成犯罪的依照惩治贪污贿赂罪的补充规定追究刑事责任，不构成犯罪的，给予行政处分”。法律界的人士都知道，九七年我国修订了《刑法》，人大关于惩治贪污贿赂罪的补充规定，已经吸收到九七年《刑法》之中，如果在现在，或九八年之后再有人搬出房地产管理法这一条来办理刑事案件，将是非常可笑的，或是无知的代名词。

按照这种“解释”，必然带来荒谬的结论，不妨举例说明：一幢楼房有 200 平方米封闭阳台的水平投影面积，开发商在给建筑工人算帐时，按照《建筑工程建筑面积计算规范》计算只有 100 平方米，在给购房人算帐时，按照《房屋测量规范》的第 8 条计算却是 200 平方米，这和大称进小称出的奸商有什么区别。

至于这种“解释”已被规范适用相关文件的明文规定予以否定，这里不再重复，这些都说明第三方测绘队受被告委托的测绘行为以及所出具的有效期只到 2006 年 5 月 30 日的（P45）的《测绘报告》，对本案事实的认定、法律以及技术规范的适用不构成任何影响。

八、 此案的特别意义

作为原告代理律师，之所以煞费苦心地如此不辞辛苦、不避唠叨长篇累牍的整理代理意见。并不是不知道尊敬的法官时间的宝贵和任务之繁重，实在是因为该案的特殊性和广泛性不能不为之倾力相向。

此案从标的数额来说，无论在本律师或贵法官所经办的案子中都不能算大的案子，此案的特殊性就在于**典型地**涉及到类似原告当事人的许许多多购房人的利益，**典型地**涉及到他们作为消费者、作为弱势群体对公平交易条件所需要的市场环境净化，也**典型地**涉及到房地产市场宏观调控的措施能否落实而惠及你我这样的工薪阶层。我们都面对高企的房价无奈，如果在房价上涨的同时任由开发商缺斤短两而无所作为则良心何安？

莫以善小而不为，更何况此案的公正审理对原告来说是最后的公正。

为此，作为律师在一审阶段虽免费代理，也当竭尽所能地从原告所享有的权利、诉讼请求、被告答辩以及建筑面积计算的技术规范适用等方面，力图详尽地陈述事实和相关理由。其目的还是意图较为全面地说明被告将阳台、飘窗不按统一标准计算的不公平性以及原告各项诉讼请求的合理性和合法性。并将陈述与相关证据一一对应，力图减少法官审理此案可能面临的困难或困惑。作为位置不同法律人的你和我，当各尽其力维护公正捍卫公平。在此恳请法庭给我的当事人一个合理合法的公正，给像我的当事人一样在房地产这个专业性极强的市场上处于劣势地位的千千万万个购房人一个公正。我的当事人的起诉代表了一个普通公民对法律的信任，对法律所代表的公正的渴望。

尊敬的法官：

法律之剑正义之光就在你的手中，请你以法律的名义将公正给予应当得到公正的人们吧！

致礼

原告当事人张 XX 代理人

北京中济律师事务所律师

吴元明敬呈

2006 年 8 月 27 日星期日

民事上诉状

上诉人：张连富，男，1949 年 8 月 6 日出生，汉族，空军报社主任编辑，住丰台区西三环中路丙 18 号

被上诉人：华凯投资集团有限公司，住所地北京市丰台区莲香园小区 1 号楼一层西侧裙房商业公建，法定代表人蒋晓华，董事长

上诉人因不服北京市丰台区人民法院（2006）年丰民初字第 15341 号民事判决，依法提起上诉。

上诉理由如下：

一、　原判决违反法定程序，直接影响案件正确判决

原审法院 2006 年 7 月 10 日受理上诉人的原诉，8 月 16 日采用简易程序开庭进行了审理，被告在开庭中自始至终都未提出有力反驳的证据，所提交的证据始终未向原告出示。到了 10 月 13 日法官通知进行现场勘验，当日下午就进行了勘验。

10 月 20 日突然通知重新开庭，10 月 27 日上午又重新进行了开庭，除多了两位人民陪审员，被告方证据也未发生变化，也始终未向原告及其代理人展示，只是开庭时多了法官的调查笔录三件，当庭只

是节选性读取，未向原告展示，原告当庭要求复制法官告知庭后复制，10 月 30 日原告才拿到这三件调查笔录的复印件，就是法官当庭节选性读取时，原告方也提出了质疑，明确表示应以文件为准。

（一） 法官取证程序违法

根据最高人民法院关于民事诉讼证据的若干规定第二条，“当事人对自己提出的诉讼请求所依据的事实或者反驳对方诉讼请求所依据的事实有责任提供证据加以证明”，被告方对原告的诉讼请求只是一味口头否认，并未提出证据证明，也未向人民法院提出过调查收集证据的申请，人民法院不应当为被告收集证据证明被告的反驳理由，人民法院所收集证据的行为就本案来说不符合最高人民法院关于民事诉讼证据的若干规定第十五条第十六条的条件，所收集证据应属无效证据，收集证据的行为属违反法定程序。

（二） 法官所收集三份证据反映的内容事实错误

根据本案审案法官 2006 年 10 月 8 日所制作的《调查笔录》，被调查人胡晓丽作为建设部标准定额研究所《建筑工程建筑面积计算规范》的主要起草人，无论是代表单位还是代表个人都无权对该规范的适用范围做出解释，因为该规范上明文规定“负责具体技术内容的解释”，适用范围和具体技术内容根本就是两个概念，难道法官不懂得这个吗？调查笔录上根本就没有涉及“具体技术内容的解释”，就是调查笔录上胡晓丽对适用范围的解释也是含糊不清的，一会儿说是“商品房的面积计算”，一会儿又说是“商品房买卖的面积计算”，就是这样的调查笔录也能成为法官判案的依据。而对于原告（上诉人）在原审中一直陈明的国家文件明文规定“商品房销售以建筑面积为面积计量单位，建筑面积应按国家现行《建筑面积计算规则》进行计算”置于一边，听信于自己寻找的与文件明显相悖的说法和传言，并自制证据支持被告毫无依据的答辩意见，其用心良苦是为了什么？

从另外两份日期为10月10日《电话联系笔录》的内容来看，其内容也是含糊不清，起码是不确定的，电话为58933190的另一端被联系人王策的答复是推到北京市建委，电话为64245614的王科长按“工作习惯”的答复，也被作为定案的依据。上诉人在庭审中多次陈明，依照《建筑工程建筑面积计算规范》第3.0.24条，飘窗不论落地还是不落地“均不属于建筑结构，不应计算建筑面积”。而主审法官宁愿相信电话一端身份不明的人言，也不愿意相信白纸黑字的国家标准，又是为什么呢？

（三） 法官“鉴于” 违法证据直接导致案件不正确判决

原审判决认为“有鉴于此，应当认定张连富购买房屋的阳台及飘窗均应计入销售面积”的“有鉴于此”，均是“鉴于”承办法官所找来的传言证据，并且这些传言证据来自于违反法定程序的“收集”，已经不是《中华人民共和国民事诉讼法》第一百五十三条第（四）项“原判决违反法定程序，可能影响案件正确判决”的，而是“直接导致案件不正确判决”的了。

以上三点足以证明原审判决的程序违法性。

二、 原审判决认定事实错误

原审法院不仅在程序上违法，在实体判决上对原告所提交的国家建设部和国家质检总局联合发布《建筑工程建筑面积计算规范》这一由国家机关依职权制作的公文书证，应当依法认定为“证明力一般大于其他书证”的证据，仅靠法官自己违反法定程序收集并制作的证据就予以否定，属于故意的认定事实错误。

三、 原审法院适用法律错误

原审法院判决依据合同法六十七条判决原告败诉，没有任何事实依据,原告在法庭上主张被告拒不交房的违约责任，是原告已先交足房款、而被告无任何证据证明原告应补交房款情况下拒不交房造成的，是被告后不履行合同，不是原告先不履行合同，何以将合同法这条界定先后履行合同义务的条款来判决原告败诉。

综上所述，该原审判决在举证责任分配上、证据采信上、以及人民法院收集证据问题上、案件事实的认定上、和法律适用上一错再错，其判决的公正性已荡然无存。

恳请二审人民法院撤销该错误的、违法的、以言代法泯灭良心的判决；在此基础上，同时提请中级人民法院根据本案的特殊性和广泛性考虑依照民事诉讼法第三十九条之规定提审此案，以保障原告所代表的不特定的诸多购房人的消费者所应享有的“计量正确” 的合法权益不受非法侵害。

此致

北京市第二中级人民法院

上诉人：张连富

2006 年 11 月 16 日星期四

编者按：此上诉未代理，当事人依约送来二审判决书，结果可想而知，因书稿无法出版，判决书等案卷遗失，只留下电脑中的零星文件。

坚持用市场化手段解决城市中低收入人群居住问题

前　言

中国正处在一个亘古未见的历史性变革时期。已经发生的变化令我们来不及感慨，就要面对充满希望和挑战的新变化。变化和变革是当前形势的主旋律，高速的发展固然是一种变化，更重要的是改革开放二十多年来积累的经济基础已经影响和正在变革这个社会的上层建筑。

充满变数的发展所带来的深层变革就在我们面前，这是我们研究城市中低收入人群居住问题必须充分考虑的因素，这些因素包括政治、经济等方面的变化趋势，也包括人们的观念、情感、社会意识已经发生的变化和即将发生的变化。

在未来屈指可数的若干年内，民主化将成为中国经济体制改革中最突出的新动向。经济领域内的法制化将成为这种民主化的具体体现。中央政府推出的法治政府十年规划，将使各级政府在经济活动中的政策根据法制的原则更为程序化和透明化。

市场经济的根本在于法制，健全的法制不仅存在于纸面和书本上，而且植根于最广大民众的内心，落实于政府的各项政策措施中，有着信念和体制制度的保障，使每个社会成员对其充满信心。

法制作为市场经济条件下的社会全民契约，是中国经济体制改革民主化的成果体现。是人们从追求理想的平等转向追求发展成果分享的平等，进而转向追求发展机会的平等中，逐渐认识和不得不利用的工具。法制的建设过程就是民主化的进程。经济体制改革的发展以及所带来的政治体制的变革都将集中体现在法制建设的进程之中。

“人是国家及社会制度的中心，人不是为国家和社会制度而生存，而相反国家及社会制度是为人的更好生存而存在，不论立法、司法、行政管理或道德等其他一切社会规范，都是为维护人的基本权利和人的尊严而存在的工具”[1]。

以人为本是科学发展观的核心，城市中低收入人群居住问题的解决，不仅是一个经济问题，更是一个关系社会稳定、基本人权保护、发展成果分享的政治问题，是可持续发展战略的有效组成。不仅是政府的责任，更是全社会的责任。万科公司在新修订的《公司法》即将实施之际就勇敢地以这种方式“承担社会责任”（新《公司法》第五条），值得社会各界赞赏和以实际行动响应。

一、 解决城市中低收入人群居住问题的立足点

如前言所述，城市中低收入人群居住问题不仅是一个经济问题，而且是政治问题，就要站在政治的高度上来认识；是社会变革发展现实的组成，就要与社会变革发展的方方面面结合考虑；是可持续发展的有效组成，就要用科学发展观来认识分析；这是基本的立足点。否则，再好的方案也是闭门造车。

解决城市中低收入人群居住问题要面对现实，要面对改革开放带来的发展刚刚开始、经济基础并不雄厚仍很薄弱这个现实，要面对人

均资源非常有限并且不能有效充分利用的现实，脱离了这个现实的方案，就没有可行性而言。

重要的是检讨和面对习惯思维中不科学的因素，在思想上破除这些无形的枷锁，树立科学发展观，树立符合市场发展规律的科学发展观，正如邓小平所讲“思想再解放一点，步子再大一点”，只有继续解放思想，才能迈开科学发展的步子，市场经济已成改革开放发展的不可逆转之势，重视对市场经济规律的尊重和利用，是用科学发展观解决诸多社会经济问题，包括解决城市中低收入人群居住问题的认识前提。

市场经济就是法制经济，法律法规就是科学而稳定的政策，科学健全的法律法规会使市场建设和发展中的消费者、生产者、投资者坚定信心，是保障市场经济持续发展的基础，也是从根本上逐步解决城市中低收入居住问题的长效机制。没有稳定科学长效的法律保障，就不可能完成解决城市中低收入人群居住问题这个长期发展的任务。

“以《物权法》立法，房地产的登记制度改革，房地产税收制度改革等趋向性标志，标志着将从根本上实现我国房地产法律制度政策的从管理本位向权利本位过渡，将从根本上开始从行政管理向行政服务的过渡，将从根本上实现从管理者意志本位向经济运行规律本位的过渡”[2]这些过渡本身就是从根本上解决城市中低收入人群居住问题的法律措施。

顺应改革变化，面对现实，树立尊重客观规律的科学发展观，坚持以科学健全的法制来发展规范市场经济，是解决城市中低收入人群居住问题的立足点，也是方案设计的出发点。

二、 解决方案的总体思路

研究城市中低收入人群居住问题，首先要对这个问题有一个明确清晰的认识。改革开放前的计划经济年代，没有城市中低收入人群这个概念，城市里的人的收入以平均为特征，住房在极其有限的条件下只是窘迫而已，鲜见有人住在露天。改革开放二十多年来，用于居住的房屋保有量有了极大的增加，而居住的矛盾却更加突出，这是为什么呢？这实际上是一个发展的问题，是一个发展成果分享的平等问题，是一个居住条件改善能否均衡惠及全体社会成员的问题。

这个问题的解决本身就是可持续发展的问题，而且是要用更快的发展和更均衡的发展来解决的问题。

首先需要肯定的是，没有计划经济向市场经济的过渡，没有改革开放二十多年的发展，就没有用于居住的房屋保有量极大的增加，就没有解决居住问题的物质基础。现在的问题仍然是市场经济发展不够，市场体制不够完善的问题。坚持用市场化手段解决这个问题，不仅是认识问题，而且是发展方向的问题。要坚信市场化手段不仅在过去解决了居住房屋极度短缺的问题，而且在以后也能解决居住房屋分配的均衡问题和适度持续发展住房建设的问题。

基于上述认识以及改革开放二十多年所奠定的物质基础，坚持用市场化手段解决城市中低收入人群居住问题，总体思路在于发展以房屋租赁为中心的房屋使用市场，确定以租赁为中心的房产交易市场格局，将房屋租赁从民间的自发行为，发展上升到全社会的自觉行为，清除影响和限制租赁活动的所有政策障碍，建立鼓励支持房产租赁的市场体系，不仅是解决城市中低收入人群居住问题的根本出路，同时也是用市场手段配置不动产资源，引导房产生产消费的长效机制。

物对于人的价值最重要的是使用价值，这是基本原理，对于人们居住的房屋来说也不例外，房屋是人类生活的必需品，对房屋的使用是房产价值的核心，对于人的生活来说，拥有对房屋的使用权远比拥有对房产的所有权更为基本和重要。

租赁是源远流长、自古有之的民事经济活动，租赁是解决、平衡物的“所有”和“使用”矛盾的最得力和最有效的工具，也是实现或体现物的价值最经济、最有效的途径，房产租赁更是如此。

对于人类的每个成员来说，你可以不拥有房产，但你不可以不使用房屋。而对于拥有房产的人来说，你可以拥有许多房产，但你本人或家人对房产的使用需求却是有限的。例如你晚上只能睡一张床，你在某时点只能坐一把椅子或一个沙发，你可以拥有一座宫殿或大厦，但你必须为这些物的不能尽其用负担税赋或管理费用，或是承担其他可能的后果。

“对于对全体人民负有责任的政府来说，不可能让人人都拥有房产所有权，但却可能保障人人都使用到必要的房产，这是人权基本保障的法定责任，而实现这种保障的具体方法之一，就是促进房产租赁市场的规范和发展”。[3]

“以自建房屋来满足使用需求是自然经济时代的标志，以无偿分配来满足住房需求是计划经济时代的产物，以购买的投资方式来满足住房使用需求则是也只能是自然经济向市场经济过渡中的过渡方法；而通过租赁市场能较大程度地满足住房或使用房产的生活生产需求，则是市场经济高度发展、社会分工与社会服务通过市场高效运作的标志。”［4］

物的使用价值是物的价值的核心，最能将物的使用价值和需求直接体现为货币衡量价值的市场就是租赁市场；房产租赁市场最能直接反映人们对房产这个必需品也是相对稀缺资源的供求矛盾，通过租赁市场也是最能发挥市场“配置资源”以及“利益诱导”功能，而使房产这个稀缺资源得到较为充分的利用。

以租赁方式取得房屋使用权，是市场条件下低成本满足基本生活需求的最佳方式，尤为适合城市中低收入人群；对于政府来说，也是以低成本方式实现社会保障功能的最佳选择.

大力发展房产租赁市场，有利于澄清人们认识上的误区，人人有房住是必要的，这里的“有”是为“住”服务的，并不是“所有权”意义上的“有”。而租赁方式获得的使用权，完全可以满足“住”的需求，而人人都有住房的所有权则是不必要的和不现实的；尤其从政府的社会保障责任角度来说更应清楚的认识。

从物质本身的属性来说，房产是不动产，人是从动物进化而来的高级动物，人动房不动是绝对的，房屋产权在人与人之间的流动则是抽象的；城市中低收入人群的流动性也是不容忽视的决定性因素，这个决定性因素在某种意义上也决定了租赁方式更适宜于城市中低收入人群居住问题的解决，同时也决定了购买方式作为主流方式的不适应性和不现实性.

以上并不充分全面的论证，足以说明发展以房屋租赁为中心的房屋交易市场作为解决城市中低收入人群居住问题的总体思路的必要性和现实性。

三、 总体思路下的具体方案建议

基于上述总体思路的认识，将带来对市场细分的观念变化，房产的买卖、投资、建设都是为使用服务的，而使用普遍是属于消费行为，无论是生活消费还是生产性消费，从租赁市场和买卖市场功能的区分来看，租赁市场更倾向于属于消费市场，买卖市场更倾向属于投资市场，租赁市场更能直观反映供需矛盾。

从一般消费者的房产购买行为来看，购买的目的是使用，一次性购买为的是长期消费，而一次性支付能力有限，分期付款购买与租赁使用有异曲同工之效，而贷款购买再分期偿还贷款与分期付款购买也是殊途同归。在这里不难看出房屋的购买与投资在性质上并无二致或根本性的区别。

只有在消费市场不发育的情况下，消费者才不得不到投资市场上去采取投资方式来满足消费需求，就像只有种粮才能吃到粮，只有织布才能穿到衣一样。而当消费市场发育比较完善的情况下，消费行为在消费市场上就可以得到满足就没有必要再到投资市场上去采取投资行为来满足消费需求，到投资市场上去投资属于市场条件下有投资需求的人或以投资为职业的人从事的活动，不仅需要资金上的支持能力，也需要专业知识和素养，一般来说不普遍适合于中低收入人群。

在观念上区分消费市场和投资市场具体的方法就是对房屋市场的租赁行为、购买行为进行市场细分，把消费需求的一次性购买与长期租赁等效起来，把投机需求的买卖行为与投资行为等效起来，就不难理解消费市场和投资市场功能的区别。

确立房产租赁市场的中心地位，就是确立用消费需求来引导或制约投资需求的原则，就是确定生活是生产的目的、生产是为生活服务的工具的市场功能，就能最大程度的避免投资需求掩盖消费需求而带来的市场紊乱，从而保障使用价值决定价格变动的价值规律在市场中效能的正常发挥。

房产作为社会财富的积累是一个缓慢的过程，在现有生产力发展水平下，房屋的保有量增加速度与人们奢望的要求总有一段距离，房产租赁市场的发达能使现有的房屋得以充分利用，使所有可能进入房产租赁市场的现房都能进入租赁市场或者都能进入租赁市场的价值评价体系，将最大程度地减少房产资源的闲置浪费和效用损失。

强调租赁市场并非排斥买卖和投资市场，而是强调租赁市场对买卖和投资市场的引导作用，这种引导作用在于使买卖和投资更具有理性，在于使生产的目的性更强。

强调租赁市场是因为我国的房产租赁市场不够发育，至今没有出现像样的以房产租赁为经营主业的专门企业就是一种最直接的证明。

从住房消费的具体行为来看，租赁是获得房屋使用权最便宜的方式，如果连租赁费的支付能力都没有的消费需求，则只能从社会保障和社会福利的救济中满足，这种满足也要占用供给资源，才是政府保障的范围，如果将政府保障的范围扩大到购房或建房等带有投资性质的领域，将使这种保障成本加大，效果也难以理想，这也是经济适用房制度的根本缺陷。

发展以房屋租赁为中心的房屋交易市场的总体思路确定后，围绕这个总体思路的具体方案建议应当包括和并不限于如下几个方面。

（一）清理阻碍房屋租赁发展的政策和法律障碍

我国目前并未完成从计划经济向市场经济的过渡，许多法律政策都显现出计划经济的时代烙印，计划经济时代为排除市场对计划执行的影响，对市场固有的因素在法律制定和政策制度上都采取排斥观念，而这种观念影响下已制定的法律和政策在改革开放后，在市场经济的建设中并没有得到修正和废除，直接对市场经济的发展产生负面影响，包括对房产交易市场，尤其是房产租赁市场所受影响更为严重。

市场是利益分配机制推动的交易场所，所谓“天下熙熙皆为利而来，世间攘攘都因利而往”，就是市场的真实写照，而法律和政策对市场的作用是至关重要的，决定市场的存亡兴废，只需要使市场中的人无利可图，足可以使其遁入地下，而地下市场是不可能正常发展的。

从目前房产租赁市场的发展来看，对房产租赁市场构成直接抑制和障碍的法律政策主要有两方面。

一方面是房屋租赁的管理。

一九九四年颁布的《中华人民共和国房地产管理法》和一九九五年建设部依据该法发布的《城市房屋租赁管理办法》，从法律和规章方面对房产租赁实施了行政管理部门的许可和干预。其中规定了禁止出租的情形，又规定了对允许出租的房产实施以登记备案颁发《房屋租赁证》为内容的法定行政许可，并规定“《房产租赁证》是租赁行为合法有效的凭证”，违反本办法，可能承担被罚款的行政责任，并且还规定了“情节严重，构成犯罪的，由司法机关依法追究刑事责任”的严厉责任。

从这些管理规定来看，对房产租赁市场的管理近似于管制，客观上加重了管理机关的责任使其难以胜任，又剥夺了房产租赁市场应有的自由度，变相侵犯了房产所有人对其财产支配和“排除干涉”的法定物权，更重要的是直接阻碍了房产尽其效用功能的发挥，实属难以实行，实行困难，实行有害的“恶法”，应尽快予以革除。任其存在，虽然客观上成为摆设，并不能说明行政机关的“开明”，相反损害了法律的威严，也不能使守法之公民公开地参与房产租赁活动。直接阻碍了房产租赁市场的依法健康的发展。

另一方面是房产租赁税收政策的不合理。

从目前来看，房产租赁的行政管制已被突破，行政管理机关也没有能力对广泛存在的房产租赁实行管制，这些管理规定充其量只能是行政罚款创收的一种工具，除此之外只是摆设而已，但税收的严肃性却不能不使房产租赁市场上所有参与者顾虑重重。

房产租赁是社会公众最直接最便宜获得房产使用权的重要方式，也是房产利用最大化的市场实现方式，但是繁重的税收负担足可以令房产所有人宁可将房产闲置起来任其浪费也不拿出来出租，房产出租的名义税种之多、税率之重，使税收政策的可行性大受质疑，偷、漏、避、逃的范围之广足以损害税收政策的严肃性。

以房产买卖和出租为例，涉及税种房产税按租金的12%计征，营业税、所得税、印花税、城市土地使用税、土地增值税以及投资方向调节税等，这使得在我国房地产市场上租赁活动只能在民间私下进行，而不会发展出现专门的房产租赁公司。

令人欣慰的是国家在发展市场经济方面的决心是不会动摇的，房地产税制改革已进入调查研究阶段，根据相关信息表明的趋势，我国房地产税制会将交易阶段的大部分税收负担转移到保有上来，将使我国房地产税从抑制交易的客观作用变为推动交易鼓励交易的市场动力。将会有利的推动房产租赁市场的发展，将会使现有的绝大多数的房地产进入租赁市场来换取房地产保有税负的转移，从而使绝大多数房产从价值上纳入租赁市场的价值衡量体系，最大程度的通过市场实现房产的使用价值和物尽其用效能。

物权法的立法进程将决定房产租赁市场在行政管理上的松绑，房地产税收体制的改革将决定房产租赁市场的利益导向，这两方面法律政策障碍的消除，将使房产租赁市场在我国历史上出现前所未有的发展机遇，必将迎来一个飞速发展的历史阶段。

(二)扶持和发展房屋租赁市场服务机构

市场的利益引导机制如水银泻地无孔不入，巨大的住房需求就是巨大的商机，在计划经济年代诸多严历限制措施下，房产租赁市场在地下活动中就显现出极强的生命力，那么到了市场经济条件下，解除了诸多政策限制，房产租赁市场向纵深发展是不难预期的。

改革开放二十多年来，以房改为主要方式，大量的住房资源已掌握在私人手中，最大程度的利用这些资源，使这些资源在市场条件下流动起来和充分利用，就是房产租赁市场发展的基础条件。

以租赁方式为中心，除居间、代理的服务外，还可以衍生其他更专业的租赁服务方式，如融资租赁和房产租赁营业信托，作为租赁发展的更高层次应用于房产交易市场，这些更高层次的专业租赁方式在立法上已得到确认，而得不到发展。除了前述的政策和法律障碍以外，还有一个重要因素，就是这些专业租赁方式的专业性较强，须有专门的专业机构进行专业操作和相关政策的扶持，

以下简述应用房产融资租赁和房产租赁营业信托对发展房产租赁市场的意义。

融资租赁

融资租赁是中华人民共和国合同法第十四章专章规定的有名合同，计十四条。

融资租赁是*泊*来品，形成于国外市场经济发达国家，是市场经济发展的必然产物。在我国的应用目前还不广泛，但其作为集买卖、租赁、信贷为一体的，一种在法律意义上有效的经济工具，随着我国市场经济的建设和发展必将得到更广泛的应用，包括应用到房产市场上。这种工具的应用能给融资租赁合同的三方带来不同需求的利益满足，同样能给房产市场上买房人、租房人以及投资人带来消费需求和投资需求的不同利益的满足。

融资租赁这种工具作为房产交易中融合买卖、租赁、信贷功能的纽带，能有效的连接房产消费市场和投资市场的联动，使满足消费为目的的投资生产更有确定性而减少盲目性，试论证如下：

从宏观上来说，人类建造、购买、承租房产的最终目的是使用，从满足使用的手段来说，建造没有购买来得直接，而购买没有租赁来得直接，从需求中的有效需求来说，满足使用需求的有效需求在时间、空间上和其他限制条件上，通过租赁获得更为容易。

投资需求是以使用需求为导向的，当使用需求大时，使投资需求加大；当使用需求得到较大满足时，投资会成为效率低的投资，相应会减少投资收益，投资需求会减少。

从这个意义上讲，房产租赁市场的供求关系，在完全市场竞争情况下，房租水平就能直接反映在一个地域内社会发展和人民生活对房产使用的需求水平，进而影响买卖市场的交易价格所反映的综合了消费和投资需求的供求关系，即租赁市场价格的变化对买卖市场有先导性能，对投资需求有引导性。

从微观上来看，租赁是获得房产使用权最便宜的方式，如果连租赁费的支付能力都没有的消费需求只能从社会保障和社会福利的救济中满足，但这种满足也要占用供给资源。而通过购买或建造的方式获得房产使用权的方式付出的代价要比租赁大得多，因而有效需求相比租赁也小的多，在这个领域有效需求的构成是投资需求比消费需求更为直接，因为即使建房和买房用于自己消费使用，客观上减少了租用房产的支出，也是一种投资收益。如果投资于其他地方所获的收益大于减少租用房产资金的支出，那么他可能选择租房而不是建房或买房。

融资租赁对房产交易的积极意义在于

1、 使租房人的需求更容易满足，租房人固然可以租用现有的房产，但现有的房产或可供租用的房产不能满足租房人的使用要求，租房人可以通过融资租赁来获得，即到买卖市场来满足租赁需要，甚至一些特殊需求可以到建造市场或开发市场得到满足。

2、 使出租人获得投资机会，并且这种投资收益具有一定的确定性和相对的预期性。出租人可以通过租房人租房的目的来发现投资机会，并对投资收益的确定性和预期性进行评估。

3、 使房产的建造和生产的目的性更强，开发商可以根据承租人和出租人的要求有目的生产，使建造和生产能较大程度地满足最终用户承租人的具体要求。

4、 使房地产信贷风险降低，无论是房产的出租人（买受人）还是开发商或建造商都需要信贷的支持才能顺利实现投资目的，而上述几种因素客观地降低了房地产信贷的系统风险。

通过以上很不全面的分析，不难看出融资租赁方式，对开发周期长、使用周期更长的房产来说有着重要的意义，这种重要意义将随着房产交易市场的规范发展和实践应用，显现出积极的推动作用。

在房产融资租赁关系中，出租人有一种在出卖人和承租人之间的中间地位，这种中间地位兼有中介性质。

融资租赁中的出租人是市场经济发展到一定程度因社会分工而

产生专业化的市场投资服务主体。

融资租赁方式也可以成为与贷款买房等效却功能不同的另一种买房方式，以替代房屋买卖的单一模式从而降低买房人可能面临的风险。

房屋租赁营业信托：

房产租赁营业信托是一个全新的概念，要了解这个概念就先了解信托的概念。

进入新世纪的 2001 年 4 月 28 日，九届全国人大常委会第二十一次会议经过第三次审议通过了《中华人民共和国信托法》

法定的信托概念体现在《中华人民共和国信托法》第二条：是指委托人基于对受托人的信任，将其财产委托给受托人，由受托人按委托人意愿以自己的名义，为受益人的利益或者特定目的，进行管理或者处分的行为。

房产是不动产，其不可移动性、不可隐匿性，难以变现和转移的属性，权属变动法定公示性等等方面决定了房产作为信托财产有着与其他财产更适于信托的优点。更利于委托人、受益人信任受托人，并能减少这种信任带来的风险。

房产信托，就是指委托人将自己所有的房产委托给受托人，由受托人按照房产所有权人的意愿以受托人自己的名义，为房产所有人指定的受益人或者为达成房产所有人的特定目的，对所委托的房产进行管理和处分的行为。

信托特定目的是出租获利的房产信托是“房产租赁营业信托”

信托法律规范下的“房产租赁营业信托”，比起房屋租赁的居间、代理、行纪等方式为房屋出租人承租人提供中介服务，具有并不限于以下几点主要优势。

1. 房屋出租人将出租房产设定信托委托于房地产经纪人，房地产经纪人及营业机构在名义上可以以自己名义向外出租，实际出租人无须再承担租赁合同的义务，减轻出租人的管理负担。
2. 信托受托人对委托人的法定义务，可使房产出租的委托人放心其收益情况，除一定约定比例的收益作为信托佣金外，所有的收益因受托人有报告义务和报告不实的赔偿义务都归委托人所有，委托人依据信托法有追及权。
3. 对房屋承租人来说，不必担心房东，信托受托人已成为名义上的房东，营业人会考虑承租人的各种需求，提供标准化服务，房客只需要按合同约定交租金即可安心使用房产，对于租房合同履行期间可能发生的其它事宜，营业机构有一整套的规范化处理方案，不会因房东个性不同而不同。
4. 对于受托人来说享有更灵活处理事务的授权，包括根据受托房产的特性对房内设备的增添、租期的灵活掌握、租金收取方式的灵活掌握、服务应答标准化操作以及根据市场情况提供如应考、求医等短期租赁服务，在特定区域对特定人群可以提供床位租赁服务，总之能使经济效益最大化的合法方式受托人都可以使用，这样能给委托人带来利益的同时，也使信托受托人的佣金收益随之升高。

5. 当某一幢楼房的房屋都成为信托房产时，受托的营业人可以垫资对整幅楼房进行合理改造使其创造更好的经济效益或更适宜市场需求，为承租人和委托人谋取以委托人或其他中介活动形式难以提供的增值服务。

“房产租赁营业信托”将使“房屋银行”这种模式更具备银行的可信赖性，也能给房地产经纪带来长期稳定的客户资源，信托这种法律工具在市场中的应用，能使“房屋银行”起死回生和长盛不衰。

廉租房的公益信托

廉租房是政府为保障社会公众基本人权而提供给特殊人群的具有公益性的服务，因资源限制使其进展缓慢，通过信托法的公益信托可使其快速发展。

以房产租赁营业信托的开展为例，政府不必花巨资建造新的房屋，可以利用房产租赁营业信托所搭建平台，安排符合廉租条件的租房户用公益信托的方式租用信托房产，而政府只需要直接向营业机构提供补贴，补足市场价和政策价的差额给营业机构，由营业机构记入委托人的收益帐上即可；而政府则不必花钱建廉租房，把建房资金用于满足更多廉租户的租金补贴上来，政府也不必在廉租房的管理上投入大量人力物力，房产租赁营业信托的管理人在管理信托房产的同时就为政府代劳了，政府只需要按照公益信托的法律要求，设置一个监督机构监督其运营即可。

房产租赁营业信托因信托法公益信托的规定使廉租房事业得以

快速发展，使其通过市场获得发展急需的资源，值得尝试。

政府还可以将一部分公益资金委托房产租赁营业机构经营，将获得的收益用于廉租房用途补贴，使廉租房这个公共事业得到更好的发展，当基金大到一定程度时就可以实现廉租房补贴的自身循环，而减少政府的补贴开支，使政府的资金用到社会发展更需要资金的地方去，也值得研究和探讨。

不难看出，房产融资租赁和房产租赁营业信托在房产租赁市场上的应用离不开专业的房屋租赁市场服务机构。

发展房产租赁市场需扶持和发展专业的房屋租赁市场服务机构。

综前所述，上面所列两个方面具体方案建议，主要立足于现有资源的有效利用和采用政策及法律通过利益机制引导市场发展，这是房地产市场长久发展的必要手段和必要保障，同时也是解决城市中低收入人群居住问题的长久策略。

结束语

城市中低收入人群居住问题的解决，只是社会发展诸多问题中的一个方面，必须结合社会发展的总趋势寻求解决方案，任何与社会发展总趋势不相吻合的方案都难以具备实施的可行性。

笔者结合民主与法制的进步，改革开放与市场经济建设的发展，提出上述粗浅的建议性方案，只能论证解决方向及定性分析，局限于现有形势和政策背景，尚不具备定量分析和进行数据论证的客观条件，但笔者坚信方案中所描述的现象随着市场经济的发展和上层建筑领域的改革必将出现，也必将被社会的发展所证实和检验。

谨以此文所表达的不尽缜密的民间思考，愿“为未来政府政策的制定提供学术思考”能尽匹夫之责。

[1]《房产交易法律要点解析》第 17 页，中国建筑工业出版社，2006-1

[2] 《房产交易法律要点解析》第 19 页，中国建筑工业出版社，2006-1

[3] 《房产交易法律要点解析》第 60 页，中国建筑工业出版社，2006-1

[4] 《房产交易法律要点解析》第 71 页，中国建筑工业出版社，2006-1

律师建议:就业促进法应强力干预加班加点愈演愈烈的社会现象

促进就业是全社会的责任，社会、政府、公民都有这份繁荣社会的责任，具体落实取得成效仍有赖于用人单位的积极主动，在保障用人单位依法享有自主用人的权利的前提下，应当加大用人单位依法用工促进就业所承担的义务，建议就业促进法增加企业在扩大就业方面的义务规定，理由如下：

一、　在社会竞争日益激烈的情况下，对劳动力市场的不正当竞争应当予以必要的限制，许多人在就业压力下不得不放弃劳动者应享有的权利，加班加点努力工作为保住职位而努力，对于雇主来说劳动者自愿放弃的权利，当然不成为雇主的义务，社会从宏观上应给予必要的干预，因为加班加点工作的人多了，势必相对减少就业岗位可增加的绝对数量，影响生产发展促进就业的社会发展功能。

加班加点愈演愈烈客观上形成一种恶性循环，加班加点越多使得就业岗位客观减少，激化劳动力市场的供需矛盾，劳动力市场的供需矛盾越突出，就业岗位的取得越不容易，已就业者在加班加点等方面的合法权利就被追放弃的越多，这种矛盾和恶性循环仅靠单纯的劳动关系和合同关系难以解决，必须引入必要的社会干预，才能有效遏制这种恶性循环，因此，在就业促进法这部社会功能法中做出限制加班加点的规定非常必要。

除对加班加点等劳动负荷增加除了劳动法规定的加倍薪酬外，对加班收入应当额外增加税收以抑制加班加点等劳动力市场的不正当竞争，企业职工教育经费的提取还应对企业内的加班加点现象加倍提取。

二、　减员增效是前一阶段所提出的提高劳动生产率的口号，已经成为一些企业随意减少就业岗位的借口，应明确这种减轻企业负担而将负担转嫁社会的思潮为非法，在促进就业法中建议明文予以禁止，即企业不得以减员增效为理由减少工作岗位和裁员。

三、　在法律责任一章中增加对用人单位行政责任、刑事责任的规定，如：用人单位为完成工作致职工长期加班加点而不增加劳动岗位分散劳动负荷的，应承担应付加班工资的一倍至五倍的罚款，致使劳动者长期超负荷工作造成病残伤亡者（如过劳死），除应对劳动者承担民事责任外，还要追究直接责任人及用人单位负责人的刑事责任。

四、　用人单位对劳动负荷分担的合理性以及加班加点的合理合法性负有证明义务。

以上意见和建议，不够成熟，望草案在修改时予以充分考虑。

建议人：北京市中济律师事务所律师 吴元明

2007年3月26日

房屋租赁管理的相关行政立法可否休矣

3月24日新京报以《为避免与<物权法>冲突，北京“民宅禁商”被删除》为题报道了《北京市房屋租赁管理办法》的立法最新进程，并称“北京市政府法制办公布了今年的立法计划，房屋租赁管理办法今年将出台”。

提到《北京市房屋租赁管理办法》真是一波三折，从2004年孕育到2007年仍未出世，真是生不逢时。

回忆以下该《北京市房屋租赁管理办法》早一点的报道，2006年12月5日的法制日报在标题中就称“北京房屋租赁管理办法公示结束，部分可能拿掉”

根据再早一点的2005年4月10日报道，“从2004年3月1日开始，北京市政府法制办在其官方网站和首都之窗网站就《北京市房屋租赁管理办法（草案）》公开征求市民意见，在随后收到的总共246条意见中，除部分对该草案表示支持外，绝大多数的市民持反对态度”，“因246条市民意见中大多数持反对态度，该规章推迟出台，列入2005年立法调研项目”报道还称“这意味着一部本可以在2004年出台的政府规章暂时搁浅，等待调研结论，市政府法制办主任周继东称，该规章最早要到2006年才能启动立法”。

2006年的11月份，《北京市房屋租赁管理办法》的立法又重新启动，根据前述法制日报的报道，这一次收到比246条还多的588条网民意见，结论是“制定罚则会听取民意”、“部分条款可能拿掉”、“还要对办法进行修改，后经政府常委会通过实施”，然而最新的进展是3月24日新京报所报道的“民宅禁商被删除”，理由是“为避免与《物权法》冲突”。

如果从避免法律冲突的角度出发，仅删去“民宅禁商”则是远远不够的，笔者认为，该管理办法作为行政立法有无必要才是核心问题，明确其行政立法的目的，论证其行政立法的必要性，这才是调研的主题，笔者认为如果真从避免法律冲突角度出发，让这个行政规章胎死腹中更有必要，主要理由如下：

一、　2007年3月16日，全国人民代表大会以压倒多数通过了《中华人民共和国物权法》，这部法律历经七次审议才得以通过，并将于2007年10月1日起实施，根据物权基本原理，政府无权也无必要对房屋租赁进行行政管理和行政干预。

2007年3月23日下午中共中央政治局进行第四十次集体学习，这次集体学习的内容是关于制定和实施物权法的若干问题，胡锦涛主席在主持学习时发表了讲话，要求“各级党委和政府要从坚持依法治国基本方略的高度，充分认识制定和实施物权法的重大意义，认真实施好物权法。”因此，北京市政府所起草的《北京市房屋租赁管理办法（草案)》还是“逢时不生”为宜。

二、　2007年3月7日新华社北京电“经国务院同意，国务院办公厅近日向各省、自治区、直辖市人民政府、国务院各部委、各直属机构下发《关于开展行政法规，规章清理工作的通知》，要求对现行行政法规规章进行一次全国清理。《通知》明确，清理的范围是现行行政法规，国务院各部门制定的现行规章以及省、自治区、直辖市和较大的市的人民政府制定的现行规章。从该通知来看，各地对房屋租赁的管理规章也属清理的对象，北京市政府在此时出台新的管理办法显属不合时宜。

三、 从制定房屋租赁管理办法的上位法依据来看，就是一九九四年颁布的《中华人民共和国房地产管理法》，这部法律有着明显的计划经济烙印，与已被废止的《中华人民共和国经济合同法》有着同样的产生背景，根据该法第四章第四节第五十三条的规定，房屋租赁应并向房产管理部门登记备案。再者就是一九九五年建设部发布的《城市房屋租赁管理办法》，该部颁规章和房地产管理法对房屋租赁的规定，客观上实施了行政管理部门的行政许可和干预，其中规定了禁止出租的情形，又规定了对允许出租的房产实施以登记、备案、颁发《房屋租赁证》等内容的行政许可，并规定"《房产租赁证》是租赁行为合法有效的凭证"，设定了"违反本办法可处以罚款"的行政责任，并且还规定了情节严重构成犯罪的由司法机关依法追究刑事责任的严历责任。

笔者在 2006 年 1 月出版的《房产交易法律要点解析》一书中就有理有据的指出，"从这些管理规定来看，对房产租赁的市场的管理近似于管制，客观上加重了管理机关的责任使其难以胜任，又剥夺了房产租赁市场的自由度，变相侵犯了房产所有人对其财产支配和“排除干涉”的法定物权，更重要的是直接阻碍了房产尽其效用功能的发挥，实属难以实行、实行困难、实行有害的“恶法”，应尽快予以革除。任其存在虽然客观上成为摆设，并不能说明行政机关的“开明”，相反损害了法律的威严，也不能使守法之公民公开地参与房产租赁活动，直接阻碍了房产租赁市场的依法健康的发展。”

“从目前来看，房产租赁的行政管制已被突破，行政管理机关也没有能力对广泛存在的房产租赁进行管制，这些管理规定充其量只能是行政罚款创收的一种工具，除此之外只是摆设而已”。（见《房产交易法律要点解析》一书第 74 页）

从国家尔后颁布的《行政许可法》以及国务院《全国推进依法行政实施纲要》的规定来看，建设部《城市房屋租赁管理办法》显属过时应清理的部门规章，而《北京市房屋租赁管理办法》在即将丢失上位法支撑的情况下出台，重弹部门规章中近十二年都难以落实的房屋租赁“登记备案”制度老调，实属食古不化。

四、 从房屋租赁的经济活动本质来看，属于民法中债权法调整的合同之债，根据一九九九年十月实施的《中华人民共和国合同法》所确定的合同自由原则、所树立的鼓励交易、保护交易的市场经济观念，1995 年《城市房地产管理法》中关于房屋租赁的规定显然已被效力更高的《中华人民共和国合同法》中的相关规定所取代，根据物权法和即将立法的《不动产登记法》所确定的登记公示原理，《城市房地产管理法》在不远的将来，也将面临历史使命的完成而寿终正寝，在此时再以房屋租赁的登记备案为核心内容的所谓“房屋租赁管理办法”，实属物权官定乃至《经济合同法》债权官定观念的复辟，注定其逢时不生和即便出生必将短命的命运，与其再花一些立法成本，不如将人力财力用到更需要立法的其它方面上去，以避免立法资源的浪费。

综上所述，笔者认为，北京市房屋租赁管理办法这个行政规章的相关立法可以休矣，不仅是这个规章可以休矣，包括建设部颁布的《城市房屋租赁管理办法》也属在清理中应废止之列，甚至各地方政府根据建设部规章所制定的房屋租赁管理规章也应随着物权法的实施进入历史垃圾箱。

一家之言，不足为凭。仅供坚持多年不折不挠地推动《北京市房屋租赁管理办法》“后经政府常委会通过实施”的相关部门参考，望其从人民利益出发，从打造有限政府的时代要求出发，及早果断地做出放弃决定。

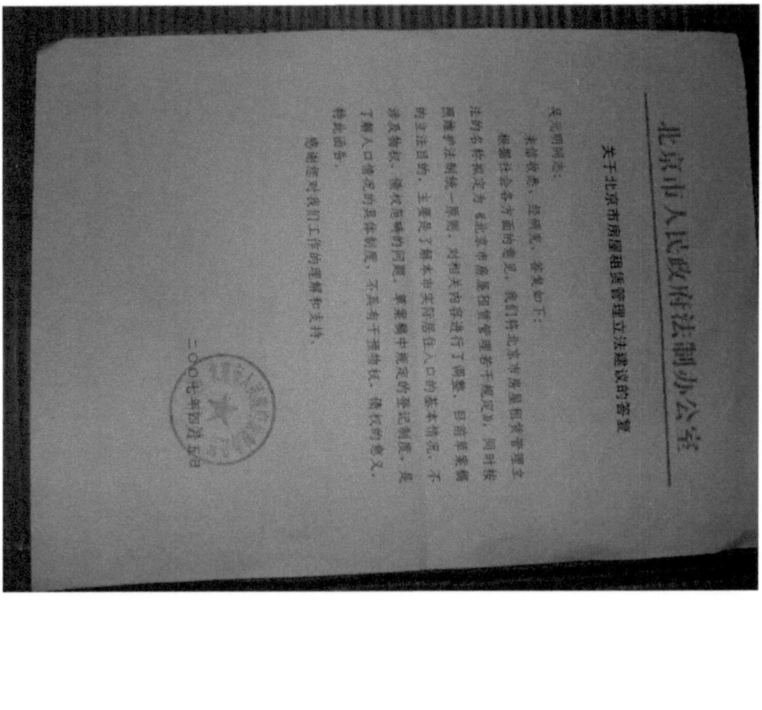

北京市人民政府法制办公室

关于北京市房屋租赁管理立法建议的答复

吴元明同志：

来信收悉，经研究，答复如下：

根据社会各方面的意见，我们将北京市房屋租赁管理立法的名称拟定为《北京市房屋租赁管理若干规定》，同时按照维护法制统一原则，对相关内容进行了调整。目前草案稿的立法目的，主要是了解本市实际居住人口的基本情况，不涉及物权、债权范畴的问题。草案稿中规定的登记制度，是了解人口情况的具体制度，不具有干预物权、债权的意义。特此函告。

感谢您对我们工作的理解和支持。

二〇〇七年四月五日

林权改革与法制建设

北京市中济律师事务所　吴元明

摘要

- 我国林业在新世纪即将全面进入长期稳定的依法治理轨道
- 在十七大报告中二十六处强调“依法”，是党的历次报告中鲜见的
- 不仅是林权人的权利义务，也是对人类承担的道德义务，更是光荣的使命
- 物权法所树立的“充分发挥物的效用”是对人们重视物的“所有”关系而忽视“使用”关系的“阶级斗争”观念的有力纠正
- 赋予农民个体或家庭对经营的集体土地经营承包的法定用益物权，是一个自改革开放以来最重大的制度创新成果之一
- 成功地实现了建设社会主义市场经济理论上的跨越，突破了所有制及阶级斗争理论的桎梏
- 物权法确定了农民对集体土地的承包经营权，并在分类上归入具有排他功能的物权范畴，就是从法律上赋予农民个体和家庭对集体土地的当家作主的权利，是实实在在的农民自主即民主
- 市场经济的根本在于法制，健全的法制不仅存在于纸面和书本上，而且植根于最广大民众的内心，落实于政府的各项政策措施中，有

着信念和体制制度的保障，使每个社会成员对其充满信心

- 赋予用益物权人依法对所有权人“对用益物权的非法干涉”的排除权
- 实现林权即林地承包用益物权的社会属性与自然属性的有效统一是林业物权法治化的重要任务。
- 包括林地产出的直接收益如何不被层层扒皮，以及社会补偿林业的投入如何不被层层截流分肥
- 从满街标语口号到满街产品广告是不是就可以认为完成了从计划经济向市场经济的转变呢？
- 用益物权的交易在中国内地来说，属于在经历了几千年的自然经济和几十年的高度集中的计划经济后，在改革开放近三十年后才面对的新问题，不仅缺乏社会实践的历史积累，在理论上也将面临许多困惑和挑战。
- 健全土地承包经营权流转市场也是我国土地等自然资源利用进行市场化改革这最重要一环的重要组成
- “地价”这一概念并不是买卖价款而是使用权转让的补偿

- 将农村土地承包经营权信托流转方式纳入法制轨道
- 没有《物权法》依法确定的农村土地承包经营权的用益物权地位，就不可能有农村土地承包经营权的法定信托
- “要把尊重人民首创精神与加强党的领导结合起来”
- 各地都想创造良好的投资环境，这个环境最重要的方面是法律秩序环境，包含不动产统一登记的地方性法规立法，因为直接影响和第一

影响投资者信心的就是法律秩序环境。

- 如何将林权改革与包括林权登记在内的不动产统一登记结合进行
- 登记既是物权设定的条件，又是物权有秩序移转的基础，物权法的一些基本规则必须通过登记制度才能发挥其应有的效用。
- 启动不动产统一登记的地方法规立法理应成为林权改革工作的重要组成
- 表现为国家意志的权利义务关系就是法律关系
- 林权改革就是林业法制建设，林业法制建设就是最大的国家不动产法制制度建设。
- 不谋万世者，不足谋一时，不谋全局者，不足谋一域。在实现国家法制建设中，在社会主义市场经济建设中，实现林业发展的长期稳定。
- 使更多的社会主体如公司、境外人也可以成为林地承包经营权的用益物权主体，而不再仅是农民。
- 使林权改革的综合社会效益扩大到让每块林地的生态都有一个法定的守护者
- 在不动产统一登记的地方立法方面要对信托的规定有所突破，使农林产品生产规模化市场化方面有可能摆脱土地承包经营权的体制性束缚，同时给用益物权人提高实际收益创造良好的体制。
- 深层次涉及到林业行政体制的改革，也应当在依法行政方面的有法可依、有法必依方面下一番功夫
- 六十年前进行的土地改革，使中国农民都得到了土地证，然而没有

十年，这些土地证随着集体化运动变成了一张废纸

- 林权证能否不重蹈历史的覆辙，关键要看国家法制能否健全
- 林权改革及成果的巩固有赖于国家法制体系的健全和稳固，否则就是独目网捕鸟，只不过是另一场过眼烟云而已。
- 通过林权改革赋予农民林地的土地承包经营权是一方面，而通过林权改革赋予农民法制意识和依法维权的意识更重要
- 山川秀美、生态改善不仅是林业人而且是包括笔者在内的全人类的共同理想和愿望。

前言

以中共中央国务院关于加快林业发展的决定为起点，从各地的集体林权改革试点到全面铺开，从集体林权改革的全面推行到国有林权改革的试点，以及中华人民共和国物权法的颁布实施，这些都标志着我国林业在新世纪即将全面进入长期稳定的依法治理轨道。将彻底结束上个世纪“以钢为纲，森林砍光”、“以粮为纲，毁林开荒”、“阶级斗争为纲，草木不长”的长时间多变不稳的局面。

建国以来，我国的政策长期处于多变不稳的政治风雨之中，从中华人民共和国第一部法律《土地改革法》的实际失效开始，大跃进、人民公社、文化大革命，使包括林业在内的各行各业的正常发展都受到了极大的制约和破坏，尤其以林业为主的生态环境所遭受的破坏是史无前例的，以农村土地承包制为始的改革开放以来，虽然在经济发展上取得了不菲的成就，但经验和教训也是深刻的，尤其是生态环境破坏所付出的

代　　价　　是　　巨　　大　　的　　。

中華人民共和國土地改革法

（一九五〇年六月二十八日中央人民政府委員會第八次會議通過同月三十日中央人民政府公佈施行）

第一章　總則

第一條　廢除地主階級封建剝削的土地所有制，實行農民的土地所有制，藉以解放農村生產力，發展農業生產，爲新中國的工業化開闢道路。

第二章　土地的沒收和徵收

第二條　沒收地主的土地、耕畜、農具、多餘的糧食及其在農村中多餘的房屋。但地主的其他財產不予沒收。

第三條　徵收祠堂、廟宇、寺院、教堂、學校和團體在農村中的土地及其他公地。但對依靠上述土地收入以爲維持費用的學校、孤兒院、養老院、醫院等事業，應由當地人民政府另定解決經費的妥善辦法。

清真寺所有的土地，在當地回民同意下，得酌予保留。

第四條　保護工商業，不得侵犯。

地主兼營的工商業及其直接用於經營工商業的土地和財產，不得沒收。不得因沒收封

党的十七次代表大会总结了改革开放以来的经验教训，坚定了依法治国的决心和信心，在十七大报告中二十六处强调“依法”，是党的历次报告中鲜见的，包括林业在内的各行各业，将迎来亘古未见的大好发展机遇。

党的十七大报告在推进社会主义新农村建设一节中就具体指出“深化农村综合改革，推进农村金融体制改革和创新，改革集体林权制度，坚持农村基本经营制度，稳定和完善土地承包关系，按照依法自愿有偿原则，健全土地承包经营权流转市场”等措施，其目的在于“发挥亿万农民建设新农村的主体作用”；在这里要特别注意“主体”这个词，在法律意义上有别于“集体”的概念，特别是在法律关系中尤其是在物权法律关系中，“主体”是一个重要的法律概念，在以后的讨论中会详细

谈到。

该段报告内容用科学发展观肯定了集体林权制度改革是深化农村综合改革的重要举措，这个措施的目标是“按照依法自愿有偿原则健全土地承包经营权流转市场”，为正在全面进行的集体林权制度改革指明了方向，确立了途径，同时也为国有林区改革以及林业国企的改革提供了借鉴。

林权改革是我国社会主义市场经济建设中一个重要的方面，在理顺市场经济条件下的物权关系中起着重要的基础作用和先导作用，事关林业的长期发展和全人类生态环境的改善，包括偿还对生态环境的历史欠账，是一项长期而艰巨的任务。从十七大报告提出的“按照依法自愿有偿原则，健全土地承包经营权流转市场”的市场建设、法制建设任务来看，也不是短短几年可完成的艰巨任务。

2007 年 7 月 3 日《第一财经日报》在采访福建省林业厅后报道“集体林权制度改革今年有望在全国推开，2010 年完成”，显然是一种误解，集体林权制度改革绝对不是“一分了之”的简单分配关系。如果说将确定经营主体这一阶段性成果的完成看作是集体林权制度改革完成的话，2010 年前则有可能完成甚至提前完成。而确定经营主体后依法确定主体之间的物权权利义务关系，以及规范主体之间的物权流转关系的“健全土地承包经营权流转市场”的改革，仍是林权改革走向深入的任务，则需要长期的艰苦细致的探索和努力。

贾治邦局长在撰写的文章中就拓展林业生态、经济、文化三大功能；构建现代林业生态、产业、文化三大体系的具体措施时，高瞻远瞩地指出了五个坚持。第一个坚持就是坚持生态建设为主，兼顾产业建设和文化建设。以林地为主的生态环境关系全国人民乃至全人类的生存环境，保护以森林为主的生态环境不遭破坏并趋于完善，不仅是林权人的权利义务，也是对人类承担的道德义务，更是光荣的使命。

第二个坚持就是坚持兴林富民，增强林业发展的活力，并指出了广大林农和林业经营者是发展林业的主体，与十七大报告“发挥亿万农民建设新农村的主体作用”相一致，就是以市场条件下的利益引导机制调动市场主体积极性来实现林业持续、健康快速发展。

第三个坚持就是坚持科教兴林，转变增长方式，科技是第一生产力，坚持科教兴林就是充分发挥利用亿万人民的智力成果来谋求林业发展。

第四个坚持就是坚持深化林业改革，发挥体制机制的不断创新以有利于生产力的解放和发展，直接涉及林业生产发展中各个主体及各类主体之间的关系以及相应的协调机制和管理体制。

贾局长在文章中将最终措施落在了坚持依法治林积极推进现代林业法治进程上来，中肯地指出随着物权法实施和林权改革经营主体的确定，一系列原有的权利义务关系也需要进行调整，明确提出了“使林业经营活动都纳入法治轨道”并“建立健全与国际惯例相适应的法律框架”等具体的目标。

发展林业的现实意义以及长远意义，贾局长的文章已有深入的阐述。本文结合我国改革开放以来国家已将取得的改革开放成果以法律形式固定下来的一系列法制理念，来探讨林业物权关系的理顺与市场经济法制建设的实际意义，探讨如何深化林业体制改革的法治途径。愿与广大林业工作者一同探讨如何实现贾局长提出的“积极推进现代林业法治进程”这一光荣任务。

一、 用益物权是改革开放的重大创新成果

早在一千多年前的唐代，柳宗元就揭示出人类生活的一个重要客观规律，即“人假它物而生存”，用现代观念来说就是，最基本的人权离不开最广泛的物权。物权关系是人类社会最基本的社会关系。

人类生活中的消费活动需要消费品这个物，生产消费品需要生产资料这类物，生产资料的占有决定了生产资料产出物的归属，换言之就是我的鸡下蛋应当归我，这是基本物权关系确立的基本原则。

物为人之所用，物的价值首先是使用价值，其次才是交换价值，为了物的使用最大化，人类发明了市场，在市场上人们用自己不用之物换需用之物，甚至产生了专门用于交换之物——货币，交换的前提是对持有的交换物享有所有权或处分权。否则交换就没有秩序而言。

物的所有权实质上是物的优先使用权，物的所有权人的支配地位决定物的使用形态，所有权的价值体现在对所有物使用的支配，组成物的所有权中的四项基本权能中，只有使用权能对人最有价值，而其它占有、收益、处分三项权能却是围绕物的使用或优先使用或排他使用而展开的。物权法所树立的“充分发挥物的效用”是对人们重视物的“所有”关系而忽视“使用”关系的“阶级斗争”观念的有力纠正。是科学发展观在物权法律关系上的科学体现。

近代物权理论认为，物的有效利用符合人类的最大利益，利用权重于所有权能够有效防止所有权绝对化所带来的浪费和低效，更有利于发挥人的主观能动性。因此市场发生了质的变化，由物的单纯买卖关系变换出租赁、融资租赁、抵押、信托、代理等种种现代市场交易方式，应这些交易方式的变化，物的所有权也产生了分解和组合，物的所有权的占有、使用、收益、处分四项基本权能可以分解组合成新的物权方式，以适应各种现代市场交易方式，服务于各种经济目的。

建国后，我国关于土地的物权法律关系发生了几次大的变动。首先是土地改革，实现了土地的广大农民所有，主要体现在土地改革法和1954 年宪法；没过几年，大跃进、人民公社运动又使农民土地的绝大多数变成为集体所有，而且还是“三级所有、队为基础”，体现在 1975 年宪法的条文中；始于七十年代末并在广大农村广泛采用的承包制，从小岗村开始实现了农民对集体土地承包经营的主体地位。随着思想解放和改革深化，集体所有制的先天缺陷日益突出，集体土地处分权和承包经营权流转的矛盾成为市场经济建设中的焦点和难点，为解决这些问题，2002 年国家颁布了农村土地承包法，从法律上确定和规范了农村土地承包后所有权与经营权的冲突。但是这部法律仍未突破认识上的桎梏，无法解决现代市场条件下农业投入不足的根本问题，这部法律颁布后，争论仍很激烈，尤其在农产品市场与国际接轨问题上以及农村劳动力转移问题上无法适应现实和发展的需要。关于三农问题的争论以及土地物权关系的农民权利问题日益突出，直接影响到社会可持续发展的全局。

物权法经过多年孕育终于出台，赋予农民个体或家庭对经营的集体土地经营承包的法定用益物权，是一个自改革开放以来最重大的制度创新成果之一。这个成果成功避开了历史遗留的所有制争论以及历史旧账的纠缠，着眼于发展，着眼于未来，是邓小平“发展才是硬道理”理论的具体体现，并与国际现代物权理论中所倡导物的利用重于物的所有的理论相一致，成功地实现了建设社会主义市场经济理论上的跨越，突破了所有制及阶级斗争理论的桎梏，必将在我国社会主义市场经济建设中和新农村的建设中发挥重要的基础作用和先导作用。

集体林权改革就是将在耕地上已经实施多年卓有成效的经验普及到林地上来，确定农民对集体山林和林地经营权的主体地位，是实施物权法的需要，也是落实社会主义民主的需要，更是发展现代林业的需要。集体林权改革在全国的推行就是使九亿农民不仅在耕地上而且在林地上当家作主行使法定权利，是最广泛的最基本的民主。民主不仅是口号，物权法确定了农民对集体土地的承包经营权，并在分类上归入具有排他功能的物权范畴，就是从法律上赋予农民个体和家庭对集体土地的当家作主的权利，是实实在在的农民自主即民主，是具有国家意志保护的法制条件下的民主，与几千年来的封建社会“为民做主”形成鲜明对比，是现代民主的最好法律体现，是社会主义新农村建设的制度保障。

林权改革覆盖的范围之广在中华民族的进步史上必将留下重要一笔，其历史地位和历史功能将不可磨灭，在人类进步史上的地位也将日益显著。

在未来屈指可数的若干年内，民主化将成为中国经济体制改革中最突出的新动向。经济领域内的法制化将成为这种民主化的具体体现。

市场经济的根本在于法制，健全的法制不仅存在于纸面和书本上，而且植根于最广大民众的内心，落实于政府的各项政策措施中，有着信念和体制制度的保障，使每个社会成员对其充满信心。

法制作为市场经济条件下的社会全民契约，是中国经济体制改革民主化的成果体现；是人们从追求理想的平等转向追求发展成果分享的平等，进而转向追求发展机会的平等中，逐渐认识和不得不利用的工具。法制的建设过程就是民主化的进程。经济体制改革的发展以及所带来的政治体制的变革都将集中体现在法制建设的进程之中。

“人是国家及社会制度的中心，人不是为国家和社会制度而生存，而相反国家及社会制度是为人的更好生存而存在，不论立法、司法、行政管理或道德等其他一切社会规范，都是为维护人的基本权利和人的尊严而存在的工具”[1]。

以人为本是科学发展观的核心，确定农民对集体山林和林地经营权的主体地位，不仅是一个经济问题，更是一个关系社会和谐稳定、基本人权保护、发展成果分享的政治问题，是可持续发展战略的有效组成。

二、 土地承包经营权的物权意义

物权法分为五编，分别为总则、所有权、用益物权、担保物权、占有。其中在用益物权一编中分为五章，除一般原则外，用益物权的种类划分为土地承包经营权，建设用地使用权，宅基地使用权和地役权四类。

在这四类用益物权中除建设用地使用权与集体所有的土地关系不够直接需用其它法律调整外，土地承包经营权、宅基地使用权和地役权均属直接规范林权改革后的农村不动产物权关系的法律规定。

土地承包经营权是广大农民广泛享有的一种基本权利，在法律上是属于债权法调整范畴还是属于物权法调整范畴，就应当从物权与债权的区别谈起：物权与债权最重要的区别在于对权利人承担义务的主体不同，物权的对世性决定对物权权利人承担义务的主体不特定，而债权的对人性决定对债权权利人承担义务的主体只是也只能是特定的债务人，物权权利人可以要求任何人尊重自己的物权，而债权权利人却只能要求债务人履行债务，而不能向债务人以外的任何人主张债权。

具体到土地承包经营权来说，如果作为物权，不仅发包人、其它承包人以及同一所有权主体内的集体其它成员应当尊重用益物权人的权利，就连同一所有权主体外的社会的其他成员、其他组织都依法应当尊重这种权利，损害这种权利则应对权利主体即用益物权人直接承担相应的法律责任；但是如果作为债权对待则显然不同，承包合同的相对方是发包人，只有发包人对这种债权承担履行债务的义务，显而易见，仅有发包人承担尊重土地承包经营权的法定义务是远远不够的，无法保护农村土地承包关系的长期稳定。

从承包合同来说，一般属于发包人和承包人之间的内部关系，不具有公示性，不足以对抗不知情的第三人。在物权法和农村土地承包法颁布实施之前，集体是土地的所有权人，因权益被侵犯，有法律保护请求权的依法仍是所有权人，承包合同不具有公示性，承包人只有通过发包人或以发包人所有权人的名义主张权利，使得土地承包经营权的法律保护障碍重重，致使国家保护土地的政策效果也因此大大减损。

物权法的颁布实施从物权法定的意义上明确了农村土地承包经营权的法定物权地位，也就是确定了农民对其特定的承包经营土地的主体地位，权利人自此从法律上享有对任何侵权行为直接追究责任的用益物权，而不必再通过发包人或以发包人名义行使权利。物权法第 118 条规定“国家所有或者国家所有集体使用以及法律规定属于集体所有的自然资源，单位、个人依法可以占有、使用、收益”，明确了用益物权的法定地位，同时第 120 条规定“用益物权人行使权利，应当遵守法律有关保护和合理开发利用资源的规定，所有权人不得干涉用益物权人行使权利”，这个规定超越了土地承包法的相关精神，赋予用益物权人依法对所有权人“对用益物权的非法干涉”的排除权。正如前文所述，体现了国际现代物权理论利用重于所有的先进理念，与党和国家增加农民财产性收入的精神相一致，赋予农民对农村土地法定用益物权就是赋予农民依法对“特定的物享有直接支配和排他的权利”，是发展现代民主法制的重大进步。

正在进行的林权制度改革，就是落实这种已经上升为法律的党的惠民政策，是发展社会主义民主的重要举措，是发展现代林业的基础性工作。物权法的颁布赋予林权证以新的法律意义，这种意义简言之就是林权证持证人所持林权证已经不再单单是林木所有权的证明，而是林木所占土地的土地用益物权人，而无论这块土地的所有权人是集体还是国家，持有人依法对其享有直接支配和排他的权利，包括不受所有权人非法干涉的权利，林权证持证人不再是所有权人的佃户，而是享有法律主体地位的“物权”权利人，当然这些都是建立在“应当遵守法律有关保护和合同开发利用资源规定”的法定义务基础之上的权利。

持证人作为林地的土地承包经营权的用益物权权利人享有自物权法实施之日起三十年到七十年的占有、使用、收益的权利，并包含合法流转的法律处分权利，在权利到期后享有法定的继续承包的权利，只要是“依法合理开发利用”，这种权利就是自由的、不受干涉的。

具体这种权利的自然属性，这种合理开发利用包含了对林地土地的有效利用的各个方面，包括这块土地上动植物微生物资源的合理利用，水、土、光、空气的合理利用等，也包括许可他人利用或对他人有益产生的直接间接收益权等方面。总而言之已不仅仅是林地生产产出物林木一项经济效益的收益权了。

随着市场经济建设的深入和完善，这种用益物权的经济价值尤其是使用价值在市场上体现出的交换价值将使林地对人类的价值日益突显，例如京都议定书所列的减排碳汇市场，就使林木在生长中对全球气候的变化所作的贡献在不久的将来变成林地用益物权人的真金白银的现实收益，这种收益权随着科技的进步、市场的完善必将更进一步改变森林只是木材的传统落后观念，收益价值的提高客观上也提高了林地用益物权人的社会地位。

实现林权即林地承包用益物权的社会属性与自然属性的有效统一是林业物权法治化的重要任务。其中包括通过碳汇市场、水土保持市场使林权人保持林地对周围地区居民乃至全人类生存的生态平衡所做的贡献通过合法的收益渠道变成为林权人实实在在的收益，而不是无法补偿成本支出的负担和道义责任，不仅符合林权人的利益，而且符合全人类的利益。这是现代林业法治化市场化必须要解决的问题，否则就难以解决现代林业长期健康发展的基础性问题。

具体到中国的实际，林业物权法制化的重要任务还有一方面就是研究市场化条件下林地用益物权人收益权的实现如何从林地的产出直接收益为主逐渐转变为全社会补偿林业的投入为主，包括林地产出的直接收益如何不被层层扒皮，以及社会补偿林业的投入如何不被层层截流分肥，不容忽视、难以回避和不得不面对的现实，就是建国以来国家对林业的投入落地率和利用率之低。

这些都是林权改革走向深入必须认真研究和对待的系统性问题。也不仅是一部物权法颁布实施就可以迎刃而解的问题。

三、 健全土地承包经营权流转市场

党的十七大报告在促进国民经济又好又快发展的措施中，开篇就中肯地指出："实现未来经济目标，关键要在加快转变经济发展方式，完善社会主义市场经济体制方面取得重大进展"，"要深化对社会主义市场经济规律的认识，从制度上更好发挥市场在资源配置中的基础作用。"

改革开放的三十年，就是从高度集中的计划经济向市场经济过渡的三十年，从满街标语口号到满街产品广告是不是就可以认为完成了从计划经济向市场经济的转变呢？显然不是。市场经济有市场经济的科学规律，虽然我国的市场经济建设取得了长足的进步，但深层次的体制问题尚待解决，十七大提出的"在完善社会主义市场经济体制方面取得重大进展"是一项坚持改革开放的攻坚任务，这个攻坚任务中其中一个重要的方面就是“健全土地承包经营权流转市场”，实现这个重要方面以完成这个攻坚任务同样离不开“要深化对社会主义市场经济规律的认识，从制度上更好发挥市场在资源配置中的作用”。

林权改革的主体改革就是落实林地或宜林荒山荒地用益物权的主体，也就是物权法意义上的土地承包经营权的市场主体，赋予广大农民不仅在耕地上而且包括林地的土地承包经营权这个物权，在产权明晰后“放活经营权，落实处置权和确保收益权”[2]都属于“健全土地承包经营权流转市场”的具体工作。

市场是交易活动的总称，物权法的颁布实施使土地承包经营权作为用益物权在法律上确定了可以作为交易对象的社会属性，但确定安全便捷交易方式的法律框架仍是面临的新问题，用益物权的交易在中国内地来说，属于在经历了几千年的自然经济和几十年的高度集中的计划经济后，在改革开放近三十年后才面对的新问题，不仅缺乏社会实践的历史积累，在理论上也将面临许多困惑和挑战。

物权法规定的四种用益物权是土地承包经营权，建设用地使用权，宅基地使用权和地役权，均属不动产物权。从市场化程度来看，建设用地使用权从上世纪八十年代以房改作为起点，市场化方面已有近二十年的实践经验积累，带来房地产市场的空前繁荣，虽然有许多问题尚待解决，但已经取得了较大的进步；农村土地承包经营权在耕地方面的改革虽然开始得最早，但在林地和其他方面的改革则较迟，整体的市场化程度尚处于起步阶段；宅基地使用权的市场化改革尚未开始；地役权则属前三种用益物权和所有权的附属物权，不能独立存在，属于解决不动产物权市场化过程中必须同时考虑的一种能使不动产提高利用效率的附属用益物权。

从国家的整个土地市场来看，农村土地承包经营权无论从涉及人口、地域分布均占绝对比例，林地在土地承包经营权中的比例也占绝对多数，可以断言，这次落实经营主体的林权改革是我国土地等自然资源利用进行市场化改革的最重要一环，其意义如前节所述，在中华民族的进步史上必将留下重要一笔。

因此，健全土地承包经营权流转市场也是我国土地等自然资源利用进行市场化改革这最重要一环的重要组成，十七大报告中着重强调了健全土地承包经营权流转市场的前提是“按照依法自愿有偿原则”，这个原则将贯穿土地承包经营权流转市场的各个方面。

依法是强调有法可依、有法必依，自愿是强调土地承包经营权人的意志自由，有偿是强调市场经济规律。健全土地承包经营权流转市场是“完善社会主义市场经济体制取得重大进展”的一项重要内容。

物权法作为依法定性物权的法律，一般来说不可能过多地干预交易行为，因此物权法中除对土地承包经营权中与所有权关系进行了具有历史意义的确定外，对其流转的规定仍引用土地承包法的相关规定，既有原则又不失灵活，因此土地承包经营权的流转仍优先适用土地承包法以及土地承包法所准用的《中华人民共和国合同法》的相关原则。

从交易行为来看，买卖在动产中是主要交易方式，但在不动产交易中，买卖受到的法律限制较多，《中华人民共和国合同法》分则首章就是买卖合同，买卖合同的内容是所有权有偿转移，使用权的转移严格说不属买卖关系，我国法律规定土地不允许买卖，房产的买卖限制也很多，88 年的宪法修正案明确规定“任何组织和个人不得侵占、买卖或者以其他形式非法转让土地，土地的使用权可以依照法律规定转让”，土地承包法也在第四条第二款规定“承包地不得买卖”，无论城市农村，“地价”这一概念并不是买卖价款而是使用权转让的补偿，这一点在不动产交易，尤其在用益物权的交易中必须引起足够重视。

土地承包法中规定了几种土地承包经营权流转方式，主要分为两个层次，家庭承包方式取得的土地承包经营权可以依法采用转包、出租、互换、转让或者其它方式流转，而通过招标拍卖、公开协商等方式取得的土地承包经营权可以依法采取转让、出租、入股、抵押或者其它方式流转，两种不同方式取得的土地承包经营权在转让出租方面的流转方式是相同的，而在转包、互换、入股、抵押方面的流转方式则有区别。

同时农村土地承包法在两种不同方式取得的土地承包经营权流转规定中都同时规定了“其它方式”，这个“其它方式”是什么呢？笔者认为只要符合依法、自愿、有偿原则的方式而不属转让、出租、互换、转包入股、抵押六大方式的都可以列入这个其它方式，例如：信托就应当视为应用前景极为广阔的“其它方式”，尤其适用于“土地承包经营权”这种用益物权的流转，将农村土地承包经营权信托流转方式纳入法制轨道进行完善和推广，有着深远的现实意义和历史意义，值得深入探讨和实践经验的总结。

应当看到自改革开放以来，随着农村农民进城长年打工的增多，土地承包经营权的信托实践在农村以不同的民事信托方式广泛出现，这些实践活动只是不以信托的名目出现，但却具备了信托的法律实质，将这些民间实践活动进行总结整理，再依照信托法给予引导和规范，那么土地承包经营权的信托将在我国的土地承包经营权流转市场上成为建设社会主义新农村有力的制度工具。

从理论上讲，没有《物权法》依法确定的农村土地承包经营权的用益物权地位，就不可能有农村土地承包经营权的法定信托，这也可能是农村土地承包法无法将信托列入流转方式的一个原因吧。

健全土地承包经营权流转市场是一个建设社会主义新农村的重大课题，是完善社会主义市场经济体制取得重大进展的重要一环，在这项攻坚任务中必须发挥十七大报告中指出的“亿万农民建设新农村的主体作用”　。

新年伊始，胡锦涛主席在《求是》杂志上的文章就总结出我国改革开放的宝贵经验之一，是“要把尊重人民首创精神与加强党的领导结合起来”。根据这个精神，土地承包经营制的产生是从小岗村开始的，是中国农民首创的，最终写入国家基本法律制度的物权法中，那么这个权利的流转也应当充分尊重这些权利主体的首创精神，各项立法工作、理论工作也应当尊重和研究这些主体的意志和实践经验。因此健全土地承包经营权流转市场的工作是一个长期的细致的法制进程。

四、 不动产登记制度的完善

2007 年 3 月 16 日《中华人民共和国物权法》终于颁布了，从 2004 年 3 月 10 日十届全国人大通过宪法修正案规定的“公民的合法的私有财产不受侵犯”“国家依照法律规定保护公民的私有财产权和继承权”，到三年后，物权法出台才使这个宪法规定有了实质性进展。物权法仅是实体法，实施实体法的程序法《不动产登记法》尚是只听楼梯响，难见人下来。

物权法中关于不动产登记尽管有了许多规定，但最重要的规定却是统一不动产登记和 246 条的：“法律行政法规对不动产统一登记的范围登记机构和登记办法作出规定前，地方性法规可以依照本法有关规定作出规定”。原列入十届全国人大立法规划的《不动产登记法》才算有了明确的延迟。

最基本的人权离不开最广泛的物权，不动产物权又是物权中的核心，不动产登记则是不动产物权的程序法，没有这个程序法，物权法则在某种意义上就是一纸空文。

物权法 246 条传达了几个信息，不能不让人注意：

（一）政治体制改革或行政体制改革可能使全国统一的不动产登记法无论以法律或行政法规的形式都难以出台，十届人大已临届满，此项立法任务虽然列入计划已不可能完成，只好授权地方先行。

（二）我国幅员辽阔，各地发展很不平衡，情况习惯差别较大，统一立法的难度非常大，即使勉强立了，实施的情况也会不尽人意。

（三）不动产登记法涉及每个国人的切身利益，市民的房、农民的地都涉及根本利益，影响面极大，在地方立法中积累经验是非常重要一步，难以逾越。

（四）第一次以法律的形式授权地方立法，说明中央有调动地方改革积极性的意图。

注意到以上信息，再注意到目前中国改革开放的形势，地方立法的主动性和积极性则来源于地方之间发展速度的竞争，以往的地方立法一贯是在上位法的基础上比葫芦画瓢，这一次则是给了较大的自由空间让其发挥。

然而从物权法立法过程中部门利益的角逐来看，地方立法并不单单是地方上的事，中央各部门不可避免要施加影响，地方各部门也可能会争权夺利，地方立法既需要理论上的支持，又涉及到更具体的如登记机构的组织，规章制度的健全，运作方式的确定，任务也同样非常艰巨。

2008 年 1 月 2 日，国土资源部在其官方网站上全文公布了《土地登记办法》，自 2008 年 2 月 1 日施行。早在 2007 年 7 月，建设部已完成了对原《城市房屋权属登记办法》的修订，并更名为《房屋登记办法》，相关管辖范围从城市房屋延伸到城乡所有房屋的登记发证，建设部全文公布了《房屋登记办法》草案并征求公众意见，目前《房屋登记办法》也即将面临颁行。再早的 2003 年底，农业部颁布《农地承包经营权证书管理办法》。这个办法的法律依据是《农村土地承包法》。更早些时国家林业局关于《林木和林地权属登记管理办法》于 2000 年 12 月 31 日公布实施，依据是森林法及实施条例。

上述四个部门的《办法》都属于部门规章，其法律效力都比较低。法律效力更高的物权法246条规定的关于不动产统一登记的地方性法规尚未看到出台的动向。

全国有地方立法权的除了三十一个省市自治区外，还有 27 个省会城市及 18 个国务院所批准的较大的市，从地域分布上说连北京在内有 76 个地方立法机构，分布于 49 个大中城市。

物权法在各地的实施有赖于各地的不动产统一登记地方立法，在各地方发展竞争的需求下，各地都会创造良好的投资环境，这个环境最重要的方面是法律秩序环境,包含不动产统一登记的地方性法规立法,因为直接影响和第一影响投资者信心的就是法律秩序环境。

房屋与土地不可分割，属于主要的不动产。但在中国，城市土地与房屋所有权登记却长期分离，业内称做“房地分离”。城市土地属于国家所有，该所有权不用登记，需要登记的只是国有土地使用权，该权力归于国土资源部门；但建筑其上的房屋，公民可享有所有权，该所有权登记归于建设部门。

同样，生长的林木与土地不可分割，也都属于最主要的不动产。土地属于集体所有，所有权需要登记，该权力归于国土资源部门，其上的林木农民可享有所有权，该所有权登记归于林业部门。林地属于农地承包经营权，也属集体农用地使用权，该权力是归于国土资源部门或农业部门尚是问题。也属林权改革在产权明晰后“放活经营权，落实处置权和确保收益权”所追切面临的现实问题。

2007 年 2 月 8 日国家林业局关于进一步加强和规范林权登记发证管理工作的通知中明确指出：“林权登记发证工作，是推进集体林权制度改革、解放和发展林业生产力的核心工作；是依法治林，加强森林资源保护管理的重要内容；是巩固林业生态建设成果的有力手段，也是构建和谐社会、建设社会主义新农村的基础保障。”当时物权法尚未颁布，不动产统一登记的立法条件尚不具备。

2007 年 3 月 16 日《中华人民共和国物权法》终于颁布并于 2007 年 10 月 1 日施行，2008 年林权改革这一场涵盖我国百分之七十国土的重大改革也将全面展开，如何将林权改革与包括林权登记在内的不动产统一登记结合进行，如何将林权改革与健全土地承包经营权流转市场结合进行，如何将林权改革与完善社会主义市场经济体制取得重大进展结合进行，如何将林权改革与社会主义民主法制建设结合进行等等，都是我国社会主义市场经济建设中不可回避的课题。这些课题都将涉及不动产统一登记的地方法规立法和其后的不动产统一登记行政法规乃至法律的立法准备。

任何物权的交易前提是交易双方享有物权，而交易的结果是物权发生移转。物权法首先确认了各种物权，从而确认了交易实现的前提。同时，物权法的一系列规则，如登记公示原则、公信原则、所有权用益权转移规则、所有权用益权取得制度、善意取得制度等都是直接服务于交易关系的。物权的登记目的在于将权利设立和变动的信息向社会公开，使第三人了解有关物权的信息，这对于建立和规范市场经济秩序是十分重要的。登记既是物权设定的条件，又是物权有秩序移转的基础，物权法的一些基本规则必须通过登记制度才能发挥其应有的效用。

因此，不动产统一登记制度的建立完善直接决定土地承包经营权流转市场的健全，直接决定林权改革对林业长期发展能否奠定坚实基础的作用。启动不动产统一登记的地方法规立法理应成为林权改革工作的重要组成，应当引起足够重视。

五、 林权改革就是林业法制建设

本文前言引用了贾局长的文章，贾局长在文章中将发展林业的最终措施落在了“坚持依法治林”积极推进现代林业法治进程上来，其中最重要的内容就是“一系列原有的权利义务关系也需要进行调整”中的权利义务关系，表现为国家意志的权利义务关系就是法律关系，贾局长明确提出“使林业经营活动都纳入法治轨道”，“并建立健全与国际惯例相适应的法律框架”，因此，不难得出一个重要结论，林权改革就是林业法制建设，林业法制建设就是最大的国家不动产法制制度建设。

古人云“自古不谋万世者，不足谋一时，不谋全局者，不足谋一域”，要想谋求林业的长期稳定发展，要想谋求林业的法治，就必须将林权改革放到社会主义市场经济建设这个全局中，放到国家以理顺物权法制为基础的全面法制建设的体系中进行全面布局，通过林权改革发展社会主义市场经济建设，通过林权改革推动国家法制的建设，这样才能解放思想撇开行业门户之见，在实现国家法制建设中，在社会主义市场经济建设中，实现林业发展的长期稳定。在此认识的基础上，就不难理解上节本文中所提出的“启动不动产统一登记的地方法规立法理应成为林权改革工作的重要组成”这一观点的现实性和迫切性。

林权改革不仅要在推动不动产统一登记的地方法规立法上做出贡献，还应结合林业生产特点以及对生态环境建设的重要性在以下并不限于以下几个方面为社会主义法制建设做出贡献。

（一）林权改革要为发展社会主义物权理论做出新的尝试。

物权法第七条规定“物权的取得和行使，应当遵守法律、尊重社会公德，不得损害公共利益和他人合法权益”，只是规定了物权取得的原则，在土地承包法中也仅是规定了两种土地承包经营权的取得方式。

从林业发展的实践来看，这是远远不够的，探索社会主义市场经济条件下林地用益物权的更多取得方式，是今后物权理论成熟完善的一个方面性课题，在此结合实例仅做一启示性探讨：

根据我国各地的实践，先栽树而后取得林木所有权，进而取得林地用益物权的实践不乏事例。尤其在荒漠化地区，将这种林地用益物权的取得法制化，将对我国的林业发展有着更大的促进作用。以早期美国的西部大开发为例，美国的法律就明确，只要在西部指定区域开垦并种植五年以上，法律将赋予开垦种植者以耕地的所有权，这种法律机制在美国西部大开发中起到了重要的作用。我国治理荒漠化的任务也很重，我国西部大开发在林业上的发展也亟需具体政策的支持，因此对于沙漠或中西部地区，在现有法制框架内，鼓励社会各界到这些地方植树造林改变生态，赋予法定的受益条件包括成林林地的法定用益物权取得，并将其以立法方式体现在不动产统一登记的地方立法中非常值得尝试，也是社会主义市场经济条件下物权取得方式在理论上突破的新课题，这个新课题不仅涉及到土地承包经营权流转的地域范围突破，更涉及到使更多的社会主体如公司、境外人也可以成为林地承包经营权的用益物权主体，而不再仅是农民。

（二）探索动植物资源保护与林权内容的有机统一

现代林业不单是木材业的发展，而是关乎人类生存环境的生态建设，生态建设中的生物种群多样化保护成为现代林业科学发展的新课题，要将生物种群的保护与林业法治结合起来，不仅有经济价值的动植物品种要保护，暂时没有显现经济价值的动植物微生物也应同时得到保护，探索这种保护机制要与林权改革与林业法制建设结合起来，不仅要看到对树木的乱砍乱伐对生态的破坏，还要看到植被的无端破坏对生态的破坏也不容轻视，不仅要保护森林，同时要保护包括所有野生植物资源的合理利用，这些都需要动员全民的力量，对于乱采滥挖的现象也要有所作为，仅用口号和宣传是不够的，对于野生植物如中草药、野菜的采摘和挖掘必须采取行之有效地措施进行限制，一味的禁止是不可行的，禁而不止不如不禁。

在此问题上物权法 116 条已有规定“天然孳息，由所有人取得，既有所有权人又有用益物权人的，由用益物权人取得，当事人另有约定的，按照约定”。落实这条规定要在林权改革中进一步明确，山上的野生植物如中草药等将不再是自由取用的无主之物，从法理上只要明确了用益物权人即林权人，这些天然生物就有了所有权人，其它人不经所有权人同意不能采挖取得，否则视为侵权，除应返还原物外，还要承担损害赔偿责任。

这与山林归集体所有和国家所有时已大不相同，不是谁采挖就归谁所有，以前有价值的药材不等成熟就被抢挖抢采一空，致使其难以恢复再生和正常繁衍，这项法制措施落实将使用益物权人的收益权从林木扩大到天然林下草本植物，以及栖息于林地的微生物和动物，使林权改革的综合社会效益扩大到让每块林地的生态都有一个法定的守护者，这种课题非常值得研究和探索，将使林权改革对生态保护做出更大体制性贡献，将使林权改革成为遏制荒漠化的有力措施。

（三）探索健全土地承包经营流转与农林产品市场化的有机统一

土地承包经营权既有用益物权的可流转性质，又涉及大多数农民生活保障的利益，流转的目的是为提高农村土地的投入产出，同时更应注意保障大多数农民不因其流转失去生活的基础性保障，这是用益物权流转市场健全中必须面对和谨慎对待的新问题，涉及之广、影响之深是关系到社会发展的平稳和谐的大问题，必须与社会发展的各个方面相协调，例如与社会保障体制的建设发展相一致，与金融改革的发展相一致等等。

本文在前节提到土地承包经营权流转的几种法定方式，其中着重提到其它流转方式的一种就是农村土地承包经营权的信托、也有着重要的法律依据，就是 2001 年 10 月 1 日起施行的《中华人民共和国信托法》。信托在中国发展最快的行业是证券投资基金，近两年的股市繁荣，为国有企业和企业的现代化治理提供了发展的极大动力，证券投资基金功不可没，其中重要一个方面就是信托在证券投资基金方面的专门立法，日前有报道称，基金法又面临修改，证券投资基金在中国十多年的实践为信托法在其它行业的实施提供了良好的示范。

土地承包经营权的信托也就是不动产的信托在我国目前除农村劳动力转移带来的自发性农地民事信托外，尚无规范运作的模式，一方面与我国不动产登记对信托登记的立法滞后相关，另一方面与我国普遍缺乏信托习惯法的基础有关，前文所提到的土地登记、房屋登记、土地承包经营权登记发证以及林权登记发证的四个部委规章均无信托的登记规定。

从大农业以及林业生态的建设来看，投入不足是目前的主要问题，而建立规范合法的投入渠道则是解决这种投入不足问题的市场化解决途径，信托这种法律工具有效解决了投入产出的管理经营权与受益权的分离，可以在保障受益权的同时实现管理投入经营权主体的转移，尤其在解决农林产品市场化规模化上的公司加农户模式上有着更大的操作空间，提供了除农村专业合作社方式以外的另一种解决选择，非常值得探讨。

因此，在林权改革后期“放活经营权落实处置权确保受益权”的体系建设中，研讨总结土地承包经营权的信托在民间的实践经验，规范民事信托，试点营业信托，发展公益信托（如绿色基金、育林基金）等方面要有所突破，首先在不动产统一登记的地方立法方面要对信托的规定有所突破，使农林产品生产规模化市场化方面有可能摆脱土地承包经营权的体制性束缚，同时给用益物权人提高实际收益创造良好的体制。

（四）探索市场化条件下的林业行政管理体制改革

十七大报告提出“加快行政管理体制改革，建设服务型政府”。林权改革所带来的一系列权利义务关系的调整，包含了林业行政关系的改革，在理顺社会主义市场经济条件下涉林物权关系基础上，必将带来与之相适应的林业行政管理体制的改革，依法行政、行政管理转变为行政服务将成为未来政府部门包括林业行政管理体制改革的主要方向，从我国林权改革的广度和深度来看，林业行政管理体制的变化在新的五年将面临巨大的改变，如以林权为主要内容的不动产统一登记是服务市场经济的一个重要方面，以林权登记公示为重要内容的不动产统一登记程序是国家行使林权法律保护的市场服务体系的建设以及法律服务的重要内容。

林业行政主管部门在健全土地承包经营权流转市场方面的主导作用不可忽视，在市场化背景下发挥政府对市场的引导、规范、监督作用都有着极大的作为空间，一方面要协调规范涉林金融、保险、信托、抵押等法律主体的法律行为，一方面还要行使行政许可等市场准入的法定职责，现仅就涉林行政许可一例进行探讨。

从目前来看，趋于成熟的林木采伐行政许可已有成熟经验，在保护我国林业生态中对遏止生态恶化起到了重要的作用，但在林权改革后的新形势下，直接涉及到对林权人的处置产品权的限制，必须走到程序化的依法行政轨道上去，再者随着市场化的发展，林业的行政许可不仅在林木采伐许可上要继续发挥作用，从生态保护的角度出发，对各种林产品的取得尤其对野生植物微生物的保护以及对其采挖进行行政许可方式的管理也是必要的，更进一步说，对林业生产经营业以及林业服务业如山林消防等市场准入方面的行政许可也要跟上市场化发展的步伐，都深层次涉及到林业行政体制的改革，也应当在依法行政方面的有法可依、有法必依方面下一番功夫。

从以上四方面的列举，不难看出，林权改革就是林业法制建设，并且林业法制建设也远不止这四个方面，仅从林地用益物权的取得方式、林地用益物权的内容、林地用益物权的信托、林业行政许可的局部性论述可以看出，林业法制建设随着国家改革开放的形势发展要求会越来越高，这个命题也不是林业部门一家可以完成的，必须放到改革开放这个伟大的民族复兴中，放在社会主义法制建设中，放在国家的行政体制改革中实现。但同时林业部门以及广大林农也应当责无旁贷地走在改革的前沿积极探索和实践，为改革开放这个伟大的民族复兴、为社会主义法制建设、为社会主义市场经济建设做出应有的历史贡献。

结语

林权改革，是我国改革开放伟大事业的重要组成，必须结合改革开放的总趋势和依法治国的总方针进行，因此说林权改革就是林业法制建设，不仅崇高而伟大，并且任重而道远。

从林权主体改革的阶段性成果来看，是广大农民取得了林权证，从林权证的历史意义来看，如何保障林权证所体现的实际权利和法制利益有效期长达法律所规定的三十年、七十年乃至更长，则应依赖法制这个使国家长治久安的最终措施的落实上。

历史的教训不能忘记，六十年前进行的土地改革，使中国农民都得到了土地证，然而没有十年，这些土地证随着集体化运动变成了一张废纸，林权证能否不重蹈历史的覆辙，关键要看国家法制能否健全。没有健全的法制，国家主席的人权尚难以得到保障，更何况一介农夫所持的一纸文书？因此说林权改革及成果的巩固有赖于国家法制体系的健全和稳固，否则就是独目网捕鸟，只不过是另一场过眼烟云而已。

中华人民共和国第一部法律赋予广大农民以土地所有权，一九五四年第一部宪法第八条明确规定“国家依照法律保护农民的土地所有权和其它生产资料所有权”。但其后，保护农民土地所有权的法律未见出台，相反在宪法出台的前一年，即五三年底，中共中央发布的《关于发展农业生产合作社的决议》中提出的合作化改革的发展目标，却是要“逐步实现对农业、手工业和资本主义工商业的社会主义改造”，并将其确定为“总路线”，因此“依照法律保护农民的土地所有权和其它生产资料所有权”所依照的法律不见出台也就不足为奇了。

改革开放三十年来，小岗村的经验虽然在全国得到推广，但有些“为民作主”的封建意识仍不能消除干净，所谓阶级斗争和意识形态领域里的错误认识在不争论的形势下并未得到彻底否定，在林权改革中也有不同形式的反映，物权法的立法过程就体现了这种坚持民主与“为民作主”思潮斗争的艰巨性。

物权法的颁布实施，才使 2004 年宪法修正案规定的“公民的合法的私有财产不受侵犯”“国家依照法制规定保护公民的私有财产权和继承权”不至于像 1954 年宪法所规定的原则成为一纸空文。但是要看到，保护农民土地承包经营权的法制之网并未编织成型，任何政治风暴都可以将这个未成型的法制之网化为乌有，因此通过林权改革赋予农民林地的土地承包经营权是一方面，而通过林权改革赋予农民法制意识和依法维权的意识更重要，只有这样才能使法律被信仰，只有这样才能维护法律所代表的绝大多数人的合法利益，只有这样才能保护改革开放三十年取得的成果不会毁于一旦，只有这样才能继续以改革开放为代表的中华民族的伟大复兴之路。

谨以此文所表达的不尽缜密的民间思考，从民主与法制的角度论述林权改革的历史意义。愿通过该文的论述启发更多的人为林权制度改革的展开及深化提供更有力更坚实的理论依据，愿通过该文的论述为从梁希部长到贾治邦局长所率领的几代林业人实现山川秀美的世纪梦想提供体制性建设突破的设想。山川秀美、生态改善不仅是林业人而且是包括笔者在内的全人类的共同理想和愿望。

[1]《房产交易法律要点解析》第 17 页，中国建筑工业出版社，2006-1

[2]《林权制度改革首先要明晰产权落实经营主体》　中国政府网 2007 年 11 月 13 日对国家林业局专访。

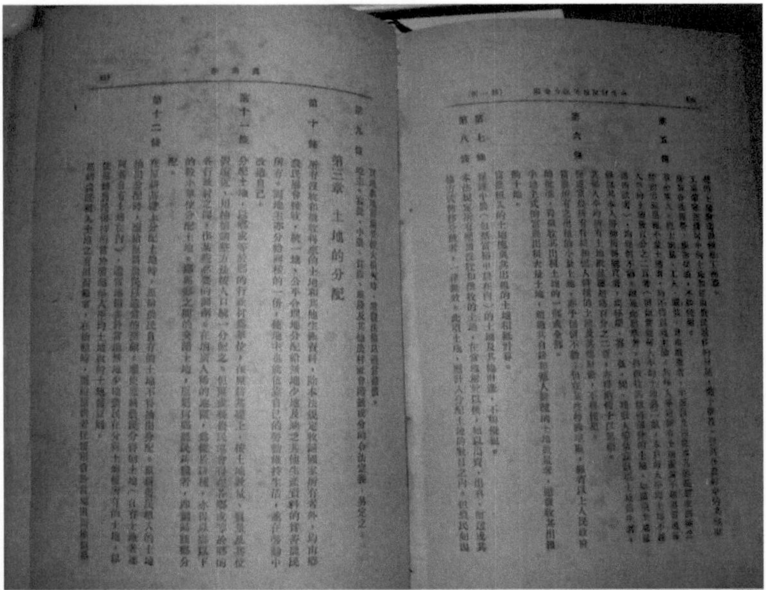
第三章 土地的分配

第五章 土地改革的執行機關和執行方法

第六章 附則

第三十七條 本法不適用於土地改革業已基本上完成地區。

第四十條 本法經中央人民政府委員會通過後公佈施行。

劉少奇副主席關於土地改革問題的報告

（一九五〇年六月十四日在人民政協全國委員會第二次會議上）

专利代理人的法律地位——专利法修改意见与建议

中国专利法自一九八五年的愚人节实施以来已经过两次修改（当时国人还普遍不知愚人节），进入新世纪的第八年，专利法第三次修改提上议事日程，人大常委会破例地于 8 月 29 日向社会公众征求意见，中国公民第一次享有了对专门法修改提出意见的渠道和机会，非常难得。

在"上智下愚"观念横行了几千年的中国社会，能有一次对如此专业的法律修改提出自己意见的机会，无论这个意见能否被采纳，或者说有没有人阅读，笔者都要珍惜这个难得的机会，认真地将十多年执业的感悟提出来，但愿能对国家的改革开放尽匹夫之责。

笔者认为首先应当认识到专利制度本身就是改革开放借鉴外国经验的产物，强调所谓的中国特色没有任何实际意义。第二，在专利法修改时对正确的意见以及发达国家的成熟经验应当予以借鉴，以"绝不照搬"为遁词拒绝和排斥的背后往往是利益部门或既得利益者的抱残守缺。

从本次专利法修正案的提出来看，仍是部门立法的延续，但全国人大常委会采取向社会公众征求意见的方式能否从一定程度上弥补部门立法的先天缺陷尚待实践检验。

从人大发布的修正草案来看，仅有六十九条的法律修改之处达到二十九处之多，不能说修改力度不大，从其修改确立的方向以及所引导的价值趋向也都基本正确，这是应当肯定的。但是修改草案在关键问题上仍缺乏突破，缺乏对改革开放的前瞻性，与解放思想、解放生产力的社会需求差距太大，是这个修正草案的致命缺陷。

从专利法的社会作用来看，发明创造是专利法的存在基础，专利权利的内容就是发明创造，专利法的任务就是通过保护专利权利激励发明创造，明确发明创造的原始权利是专利法的重要构成，这是其一。发明创造不可能自然变成专利权利，需经法定程序形成法律意义上的专利权利，其形成的法定程序也是专利法的重要构成，这是其二。专利权的法律保护是以发明创造和形成专利权利的法定程序为基础的。构成专利权利核心的发明创造，形成专利权利的法定程序以及对专利权利的司法保护是专利法律制度的三大重要组成。没有发明创造，没有经法定程序形成的专利权，专利权的司法保护将成为无本之木、无源之水而没有任何实际意义。

发明创造和发明创造形成专利权的过程，以及专利权的法律保护都是人的社会活动。专利权利的法律保护如同其他权利的法律保护一样不可能仅靠专利法实现，要与其他国家法律法规结合才能实现；而专利法作为特别法重点解决的社会问题就应当是发明人发明创造的原始权利问题和这种原始权利转化为可受法律体系保护的社会主体专利权利的程序问题，以及专利权利的特殊性带来的司法保护特殊需求问题。这才是专利法三个重要组成的侧重点，孰前孰后不可颠倒，孰重孰轻不容忽视。

一部专利法如果不能确定从事发明创造的发明人的原始权利地位，不能确定发明创造在形成受法律保护程序中为发明人和申请人服务的专利代理人的法律地位，仅在专利权的司法保护的特殊需求上完善，是不可能担当起历史重任的。就像一个凳子至少应当有三条腿，只看到一条腿，另外两条腿看不到就没有人敢坐、坐上也不稳一样，现行专利法的这两个严重缺陷不消除是难以达到和发挥专利法第一条确定的立法目的和应有作用的。

例如专利法修改在发明创造的已形成权利问题上有过一次突破，就是国有单位专利权的持有和所有问题，被认为是调动发明创造积极性的成功范例，但并不到位。

专利法第六条的修改没有出现在本次修正案中，直接影响到本次专利法修改的现实意义和历史意义。应当借鉴《公司法》修改和《物权法》立法的突破，在发明创造的原始权利问题上旗帜鲜明地明确其价值引导作用，而不致因其闪烁其词的回避减损专利法"鼓励发明创造"的立法目的和应有作用。

至少应在专利法第六条增加一款作为第一款："发明人对发明创造享有初始权利。"

关于发明创造的原始权利归属问题，职务发明和非职务发明的界定以及转换问题，以及更进一步的职务发明申请权和奖励报酬权问题，发达国家有现成的成功经验，业内也已经讨论很久，这次专利法修改能明确结论更好。在此仅强调不再详细论述。

强调发明创造的原始权利问题是发挥专利法在市场经济条件下价值引导作用的一个重要方面，本文所要详述的是另一个同样重要的方面，就是专利代理制度问题。发明创造的原始权利问题解决了专利法用利益机制引导人们发明创造的积极性问题，是发明创造的利益动力，而专利代理则则是将发明创造经过法定程序形成法律意义上的受法律保护的专利权的专业服务过程。

中国要"建设创新型国家"不仅需要专利权所保护的发明创造，同样也需要将发明创造形成专利权的专业服务，二者缺一不可，建立健全规范专利代理服务市场同样是"建设创新型国家"的手段，因此在专利法中明确作为专利代理人的自然人的市场经济条件的法律主体地位也应当是本次专利法修改的历史任务，不可回避。

修正草案第八处：将第十九条改为第二十条，第一款修改为"在中国没有经常居所或者营业所的外国人、外国企业或者外国其他组织在中国申请专利和办理其他专利事务，应当委托依法设立的专利代理机构办理"。

熟悉中国专利法修改过程的人可能知道修改该条的本意是取消涉外代理机构的指定和审批，有所进步。但是单就本条文字表达的意思理解，将严重损害中国作为改革开放大国在世界人民眼中的形象。

这绝不是危言耸听，试想一下，作为一个在中国没有居所或营业所的外国人或外国企业向中国申请专利就是同意将其发明的技术在中国以中文公开，其法定的程序义务却是"应当委托依法设立的专利代理机构办理"，依什么法？本法没有做出规定；依法设立的专利代理机构在哪里？在中国境内，因为至今没有看到设在境外的依中国法设立的专利代理机构；委托关系的基础是什么？信任；信任机构委托机构与国际惯例不通，据笔者所知在全球范围内的委托代理关系中，只有在中国的委托关系中被委托人是机构，委托人将自己的权利委托给机构处分，而机构中的何人代表机构来处分委托人的权利才能被信任？众所周知，机构是法律上的虚拟人-法人，只能承担法律责任，委托基础的信任关系中的道德责任谁来承担，机构解散或终止，委托人的利益何以保障？这些种种问题，给世界人民一个印象，就是该法条背后透着一个无知加傲慢前清官僚的身影。

试问谁人能将中国专利法修改过程在全球范围内家喻户晓消解上述不良印象？上述只是一种字面启示，更需要面对的现实事实是：从一九八五年九月十二日起施行的《专利代理暂行规定》开始了中国专利代理制度的建设，这时的专利代理人只是一种职务，而不是职业；到一九九一年国务院令颁布《专利代理条例》后至今，专利法经两次修改到第三次修改草案，专利代理人的法律地位仍停留在一九九一年的立法水平上，按计划经济思想占主导地位的这个条例，专利代理人只是被专利代理机构垄断的所有物而已。

从一九八五年到新世纪的二○○六年，经不止十次的考核和考试，二○○七年的官方报道仅有 8825 人获得专利代理人资格，在岗专职从事专利代理服务工作的只有 4798 人，所占比例不足 55%；最新资料反映二○○八年在专利代理机构中注册的仅剩 3210 人，所占获得专利代理人资格比例不足 37%。二○○七年实际参加考试的人仅有 5000 余人，在国务院知识产权纲要的感召下二○○八年报考人数也不足 9000 人，二○○七年在专利代理机构中执业的 4798 人中有多少真实的从业者也要打折扣，可以断言只在代理机构挂名不从事业务或多或少的绝对存在，符合形式条件的专利代理人队伍经过 20 多年的发展才有区区不足 5000 人，如何适应"建设创新型国家"的需要？十三亿的人口大国难道就没有愿意从事专利代理工作的人嘛？连续多年每年毕业五百万大学生，就没有专利代理人的人选嘛？这种社会现象与专利代理人法律地位所反映的社会地位和基本权利缺失没有关系吗？

再换个角度看，据官方报道 2006 年我国专利申请 57 万件，经专利代理人代理的超过 70%，如果属实，有 40 万件申请案通过专利代理机构代理，试均分到专利代理机构的 3210 个注册专利代理人上，人均年代理案件多少呢？100 多件，每人平均两个工作日办一件专利申请，在全世界范围内都难以想象，这个现象说明了什么？说明了专利代理机构给申请人提供的专利代理服务有相当大一部分不是专利代理人的服务这个基本事实。长此下去如何保障委托人的利益不受损害？专利代理人考试制度的真正意义又何在？

两个方面结合起来，是该用"以人为本"的科学发展观评价检视反省专利代理制度的时候了，本次专利法修改还不解决这些问题更待何时？再等八年？

专利代理服务具有很强的专业性要求，对专利代理人设定严格的资质要求属于国际惯例，通过专利代理人资格考试作为专利代理从业人员先决条件也是国际社会普遍做法。

专利代理活动在发明创造经法定程序形成法定专利权利过程中有着重要的作用，直接影响专利法律制度激励发明创造的作用发挥。因此，专利代理制度同样是国家专利制度的重要组成部分，在专利法修改中明确与国际惯例相一致的专利代理制度不仅是重要的，而且是非常必要的。

尤其在社会主义市场经济建设中，在专利法中明确专利代理服务的市场准入，明确专利代理人的市场主体地位，打破现行的行政垄断体制，更是本次专利法修改不容推辞的历史使命。

现行专利法对"专利代理"的规定只有四处，集中在第十九条和第二十条，出现之处全部是"专利代理机构"。专利法实施细则对"专利代理"的规定有十一处，出现之处仍全部无一例外是"专利代理机构"而不是"专利代理人"。

"专利代理人"和"专利代理机构"有什么区别？看似一字之差，却有天壤之别。用中国的成语"失之毫厘，谬之千里"来形容一点都不过分。

现行专利法中的专利代理成了"专利代理机构"法定垄断的业务，与 1991 年颁布实施的《专利代理条例》结合，专利代理成了中国专利局的"专利"。《专利代理条例》所废止的《专利代理暂行规定》将"司法部、中国国际贸易促进委员会等有关部门和团体"也排除在外，不许染指。中国专利局将这种"专利"以批准注册的方式"许可"给"专利代理机构"。并规定专利代理人只能别无选择的在"专利代理机构"执业，否则，就不能以"专利代理人"的名义从事专利代理活动。

这不是法定的行政垄断又是什么？同时负有专利代理服务市场准入许可责任的中国专利局对专利代理机构大量聘用没有专利代理人资格的人员睁一只眼闭一只眼也是不争的事

实。

当然这种体制剥夺的不仅仅是"专利代理人"的执业自由权，同样限制剥夺了发明人和申请专利企业接受服务的选择权，发明人和申请专利的企业除了自助申请专利只能委托"专利代理机构"，而不能选择任何自己信任的其他机构和个人。

这就是中国专利代理制度的先天缺陷。二十多年也难以发展，基本权利缺失不能说不是重要原因之一，同样也是中国专利代理市场不发育难发育的重要原因之一。

这种体制下专利代理服务市场的利益输送和权力寻租也就自然是顺理成章的产物，如果某专利代理机构是由没有专利局背景的人所创办并能发展是会令业内人士诧异的。

这种专利代理生态环境何以吸引人才投身于这个行业，不能说这不是中国专利人队伍在十三亿人口大国中虽经二十多年发展仍不足五千人的原因之一，不能说这不是中国专利制度的"中国特色"之一，是不是还要继续发扬光大？

同样的体制问题不仅存在于专利代理市场，也同样存在于其他知识型服务领域。

国务院近期发布的《关于加快服务业的若干意见》就明确指出"我国服务业总体上供给不足，结构不合理，服务水平低，竞争力不强，对国民经济发展的贡献率不高，与经济社会加快发展、产业结构调整升级不相适应，与全面建设小康社会和构建社会主义和谐社会的要求不相适应，与经济全球化和全面对外开放的新形势不相适应。"

《关于加快服务业的若干意见》所明确改革的方向是"坚持以人为本、普惠公平"、"建立公开、平等、规范的服务业准入制度"。以律师法的修改为例，同样存在"律师事务所"和"律师"的关系问题，2007 年律师法修改，最广大的律师没有享有发言权，"律师事务所是律师的执业机构"这一与国际惯例相悖的法律规定仍旧存在于新修改的《律师法》之中，以至于司法部所推广的政府律师、公司律师也没有在法律上找到应有的法律地位，因而广大律师从事法律服务的报酬性所得也被习惯性地以"律师事务所所有"而失去原始权利。许多律师悲哀的认为"在中国，律师连妓女都不如"，也不是没有事实依据。2005 年 7 月 21 日北京律师纵瑞峰被朝阳人民法院以职务侵占罪判处一年 6 个月有期徒刑（注 1），律师事务所提供的法律服务是不是律师的法律服务，纵瑞峰将自己为当事人服务的所得不上交律师事务所纵有千般不对也不至于被判一年 6 个月有期徒刑，其"侵占"的竟是自己付出的服务所换的报酬。著名中国历史故事的杜十娘虽为妓女失去人身自由权，但仍可以享有或持有自己所"怒沉"的"百宝箱"的处分权，按纵瑞峰案所确立的法律原则，杜十娘身为妓女其百宝箱当属老鸨所有，将其"怒沉"灭失是不是就该千刀万剐，其投河自尽是不是死有余辜而不值得同情？相反却成为千载惋惜歌唱的对象。

有比较才有鉴别，纵瑞峰与杜十娘相比较，是不是"律师连妓女都不如"的结论也可以成立。

纵瑞峰作为律师不仅对自己为当事人服务的所得不能享有原始权力，还因"侵占"的竟是自己的服务报酬被判一年 6 个月有期徒刑，更被律师协会敲掉饭碗，与杜十娘相比这难道仅是他个人的悲哀吗？知识型服务主体提供给社会公众的服务主要是知识的运用，知识只能存在活动于人的脑子中，这个基本自然事实决定知识型服务的主体只能是自然人，而机构是人的组合，将机构作为法律上享有地位的服务主体，不仅是对从业者权利的剥夺，更会影响被服务者和社会大众利益。

以我国的注册会计师为例，当其组织形式以有限责任公司出现时，就给行业的社会信任带来了严重的隐患，为了争揽业务不惜牺牲原则和原则担负的社会责任，仅对委托人的短期利益负责而忽视应承担的社会责任，曲意迎合委托人的非法要求出具虚假财务报告，致使损害证券市场发展和行业信誉的事情屡屡发生，以致于"不做假帐"成了最高荣誉，也与其被委托人是机构无法承担道德责任的原理不无关系。

再以我国的房地产经纪服务为例，以机构作为主体给社会提供服务，带来的刑事大案层出不穷，以至于整个行业成为社会口诛笔伐的对象，随处可见的"中介勿扰"使这个行业的社会信誉低下到不能再低的程度，房地产经纪人考试制度从产生到萎缩，仅几年已行将尖灭。再回到专利代理业务上，如果任由专利代理机构继续聘用非专利代理人员从业，专利代理考试制度将自然面临萎缩，如果国家专利局公布的专利公报上的专利代理人挂名（注 2）的比例越来越大，那么中国专利文献的科学价值也会因此而不断贬损。

机构比起自然人更敢于肆无忌惮的追求利益最大化而不用承担道德义务，会置公众利益和社会利益而不顾追求短期利益，这是必然的，大不了机构解散另行成立机构。

重新回到修正草案的第八处，通过以上论证，将其内容变更为"在中国没有经常居所或者营业场所的外国人、外国企业或者外国其他组织在中国申请专利和办理其他专利事务，应当委托依中国法许可执业的专利代理人办理。"这样不仅与国际惯例接轨，也为中外专利代理人的资格互认消除了法律障碍；既体现了国家主权原则，也顺应了服务市场的"经济全球化和全面对外开放的新形势"需要；更使权利回到自然人这个最基本的法律主体，为解放知识、解放人才吸引更多的人投身于专利代理行业服务于"建设创新型国家"奠定坚实的法律基础；并兼能为其它知识型服务的改革突破鸣锣开道，在法律制度层面实现服务业的"坚持以人为本、普惠公平"、"建立公开、平等、规范的服务准入制度"。

例如官方报道"港澳考生于 2004 年首次参加内地的专利代理人资格考试，两次考试后共有 8 人获得资格，他们既可以在内地律师事务所、专利代理机构工作，也可以到内地开设专利代理机构。"试问他们为什么不可以在港澳当地接受"在中国没有经常居所或者营业场所的外国人、外国企业或者外国其他组织"的委托为其办理"在中国申请专利和其他专利事务"?

修正草案第八处应相应增加：第二款修改为"中国单位或者个人申请专利和办理其他专利事务的，可以委托专利代理人办理。" 第三款修改为"专利代理人应当遵守法律、行政法规，按照被代理人的委托授权办理专利申请或者其他专利事务；对被代理人发明创造的内容，除专利申请已经公布或者公告的以外，负有保密责任。专利代理人执业的具体管理办法由国务院依照本法和《行政许可法》作出规定。"

综前所述，笔者大量的笔墨试图阐明的主要观点就两个：专利法修改中，阐明发明人的原始权利，尤其是职务发明发明人的原始权利，这点相关社会讨论已经很多，笔者只是建议这次专利法修改对这些讨论明确结论。

专利法修改中，将专利代理的主体由"专利代理机构"回归"专利代理人"。为此笔者花了大量的笔墨试图阐明仍有辞不达意之嫌，如果再将教科书中委托、信任、信赖、代理等基本概念引入将有怀疑人大机关基本能力或污辱他人智慧之嫌，尽管篇幅已长，仍有言犹未尽之感。

笔者作为早期的发明人（注 3），执业十多年的律师，对法制社会的建设有着强烈的期盼，在律师法修改时就期盼有机会阐述自己对律师法修改的意见和建议。这次人大常委会征求对专利法修正草案的意见，笔者非常赞成和欢迎。将自己从事律师十多年的感悟和对专利法修改相关的意见整理一下，也是企图为最基本最普通最广大的专利法律关系主体发明人和专利代理人代言。

笔者认为法律的最基本作用就是宣示确认法律主体的权利，一部法律不能宣示确认法律主体的权利就是缺失价值引导作用和意义的法律，在中国尤为如此。

具体到专利法最基本的作用就是发明人的发明创造所带来的一系列利益分配，不保护发明人的原始权利就无法激励更多的发明创造，一切利益分配都是空中阁楼。笔者重点论述的专利代理是发明创造向专利权利形成的第一步。这两项涉及专利法所规范的法律关系中最基本最广泛的主体发明人和专利代理人，不宣示确认这些主体的权利和应享有的法律地位，中国专利法就难以最大程度实现其立法目的。

因此强烈建议专利法修改补充现行专利法这两方面的不足，而将各权力部门利用修法进行权力再分配放到次一步位置上考虑。笔者郑重声明，为支持本文所提观点所列举的种种弊端没有任何指责中国专利局和相关部门的意思；相反笔者和同行们认为中国专利局是中国行政单位中相比较最开明的局，其提供的行政服务是相比较最好的，专利法也是中国执行和落实最到位的一部法律。笔者认为这种种弊端有着深刻的历史原因和社会原因，是改革开放过程中不断出现不断解决的种种问题之一，也是专利法修正所要解决的问题。瑕不掩瑜，几代建设者们为中国专利制度包括专利代理制度建设取得丰硕成果所付出的辛勤努力理应得到包括笔者在内的社会公众的肯定和尊重。

希望经修正的专利法能成为代表最先进生产力、代表最先进文化、代表最广大人民利益的具体制度安排，使"建设创新型国家"不再又是时髦的口号。

(本文已于 2008 年 9 月 8 日通过网上分 9 段提交全国人大征求意见专栏。)

可以被认为是来自官方的答复

新华网北京 12 月 27 日专电 27 日下午 16：00，全国人大教科文卫委、全国人大常委会法工委、国家地震局和国家知识产权局负责人就相关法律有关问题回答记者提问。以下为本次发布会部分实录：

科技日报记者

离专利法上次的修订已经过去了八年，为什么八年才修改这部法律？我们的专利制度日益更新，我想问一下，今后修改的频率会不会加快一些？针对专利工作中存在的一些问题，专利法也进行了一些修改，但是还有一些问题，比如说专利代理人的地位，专利事务所的地位，这些问题都没有体现，这是出于什么考虑？我在采访中也了解到，一些企业对加强行政执法的呼声很高，这次在专利法第 64 条也有所体现，那么在具体的实施中如何正确处理专利行政保护和司法保护的关系？大家觉得专利都非常高深，在科普方面有没有具体的举措？谢谢

陈广君

专利法从 1984 年通过以后修改了三次，巧合的是每次都正好间隔八年。法律修改不会有几年修改一次的约束，主要是看所调整的社会关系是不是成熟，立法的条件是不是具备。关于专利代理人地位的问题，在修改过程中也有不少人提到过这个意见，特别是一些从事专利案件的律师和一些专利代理人。后来主要是因为已经有国务院颁布的专利代理条例，对于专利代理人资格的取得、管理和执业都作了规定。专利法主要还是调整专利权的授予、保护这样一些基本的关系，具体的内容很多还需要由具体的行政法规来补充。

（节选自 2008 年 12 月 27 日 17:17　　新华网）

注 1

律师私吞代理费获刑一年半

http://news.QQ.com　2005年09月16日01:23　京华时报

作者：邹桂来源：

本报讯（记者邹桂）律师事务所律师纵瑞峰私吞诉讼代理费。昨天，市二中院终审以职务侵占罪判处纵瑞峰有期徒刑1年6个月，并继续追缴其违法所得。

纵瑞峰原是北京市盛安达律师事务所的律师。2003年4月16日，该律师事务所与北京欧姆特公司签订了《法律顾问合同》，并指派纵瑞峰负责这项法律顾问事务。2003年8月，律师事务所指派纵瑞峰为欧姆特公司处理一个经济纠纷。在代理服务结束后，纵瑞峰将欧姆特公司支付的诉讼代理费的一小部分交给律师事务所，剩下的4万元全部私吞。

注 2 见后文中国专利代理人 4000 件以上排行表

注 3：

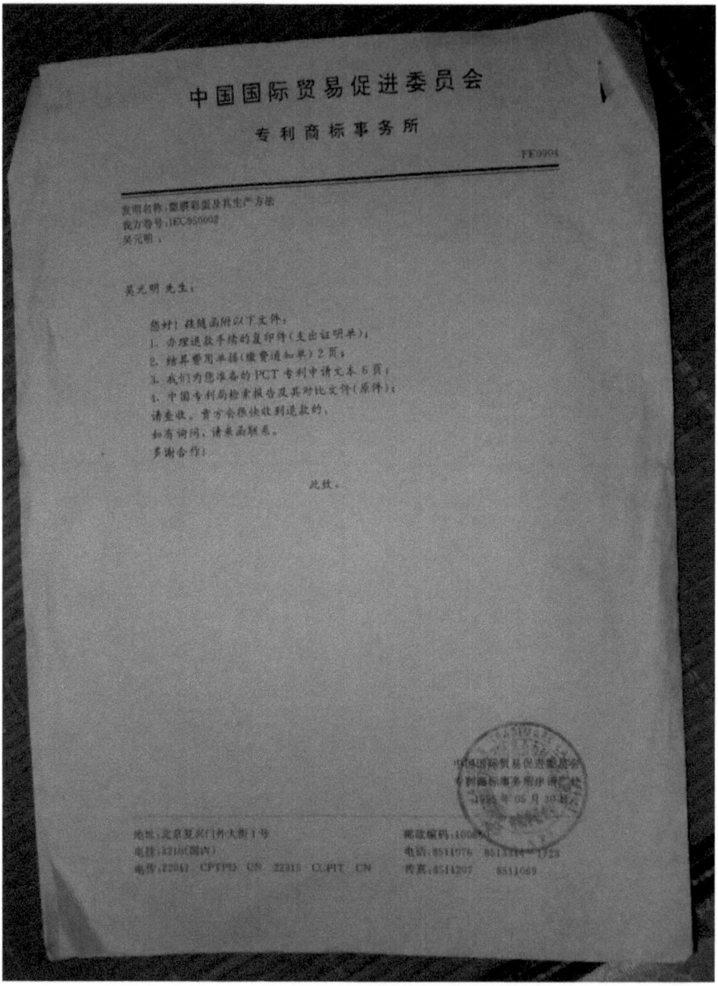

中国国际贸易促进委员会

专利商标事务所

FE0994

发明名称:塑膜彩蛋及其生产方法
我方卷号:IEC950002
吴元明:

吴元明先生:

您好!兹随函附以下文件:
1. 办理退款手续的复印件(支出证明单);
2. 结算费用单据(缴费通知单)2页;
3. 我们为您准备的PCT专利申请文本6页;
4. 中国专利局检索报告及其对比文件(原件);
请查收。贵方会很快收到退款的。
如有询问,请来函联系。
多谢合作!

此致。

地址:北京复兴门外大街1号
电挂:2216(国内)
电传:22041 CPTPO CN 22315 CCPIT CN
邮政编码:100[illegible]
电话:8511076
传真:8514207

第一章 总则

第一条

为了完善市场经济条件下的专利代理人制度，维护委托人的合法权益，维护充分竞争条件下的市场秩序，发挥专利代理人在社会主义市场经济和创新型国家建设中的积极作用，解放知识，解放人才，形成社会主义市场经济条件下知识性服务业的公开公平公正的自由竞争机制，排除各种形式的垄断、保障专利代理人依法执业，规范专利代理服务行为，依据《民法通则》、《合同法》、《合伙企业法》、《行政许可法》制定本条例。

第二条 本条例所称专利代理，特指专利代理人在国家机关面前代表委托人以委托人名义在代理权限内为委托人利益处理专利事务的活动。

第三条 本条例所称专利代理人，特指依本条例取得专利代理资格，并经注册公示为社会提供专利代理服务的自然人。

第四条 专利代理人依法执业受法律保护，专利代理人的诚实劳动应当受到尊重。专利代理人从业应遵守法律法规、恪守职业道德和执业纪律，自觉接受社会、政府、委托人的监督。

第五条 国务院知识产权主管部门依照本条例对专利代理人、专业专利代理机构和专利代理人协会进行监督、指导。

国务院知识产权主管部门监督、指导的行为应当采用书面形式。

第六条 专利代理人可以组建专利代理人协会。

专利代理人协会应当以维护行业信誉和会员合法权益为宗旨。

专利代理人协会是会员自治组织，不受非法干预，协会会员应受协会章程及决议约束。

第二章 专利代理人

第七条 国家依照行政许可法实行专利代理服务市场准入，实行专利代理人资格全国统一考试。

第八条 通过考试取得专利代理人资格证书的自然人，经中国专利代理管理机构注册公示方可以专利代理人名义执业。

通过国家间、地区间资格互认取得注册公示的自然人视为取得专利代理人资格证书。

第九条 专利代理人的人身权利和自由等基本权利不因从事专利代理而受非自愿限制或剥夺。

第十条 专利代理人因故意犯罪受到有期徒刑以上处罚的，不能取得专利代理人注册公示。

第十一条 专利代理人只有在注册公示有效期间的专利代理行为享有取得报酬的请求权利，专利代理人取得报酬请求权受国家法律保护，任何单位和个人不得侵犯。

第十二条 专利代理人具备律师执业条件的，可以使用专利律师称谓。

第三章 专利代理机构

第十三条 专利代理机构是专利代理人向不特定社会公众提供专利代理服务的营业组织。

第十四条 专利代理人组建专利代理机构应当依照相关法律法规规定办理。

第十五条 专利代理机构章程应当合法并公示。

第十六条 专利代理机构对委托人的责任承担不替代承办专利代理人对委托人专利代理行为应承担的责任。

第十七条 专利代理机构应当与组建机构的专利代理人同时注册公示。

第十八条 专利代理机构包含律师事务所或其他对委托人提供包括专利代理服务在内的综合服务的营业组织。

第十九条 专利代理人服务于企业、政府的应注册公示，取得报酬的请求权义务主体仅限于所服务的企业、政府部门。

第二十条 独立向不特定社会公众提供专利代理服务的专利代理人应当是专利代理人协会会员，与专利代理人协会签有担保协议并持有执业责任险保单。

第二十一条 国家鼓励扶持专利代理人组成有规模的特殊普通合伙企业型专利代理机构。

第四章 法律责任

第二十二条 推定专利代理人在国家机关面前代表委托人以委托人名义在代理权限内为委托人利益处理专利事务的活动为有权代理，代理后果由委托人承担。

第二十三条 非专利代理人在国家机关面前代表委托人以委托人名义代理委托人处理专利事务的活动负有向国家机关证明代理权真实有效的义务，不能证明或不能充分证明的，国家机关应当拒绝其代理的相关请求。

第二十四条 任何未取得专利代理人注册公示，以专利代理机构或者专利代理人的名义开展有偿专利代理事务的，其代理行为无效，其收取的费用应返还委托人；拒不返还或情节严重的，由省、自治区、直辖市人民政府管理专利工作的部门责令停止违法行为，并处违法所得 **1** 倍以上 **3** 倍以下罚款。

第二十五条 未取得专利代理人资格，以专利代理人、专利律师名义招揽业务的，由当地公安机关比照治安管理处罚法第五十一条 、第五十二条处罚。

第五章 附则

第二十六条 本条例自 年 月 日起施行。**1991** 年 **4** 月 **1** 日国务院批准实施的《专利代理条例》同日起废止。

本条例施行前依法设立的专利代理机构以及在这些专利代理机构中依法执业的专利代理人，在本条例施行后可以继续以专利代理机构、专利代理人的名义开展专利代理业务。

中国专利代理人 4000 件以上排行榜

见表：

名次	姓名	代理件数	其中A部	其中B部	其中C部	其中D部	其中E部	其中F部	其中G部	其中H部	其中外观
1	孙仿卫	28532	1202	2107	340	334	207	505	438	469	22930
2	杨松龄	21950	1308	3002	265	330	423	1954	897	1259	12512
3	孙皓晨	19447	3620	2933	981	224	914	2181	2162	2310	4122
	蒋卫东	15145	158	201	130	200	106	130	61	44	14115
	李晓舒	12774	1171	1789	124	200	305	1219	4043	3903	20

程伟	12460	1392	1747	1628	143	243	856	2669	2681	1101
张 明	12013	786	872	160	71	168	477	371	612	8496
张明	12013	786	872	160	71	168	477	371	612	8496
黄小临	11856	131	251	9	8	9	72	5959	5417	0
章社杲	11031	1264	2308	748	316	320	1145	1577	2257	1096
陈红	10879	933	1468	209	159	224	603	1804	1534	3945
汪惠民	10319	677	1163	725	343	125	552	2281	3103	1350
尉伟敏	10004	791	1610	218	303	217	855	328	557	5125
寿宁	9441	1029	1303	347	168	295	1098	2073	2389	739
朱黎光	9396	1571	1504	216	128	536	1047	1021	1074	2299
马涛	9391	84	78	5	9	20	24	54	83	9034
徐 宏	9138	97	109	37	6	87	75	47	59	8621
马莹	8887	190	234	24	24	24	152	3635	4603	1
逯长明	8854	282	508	160	53	102	416	1890	4898	545
程天正	8850	245	151	30	18	13	134	2995	5264	0
陶凤波	8723	261	685	166	55	132	609	2089	4726	0
温旭	8715	739	628	106	50	213	655	253	451	5620
顾红霞	8663	667	1574	152	200	229	940	1057	911	2933
汤保平	8528	1174	1345	258	69	330	609	1681	1797	1265
王勇	8427	620	487	195	42	193	390	3289	2525	686
樊卫民	8379	1019	1125	2751	210	58	502	1063	1465	186
梁挥	8330	319	480	190	14	68	367	2499	3829	564
李树明	8185	1385	2025	72	126	427	965	720	1027	1438
马江立	8150	774	2169	235	320	281	1695	423	564	1689
龙淳	7943	579	764	808	126	47	498	1761	2701	659
杨梧	7885									17
潘培坤	7615									1396
孙长龙	7547									4710
黄春松	7491									6003
陈亮	7343									1074
朱伟军	7315									5309
刘新宇	7292									562
王 兵	7230									3130
葛 雷	7181									3646
林柏楠	7005									0
李辉	6924									107
周春发	6779									4272
刘卉	6700									4994
温大鹏	6689									165
王学强	6643									915
郭伟刚	6623									2523
邵亚丽	6618									0
朱凌	6616									4097

张天安	6551	4505
唐纫兰	6506	2628
崔幼平	6357	1256
张亚军	6287	236
王岳	6257	1
党晓林	6144	1393
刘芳	6067	551
郑中军	6020	5288
宋冬涛	5942	3781
何腾云	5924	901
任永武	5852	392
李贵亮	5842	368
王景朝	5776	0
林丽明	5742	2672
周国城	5727	552
翁若莹	5727	3101
王锡麟	5699	210
宋志强	5673	55
张敬强	5665	2417
张敬强	5665	2417
严新德	5562	2368
戴晓翔	5499	2582
黄革生	5499	0
尹文涛	5444	3334
姜明	5420	980
徐申民	5376	1895
余刚	5329	536
康海燕	5298	2256
张法高	5291	484
苏娟	5291	268
余朦	5273	596
曹祖良	5272	1875
杨凯	5261	2
余明伟	5236	1924
李浩东	5222	2670
徐雪波	5171	2968
徐关寿	5128	3321
刘孟斌	5054	3278
于静	5016	0
袁忠卫	5003	3017
王英	4955	2
翟中平	4875	1909
段承恩	4856	0

李香兰	4828	268
王晓峰	4817	3450
胡根良	4815	3322
石泽智	4784	3392
刘兴鹏	4743	1551
刘兴鹏	4743	1551
夏平	4737	1134
吴鹏	4732	31
王凌霄	4721	1785
孙 高	4673	3972
许宗富	4653	333
汤志武	4630	1707
叶克英	4623	2387
殷红梅	4543	1155
周建秋	4523	1249
杨晓光	4516	37
蔡学俊	4515	1307
蔡学俊	4515	1307
卢新华	4512	0
黄 威	4497	1618
李德山	4461	0
唐强熙	4406	2477
林怀禹	4396	703
王玉双	4384	794
万学堂	4378	1543
曾旻辉	4307	2076
魏殿绅	4222	2568
吴立明	4221	0
何梅生	4176	977
朱永忠	4166	3045
张全文	4135	1042
郑永康	4097	280
徐冬涛	4070	726
张松亭	4003	1996
125 人合计	856215	

注 1：检索日为 2010 年 1 月 9-10 日，当时国家知识产权局专利检索数据库中共有 4100892 条记录，其中发明专利 1616142 条，实用新型专利 1377560 条，外观设计专利 1107190 条。

注 2：因前 30 名代理领域无一例外地涵盖发明和实新 A、B、C、D、E、F、G、H 八大 IPC 类别，只有 3 人外观为零，故 30 名以后的其中项不再列 IPC 类别，只列外观设计。

注 3：此为不完全统计，不排除遗漏其他 4100892 条记录中代理件数超过 4000 件者。同时也不排除将两人同名列为一人的可能

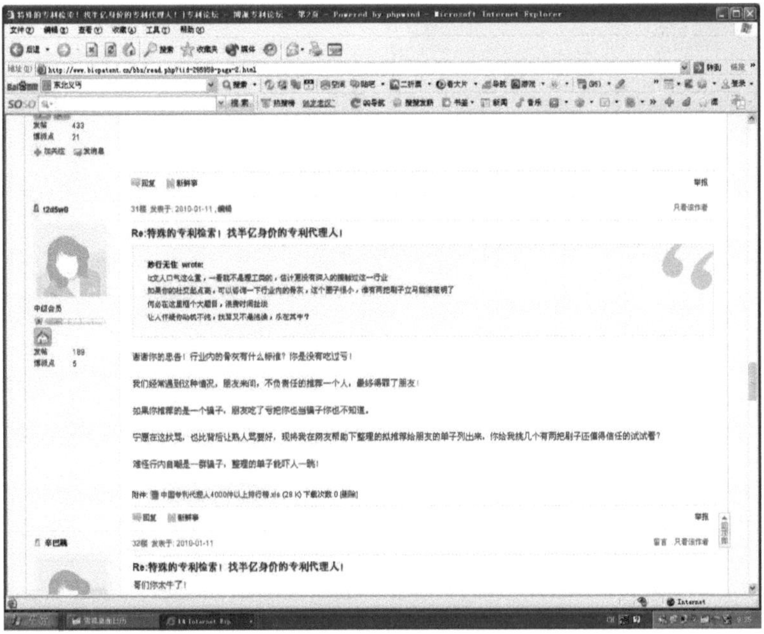

民主也需要创新

——一名普通律师对北京律协换届的意见和建议

涉足律师生涯一晃十多年过去了，来北京也五年有余了。回想当年，我与许多律师一样离乡背井来北京执业，所看中的就是北京相对较好的 -269-
执业环境，毕竟是中国的首善之地，这是一个非常重要的选项。

近几个月来，美国大选正进行地如火如荼，奥巴马宣布竞选搭档的方式也令人耳目一新，在一个有着民主传统的国度里民主尚在创新，尽管离我们非常遥远，对我们也应当有所启示。

九月十日，看到南方都市报《成了“富人俱乐部”？部分律师网上挑战北京律协》的报道，方才得知律协的“严正声明”，上网查了方知前后梗概，感慨颇多，既感到意外又仿佛正中下怀。认真思考了数天，决定将自己的想法和建议整理出来，也算响应本届律协的号召，为自己所在行业的发展尽一份力。

与大多数律师一样，我也是抱着美好的理想投身律师行业的，但执业十多年切身体验与感悟，使我认识到自己的前途和命运与行业的前途和命运以及中华民族的前途和命运需要每一个人作出奋斗和牺牲才能改善。2005 年我针对律师行业面临的困境写了《现代法律服务业的科学发展观》（http://article.chinalawinfo.com/article/user/article_display.asp?ArticleID=34060）万言长文，曾引起时任北京律协秘书长现北京律协党委书记董春江的注意，但该文仅是提到了问题，并没有解决问题的具体方法，也只是一种空谈而已。

通过报道得知三十五位律师“实现律协直选”的行动，使本人自觉汗颜，他们的实际行动说明了一个道理，建立显规则是打破潜规则的有效方法，百想不如一行，通过本文为北京律协换届提出自认为切实可行的方案，为北京律协换届能够实现自己的诉求有所作为。

首先我非常欢迎声明中提到的“要通过换届选举工作，充分听取广大律师的意见，不断改善律师协会服务会员、维护会员权益的各项职能。选举出真正代表广大北京律师利益的律师代表，保证北京律师行业健康发展。”

这个目标采用何种方式达到，三十五位律师所提出的方案能不能达到，则需要全体会员作出选择，地确不是少数人所能决定的。

律师这个群体是一个相对较高智力的人群，谁也别想低估他人的智力，因为这个群体日常工作就是面对不同的服务对象处理着不同的麻烦，他们对程序正义有着与其他人群更加敏锐的体验。正因为如此，在这个人群中制定游戏规则将是一个艰难的过程，其中原因我相信每位律师心中都有一杆称，不言自明。这也是“一个组织存在了至少 26 年都没有公之于众的根本法---章程”现象存在的自然的“合理的”因素之一。

换届后第八届律协的产生，处于律师行业利益遭受空前挑战的历史时刻，决定着北京律师乃至全国律师行业发展方向，直接涉及最广大北京律师的切身利益，对许多律师来讲，是对“生存还是灭亡”严峻形势考验做出抉择的时候了，我相信本次律协换届律师参与的程度将会是空前的，这也是一种“合理的”必然。

日前宁夏律师协会的选举已受到业内人士的广泛质疑，敏感的北京律师不愿意接受类似宁夏律师协会选举的后果，提前有所行动也在情理之中。

本次北京律师协会换届的历史意义社会意义重大，需要在程序性合法上做足文章，律师业服务于社会的各行各业，律师协会服务于律师会员，北京律协换届必将引起全国律师的注目，律师行业内的民主自治将对各行各业的行业协会产生影响，说句严重的话，对构建和谐社会的当前任务有着不可低估的影响。也不可能一帆风顺，因此必须严肃认真审慎对待。

在换届选举之前，设置科学合理的换届程序是非常必要的，是保障换届工作达到目标的关键之一。

什么是科学合理的换届程序，这个标准笔者说了不算，其科学合理的标准笔者认为应当是北京律师会员过半参与投票、投票中赞成过半决定的程序也许是科学合理的标准。北京律协会员个个都是熟悉程序法的专家，相信他们中简单多数的选择也许最有说明力。我注意到北京律协的换届工作刚刚拉开帷幕，也还没有提出换届程序的议案，我也体谅现任律协没有提出换届程序方案的苦衷，新一届律协诞生的议题涉及最广大北京律师的切身利益，这个程序也应当由最广大律师参与提议、群策群力地实现律协换届的程序正义。

本人认为北京律协换届与社会上其他换届一样，目的都是改善服务，包括改善服务方式。

律师这个职业具有特殊性，从换届进行的第一个层次就会产生质疑，律师代表的产生，能不能代表律师就是一个问题，在其他社会群体成员中这个问题虽然存在，但没有律师行业这么尖锐，我们不能不从重新审视律协应当起的作用和律师行业的特点这些最基本的功能谈起。

律师这个职业决定律师个体都普遍具有较强的个人能力，代理别人或代表别人是强项，被人代理或代表还没有习惯，于是就有了三十五位律师所提的上届 90%的律师没有参与的说法，尽管这种说法缺乏充分证据，但是不能否认确有许多律师没有参与选举的事实，要想吸引更多的律师参与，就必须使程序能让这些人相信，这种权利是实实在在的权利，不是虚设和形式，最终的结果是公正的，如果放弃，可能影响到选举结果，每一位都有影响力，这种影响力是平均的、均等的，结果可能不能如自己心愿，但在理论上是公平的，接受结果没有什么可抱怨的，如同抓阄的方式一样，虽是无奈却很有效。

律师行业普遍较强的个人能力和与之不成比例的行业影响力是律师协会存在的必要前提，再强的个人能力在庞大的社会面前也是渺小的、不堪一击的，因此需要组成行业协会维护共同的利益，但存在的问题是如何使协会的组成及内部分工能有代表性，仅是行业内互相了解、互相信任就是一个不小的问题，好在随便选出来的人只要愿意为大家服务，都有胜任的能力，同时有胜任的能力并不代表能让大家每个人满意。

律师协会的常设组织是为会员服务代表会员利益的机构，这个机构的功能就是为会员服务、使会员更好的为社会服务，由于协会服务的对象本身就是专业服务者，就决定这种服务要么是高质量的、能让多数人满意；要么就是不尽人意的选择，不满意也得接受，形式公平并且没有可抱怨之处；我认为前者难以达到，选择后者更实际。

上述这些不一样之处，大家作为业内人士，心里都有数，不必再详细论证，下面是我提的方法和理由：

首先不可回避的要解决第一个问题，就是新一届律协产生的程序，这个程序每个会员都有建议权，除非其自愿放弃，有多少都行，每个律师都有甄别能力，对建议程序进行投票，第一轮投票后，将得票最多的两三个程序作为备选程序进行投票。选出一个程序作为执行程序，程序产生的合法概念就是投票率过半，得票多的程序作为执行程序，至于简便易行的投票方式和能提高投票率的便捷方法，后边再谈。

本人所提程序建议案如当选，将是如下执行过程——

第八届北京律师协会的产生和组成将采用如下方式：

一、本届律师协会将改变律协组成和产生的方式，采用海选方式，不再实行律师分区选律师代表，律师代表选主席团，主席团提名选举理事会、监事会，理事会监事会再选举会长，监事长等繁锁方式，本着精简高效的原则，减少选举层次，力求经过两到三轮的海选将候选理事选举与会长选举一次性选出，按北京律师 2008 年 9 月 30 日前注册律师进行选举登记，公布选举登记结果和满三年执业经历的律师比例。

二、由所有登记的会员进行提名，每人提名不得少于三人，也不得多于五人，自己可以提自己，但不得只提自己不提他人，提名理由不问，由提名人自己充分自由决定行使，提名范围必须是被选举人范围，否则视为放弃提名权，提名统计结果公开，获得被提名票数前三百名的被提名人作为律师会长候选人。

律师会长候选人可以自由组合组成会长、常务副会长的二人竞选班子，由各竞选班子提出竞选纲领和本届律协组织方式交由全体会员投票选举，投票率过半、得票多者当选会长、常务副会长。

未参与会长常务副会长竞选的其余被提名人作为律师议事团候选成员。

三、由当选会长在律师议事团候选成员中选任副会长、理事会成员、秘书长人选，并选取议事团候选成员外会员副会长一人及非会员顾问一人，秘书处人员由会长代表全体会员聘任，组成后对全体律师宣布，如有不同意者可提出反对议案，会长有不采纳反对议案的权力，也有采纳进行个别调整的权力。

四、监事会总监事、常务副总监事由竞选中得票率仅次于当选会长的竞选者自然当选，也在律师议事团候选成员中选择若干成员担任监事会成员，组成后向全体律师公布，如有不同意者可提出反对议案，总监事有不采纳反对议案的权力，也有采纳进行个别调整的权力。

五、会长可因监事会滥用权利解散监事会，但不得指定监事会人选，解散监事会的动议必须经全体律师的过半数投票，赞成解散票过半才可生效。

六、会长因个人原因辞职，由常务副会长自然继任会长。会长因非个人原因无法履行职务经过律师议事团同意可做出提前换届的决定，提前结束本届律师协会任期，并指定议事团候选成员外的副会长行使组织下届律师协会的选举产生工作；会长的罢免须由律师会员提议，50 人以上会员附议监事会方可受理，监事会受理后，决定是否交由全体律师表决，表决须有过半数会员投票，赞成罢免者过半，方可生效，罢免后的程序与提前结束本届律师协会任期的程序相同。

七、会长、副会长、理事会监事会等以上被选被任人员以及其余律师议事团候选成员除明确表示不愿或不便履行议事团职责的外，均为本届律协议事团组成成员，议事团依议事规则议事。

上述海选的方法虽新，当前互联网的发展和手机的广泛使用，已不存在实现的技术障碍，历史遗留下来的选举惯例有着历史上各种条件的制约因素，当这些因素消失后，完全可以放弃。

选举平台可选择社会业务机构提供的平台，统计方法统计手段计算机都不难完成，信息的传递也不需要贴榜等原始方式，选举人的意思表示可以通过现代通讯方式表达，律师的分散工作性质需要更简捷更有效的选举方式。

具体的方法就是利用工业信产部的 12114 平台实现这种高效的低成本选举手段，这个平台不仅能实现选举还能实现新一届律师与广大会员的信息沟通，这样产生的新一届律协将有效组织利用律协成立二十多年来丰富的财力积累和众多的会员人力资源为全体会员谋取更多的有共性的合法利益。

以下简述本程序建议议案的合理性和便捷性

一、通过本程序可解决代表的广泛性问题，首先提名过程的民主实现了，每个会员都有提名权，由于律师的分散作业性质，互相了解互相信任问题难以短时解决，采用这种人为天择方式，解决了提名过程的公平问题，更重要一点前提是被提名人都是律师会员应当普遍相信他们有服务他人的基本能力，一万多人提出三万到六万或更多的提名票，票数非常难以集中，但更难以平均。

通过 12114 设定的信息名址系统每个会员都可以用自己的手机提名和投票，不受地城限制，节省时间节省费用并提高投票率，12114 的平台控制在信息产业部下面的机构手中，也减少了人为操控选举的可能性，并且可以设置后台检查程序，将票数统计，某人提名某人的信息全部保存起来对会员开放，做到提名及统计过程的公开、公平、公正。即使有些人想搞些串联、搞些动作，都不可能影响总体结果，三万多到六万多的被提名相对来讲不可能出现平均，切出被提名票数较多的若干个人，如票数由多到少切出 300 多组成律师议事团没有技术障碍，这 300 余名议事团成员均有自由选择竞选会长的权利，这种权利的基础就是相对被提名票数多这个比较优势，也是一种形成权利。

二、在 300 余名议事团成员中再选举会长副会长有着充分的选择余地，由会长决定理事会、秘书处的组成体现了充分授权的原则，便于会长灵活决定服务组织结构和服务方式。当然这些间接也由律师决定，并体现在对会长副会长选举过程中。

三、总监事和监事会的产生，由会长的竞选对手来担任，既体现了民主的结果，又体现了权利制衡，并且也节约了程序。

四、12114 平台不但能解决选举问题，也为律师与广大律师的沟通创造了经常化渠道。便于律师协会常设机构与广大会员形成随时随地沟通的机制，随时进行会员意愿调查，律师对协会有什么要求提出，其它律师可以附议，当附议达到一定数量，可作为提案付诸表决，便于律师协会解决会员普遍关心的问题，使服务更有针对性和可操作性。

五、12114 平台还能解决社会公众对律师监督和投诉的功能，协会对会员的处理可以及时到达每一个会员，会员也可以根据本会章程提出撤销处理决定的动议，为被处理会员提供救济渠道。

综上所述，本人所提方案可能不是最好，其主要宗旨已明确无误，既能体现最广大律师意志，又能节约程序减少环节，广大律师可以通过网络了解程序提案，通过手机投票选择程序，两轮投票决定程序，使程序正义首先实现。在执行换届程序中，如本程序一轮提名并投票既可产生 300 余人或相当人数的律师议事团成员，不再是哪个律师代表某些所或某地区，而是议事团集体代表全体会员意志，议事团集体中自由组合若干对会长副会候选人搭挡进行会长竞选，律师会员再对竞选的会长候选人投票选出会长，两次投票既可产生会长，总监事和议事团范围。会长选出后，理事会秘书长由会长在律师议事团成员中选择公布，既有责任也有权力，律师则不需要再投票，只要知道协会组织组成的知情权，这是本人所提程序的梗概，详细的步骤也不难细化，本文只是一种启示，限于篇幅不宜详细描述，过于详细的描述和论证有污辱他人智力的嫌疑。

谨以此文表达一名普通律师律协这个代表自己利益组织的期望和参与愿望。

《民主也需要创新——一名普通律师对北京律协换届的意见和建议》一文已于2008-9-17电邮提交北京律协，2008-9-20收到的答复是：“吴律师：您好电子邮件已收到，我们将转交秘书长，协会秘书处”

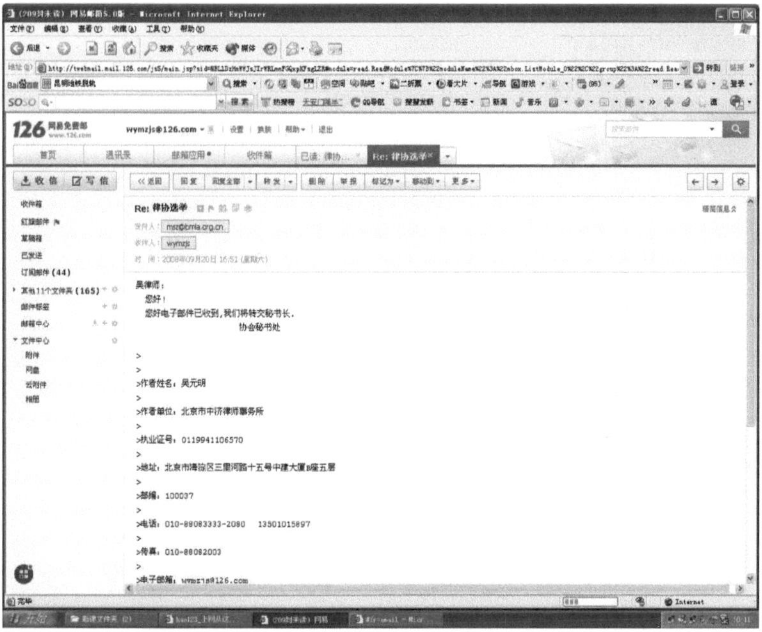

编者感叹：有生五十五年从没有享受过真正的选举权！

成了“富人俱乐部”？部分律师网上挑战北京律协

来源：南方都市报 2008-09-10 10:33:22 作者：谭人玮 实习生 吴桐雨

南方精选

- 成了“富人俱
- 取消十一黄金
- “关心教师不
- 深圳市长许宗
- 代课教师：“
- 湘西70亿非法
- 上海房地产开
- 美国救市：全
- 代课教师既当
- 华南新城业主
- “十一”黄金
- 李灏：平生最
- 韶关公安局长
- 捡垃圾并非低
- 工商基层喜迎
- 为让女儿获救
- 票价5年未变

深评浅议

- 行政机构与财
- 财政政策要接
- 单纯立法不能
- 教师，请等待
- 要审计监督更
- 2008大选：胜也
- 我们能为农家
- [关键词]取消

首都律師
www.bmla.org.cn

北京市律师协会关于少数律师呼吁所谓“北京律协直选”的严正声明

发布日期:2008-09-05　信息作者:北京市律师协会

全体北京律师、各律师事务所：

近日少数律师联合签名，在网上发布题为《顺应历史潮流，实现律协直选--致全体北京律师、市司法局、市律协的呼吁》，呼吁书中打着推动民主的幌子，直接质疑北京市律师协会的合法地位。随后，北京一些律师开始收到少数律师发送的手机短信，以降低会费、改变税收制度为诱饵，煽动广大律师声援所谓“北京律协直选”。

在此，北京市律师协会郑重声明：北京市律师协会是依法成立的社会团体，是北京律师行业的自律组织，代表北京市全体律师的利益，依照《律师法》和《中华全国律师协会章程》对北京律师行业实施管理。北京市律师协会通过会长、秘书长信箱，理事接待日，代表提案制度等形式听取广大会员的意见和建议，按照行业规则进行民主决策、民主管理、民主监督。任何人利用手机短信、网络等媒介，采取私自串联的方式，以推动民主选举为幌子，发表煽动性言论，在北京律师中制造谣言，蛊惑人心，试图拉拢不明真相的律师支持所谓“北京律协直选”都是非法的。他们借北京律师协会换届之机，利用部分律师参与协会行业管理的热情，打着 “律协民主管理”的旗号，其本质是妄图摆脱司法行政机关的监督指导和律师协会的行业管理，全方位否定我国现行的律师管理制度、司法制度直至政治制度。

广大北京律师要保持清醒头脑，认清少数律师“推动北京律协直选”的真相，从坚持北京律师行业正确的政治方向，维护北京律师行业良好社会形象的角度出发，自觉抵制少数律师不正确的言论，不被他们所利用。

今年是北京市律师协会的换届之年，为确保律师协会换届工作顺利完成，北京市律师协会已经积极着手准备换届选举工作。要通过换届选举工作，充分听取广大律师的意见，不断完善律师协会服务会员、维护会员权益的各项职能。选举出真正代表广大北京律师利益的律师代表，保证北京律师行业健康发展。

【返回顶部】　【关闭窗口】

图：北京律协的严正声明。这份声明在网上引发热烈讨论

一些律师签名呼吁律协直选，律协网上反击号召北京律师保持清醒头脑

“他们借北京律师协会换届之机，利用部分律师参与协会行业管理的热情，打着‘律协民主管理’的旗号，其本质是妄图摆脱司法行政机关的监督指导和律师协会的行业管理，全方位否定我国现行的律师管理制度、司法制度直至政治制度。”

这是北京市律师协会9月5日发布在其官方网站上关于少数律师呼吁所谓“北京律协直选”的严正声明中的一段话。起因是北京有35名律师公开在网上呼吁北京市律师协会进行直选改革，并给出了一个非常详细的选举方案，呼吁北京的广大律师签名支持。对北京律协的声明，他们第二天迅速给出了回应：“我们对于北京律协在国家大力推行社会主义民主法治的21世纪的今天发布如此强烈‘文革’色彩的声明深感惋惜和痛心。”现在，双方

- 未来的黄金平
- 司法的人民性
- 业主要求补差
- 社评：美国接
- 央行并不缺乏
- 接管两房 修补
- 财政补贴房市
- 人民需要司法
- 经济要自由，

的论战迅速在网上扩散，引起广大网友关注。

倡议律师希望实现律师自治

最早发起呼吁的律师之一唐吉田接受本报记者采访时表示，他们作为一个行业协会的成员，完全有权利要求制订一个规范，让代表者与被代表者之间深入沟通，真正为律师服务。现在是一个小圈子里的人就拍板决定了谁是代表，按惯例操作，哪个代表是代表哪些律师的权益，根本不清楚。在草拟的选举办法中，他们有针对性地提出，划分选区，每个选区产生5名个人律师代表。另外，会长和监事长都要全体律师投票产生。

另一发起律师张立辉对本报记者表示，他觉得他们的本意被曲解了，“我们只是想让律协更好，建立一个比较好的规则，大家可以按规则来办事。北京律协的反应有点过度，声明用词让人感觉倒退了50年，不符合事实与法律。我们也正在积极地与律协和司法局进行沟通，不希望出现紧张的气氛。”他还向本报记者透露，最先签名的35名律师都被所在区县的司法局领导找去谈话，大部分都没有明确表示反对律师们的诉求，只是提醒他们要注意方式和方法，但也有个别律师受到了明确的指示，要求他们退出这次活动，更有个别律师被所在律师事务所劝离。他希望事情不要上纲上线，这对解决问题没有好处。

唐吉田说，现存律协已经成了律师成长道路的拦路虎。只有实现律师的自治，也就是由律师自己决定律师协会的产生及其组成人员并监督其工作才是唯一的出路。而要做到这一点，就必须先从律师代表的选举入手，也就是实现律师代表的直选。什么时候律师手中的选票真的发挥了作用，什么时候律协就会成为自己的组织。他还说，最开始，这个呼吁的反响不是非常大，北京律协的声明出来之后，反而把律师们“激活”了，很多人开始关注此事。

在对声明的回应中，律师们称：“扩大公民有序参与，推动民主法治进程，追求人民当家做主，是我们全体国民也是执政党的奋斗目标，我们作为律师积极推动自己所在的行业协会民主选举、民主决策、民主监督，恰恰是顺应了历史潮流，这不是北京律协所说的否定我们国家的政治制度，而是以实际行动拥护和实践我们国家的政治制度。”

网上公开信律协成了“富人俱乐部”

8月26日，程海、张立辉、唐吉田等35名律师在网上公开发表了《顺应历史潮流实现律协直选———致全体北京律师、市司法局、市律协的呼吁》一文，另外还附上了草拟的

《北京律师协会选举程序》，请大家提意见加以完善。

《呼吁》中历数北京律协现存的许多弊病，例如，北京律协至今没有合法的章程和选举办法，“90%以上的北京律师未参加过任何‘律师代表’的选举，也没有人通知他们参加这样的选举。现状是，律师协会律师代表的大多数由律师事务所主任或合伙人担任，会长、理事、监事的大多数是由收入丰厚的规模较大律师事务所合伙人担任。有律师形象地说，现在的北京律协实际是‘富人俱乐部’，是为他们扩大影响、招揽业务服务的。”

“在维护律师权益方面鲜有作为，甚至侵害律师权益。”

“律协支出不公开不透明，缺乏合法有效监督；滥用权力，自定过高年费标准，应当是全国最高的，结果是律协净资产不必要地大幅增加，到2006年底净资产竟达到1.16亿元、现金6300多万元，现在的净资产应当超过了1.5亿元！律协是社会团体，不得进行经营性活动，收那么多会费存在那干什么？”

北京律协私自串联非法

北京律协的声明称：“北京市律师协会是依法成立的社会团体，是北京律师行业的自律组织，代表北京市全体律师的利益，依照《律师法》和《中华全国律师协会章程》对北京律师行业实施管理。北京市律师协会通过会长、秘书长信箱，理事接待日，代表提案制度等形式听取广大会员的意见和建议，按照行业规则进行民主决策、民主管理、民主监督。任何人利用手机短信、网络等媒介，采取私自串联的方式，以推动民主选举为幌子，发表煽动性言论，在北京律师中制造谣言，蛊惑人心，试图拉拢不明真相的律师支持所谓‘北京律协直选’都是非法的。”

■业内评说

律师党性很强不用过分担心

一位不愿透露姓名的业内权威人士对记者表示，要说直选在其他偏远省份实行起来有难度，在北京其实时机已经成熟了。北京的律师行业发达，而且绝大部分人都在城里，没什么技术上的问题。单纯从理念上说，律师们的诉求是值得关注的。

他还向记者表示，选举的章程上一届没有通过，说要出台，说了很多年了都没出来。现在没有一个明确的规则是事实。北京律协的反应可以说是匆忙、草率，用词也不合适，你用“少数律师”这样的词，很容易让人想起“一小撮”这样的“文革”语言。要是态度温和一些，可能比较好。比如这么说，你们的诉求我们注意到了，你们的人数过少，意见是不是具有普遍性，方案是不是具有可行性，可以研究。

他说，其实，律师们的党性很强，对政策的把握也是到位的，不会危及到政治制度，不用过分担心。

■律协范例

深圳律协的成功经验

深圳律协是全国首个由官办转向民间自治的地方律协，是国家司法部深为关注的改革试点。深圳律协自从2003年走在全国前面进行改革后，律协和律师的关系就产生了革命性的变化。他们之间不再是上下级的关系，彻底转变成服务者与被服务者之间的关系，转变到了通过民主程序服从真理的关系。

2003年7月18日，第四届深圳市律师代表大会召开。大会代表以律师事务所为单位推举产生，每个所至少有一名代表。会上，代表对《深圳市律师协会章程》进行审议，并提出修改意见。7月19日，大会遵照章程的规定组织选举产生全国第一个律师代表直选、候选人竞选的律协会长。

新一届律协成立后，与司法局在人、财、物方面彻底脱钩，司法局不再承担深圳律协的任何经费和开支，律协会费收入也不向司法局缴纳；办公场所由律协自费购建，产权归律协所有。

会前大会广泛征集意见出炉的新《深圳市律师协会章程》，进行了多项革新，比如规定"副会长候选人由大会主席团和会长在当选的理事中共同提名，赋予会长组阁权"。

不到一年之后，2004年7月25日，60名律师对首任会长徐建提出被徐自己称为"18宗罪"的罢免提案，焦点集中在深圳市律协买楼一事。最后，"罢免提案"因事实不足不被列入大会议程，但是深圳市律师协会却借此机会再次完善章程相关内容。

（编辑：杨拂玄　　）

律协何必视直选为洪水猛兽？

2008-09-12 08:53 南方都市报

王建勋专栏

8月26日，35名律师公开呼吁北京市律师协会进行直选改革，并草拟了具体的选举程序。9月5日，北京律协在其官方网站发表“严正声明”，**指责直选呼吁的发起者“打着‘律协民主管理’的旗号”，“妄图摆脱司法行政机关的监督指导和律师协会的行业管理，全方位否定我国现行的律师管理制度、司法制度直至政治制度”。**呵呵，看架势，北京律协真有点将直选视为洪水猛兽了！要不，怎么给律师们的直选呼吁扣那么大一顶帽子呀？

从根本上讲，律师协会是律师们的自治组织。其宗旨是为律师会员服务，维护律师会员的基本权益。既然如此，律协的各种事务都应当由全体律师会员们共同参与、自主治理，而不是由少数人垄断或者他人越俎代庖。这意味着，全体律师会员们有权参与律协各种事务（尤其是重大事务）的决策，包括制定律协的章程、制定律协运作的各种规则（如选举规则等）、参与律协选举、决定和监督律协资金的使用、弹劾和罢免不称职的律协负责人等。也就是说，**律师是律协的“主人”，而不是“被管理者”；律协是为律师“服务”的，而不是以“管理者”自居。这是法治国家的通例。**

依照此理，北京律协作为北京市律师的自治组织，理应由全体北京律师会员共同参与、自主治理，对律协的各种事务，尤其是重大事务，做出决策和安排。这当然意味着，北京市全体律师会员有权制定章程，有权选举北京律协的律师代表以及各部门的负责人，包括会长、副会长等。从这个意义上讲，凡是未经北京市全体律师会员参与的重大决策和选举，对于会员们都没有约束力。 -283-

奇怪的是，始建于1952年、恢复于1979年并于1982年宣告正式成立的北京市律师协会，居然没有对外公开的“章程”。尽管北京市律协在其官方网站上称，1982年通过了第一个“《章程》”，但是该“《章程》”是由谁制定的，内容如何，律师会员和外界均不得而知，也根本未出现在其官方网站上。有趣的是，在其网站的“诚信信息使用帮助”栏里，出现有“北京市律师协会正在起草北京市律师协会章程”的字样。**一个组织存在了至少26年，却没有公之于众的根本法———章程，律师们和普通民众不免要问：其合法性何在？它是依据什么原则和规则设立的？**

同样令人惊诧的是，自称在1982年就召开了第一次北京律师代表大会的北京律协，居然在24年后（即2006年）才制定了《北京市律师协会律师代表大会规则（试行）》。那么，这24年间律师代表大会都是如何召开的？北京律协的负责人都是如何产生的？进一步，尽管北京市律师代表大会已存在了

26年，并且两年前通过的《北京市律师协会律师代表大会规则（试行）》第十七条规定“律师代表选举办法”由律师代表大会制定，但是北京律协至今没有律师代表的选举办法。人们不禁要问：没有律师代表的选举办法，律师代表26年来都是如何产生的？什么样的人当上了律师代表？这些人能够代表律师的利益吗？

既然如此，35名律师花费自己的时间和精力，为北京律协起草选举规则，并呼吁其进行选举改革，难道不是为北京律协的合法性和正当性谋求出路吗？那些不带偏见地阅读了律师们选举改革呼吁的人，都会认为其倡议合法合理，完全是建设性的努力。我国《宪法》明确规定了公民的“选举权和被选举权”以及“结社自由”，并且没有一部法律禁止通过“选举”产生律协代表和负责人。35名律师争取选举权的行为，更是符合“国家尊重和保障人权”（《宪法》第三十三条）的庄严承诺。尽管也许有人不同意他们草拟的具体选举程序，但是改革律协的选举和决策却是许多律师和民众共同的愿望，只要看一下网上各界人士的评论和留言便一目了然。**公开、公正并有竞争性的选举不仅可以帮助解决北京律协当下面临的合法性危机，而且有助于其成为捍卫律师权益的真正自治组织。**

从法治和民主的发展史上来看，律师及其团体一直扮演着举足轻重的角色。在中古和近代的英国，律师们屡次挑战国王的专断和恣意，捍卫民众的权利和自由；在十九世纪的美国，律师们不断攻击带有歧视性的法律，倡导黑人和妇女的权利。可以说，律师们为法治和民主的实现功莫大焉。难怪霍姆斯法官说：“在所有世俗的职业中，律师是最值得称赞的。”**我们期望，中国的律师们也能成为一支推动法治和民主的力量，成为一个令人称赞的群体。而这，要从改革律师自己的组织———律协开始。**

- 宁夏律协选举作废引发抗议 领导不满意就要重选（2008-06-24 11:09)
- 律协换届PK李淳连任（2008-04-01 00:00)

卷四：**醒梦之案**

http://news.ifeng.com/society/special/lizhuang/
资讯
"时间会把真相放在阳光下"
李庄向最高检控告重庆专案组徇私枉法
王立军前后有51位秘书 有人顶嘴被关300天
王立军第三任秘书忻建威陷李庄赴重庆法院 曾被关押1年
李庄，每个月都去重庆 每次都有收获|相信法治进步
龚刚模亲属否认李庄嫖宿 披露被逼诬陷内情
"藏头诗"始末|龚刚模称重庆警方逼其背下文字稿陷害李庄
李庄称郭维国在看守所当面流泪说"李庄是条汉子"
李庄案始末
2009年12月12日，李庄因涉嫌伪造证据被公诉
2009年12月31日，李庄首次庭审坚称无罪
2010年01月08日，李庄一审被判2年半 律师称将上诉到底
2010年2月9日，李庄二审当庭认罪 获减刑一年
2011年3月29日，重庆警方称已根据举报追究李庄遗漏罪行
2011年4月20日，李庄漏罪案在重庆江北法院开审
2011年4月22日，重庆江北检方对李庄漏罪案撤回起诉
2011年6月11日，李庄刑满出狱
2011年12月12日，李庄向最高法提出再审申请
2012年11月15日，李庄向最高检控告重庆专案组徇私枉法
最新报道
李庄其人
案件经过
2009.12.12，因伪证罪被起诉
2011.4.2，因漏罪再次被起诉
2011.6.11，李庄刑满出狱
2012.11.15，向高检提出控告
相关专题
重庆开展打黑除恶专项斗争
重庆市第一中级人民法院约谈李庄
视频报道

司法部通报李庄案警示教育全国律师

2010-03-19 00:18:41 来源：中央人民政府网站

核心提示：近日，司法部向各地司法行政机关就李庄违法违纪案件发出通报。司法部已向各地发出通知，决定利用李庄案件在全国律师队伍中开展一次警示教育，并已召开专门会议进行部署。

中央人民政府网站3月18日消息 近日，司法部向各地司法行政机关就李庄违法违纪案件发出通报。

通报指出，2月9日，重庆市第一中级人民法院以李庄犯辩护人伪造证据、妨害作证罪，依法判处其有期徒刑一年六个月。2月20日，北京市司法局依法吊销其律师执业证书。

通报指出，李庄从一名执业律师变成违法犯罪分子，究其根本原因，就是在执业理念上背弃了中国特色社会主义法律工作者的本质要求，在执业行为上违反了法律对律师执业的基本规范，在执业操守上违背了律师应当具有的基本职业道德准则。李庄案件危害很大，教训深刻。李庄的违法犯罪行为严重影响了司法机关正常工作秩序，严重损害了律师队伍形象。

通报指出，在党中央、国务院的领导和关怀下，我国社会主义律师制度日益完善，律师队伍不断发展，律师的职能作用不断显现。广大律师高举中国特色社会主义伟大旗帜，秉持良好职业道德，依法开展法律服务，为落实依法治国基本方略，促进经济社会发展作出了积极贡献。实践证明，我国律师队伍的主流是好的，是党和人民可以信赖的队伍。李庄案件只是个案，要把其与整个律师队伍区分开来。各级司法行政机关、各地律师协会和广大律师要充分认清李庄违法犯罪的危害，切实从中汲取教训，引以为戒，警钟长鸣。要始终坚持社会主义法治理念，时刻牢记作为中国特色社会主义法律工作者，必须始终自觉坚持党的事业至上、人民利益至上、宪法法律至上，坚持

李庄嫖娼案与插半截

近来李庄案搅得法律界浑天黑底，各种说法纷纷争鸣，我等静观其变，并非置身事外，还是浦志强的两篇文章入木三分，《李庄不冤》及本篇，堪称律师业入门必读，不然那么多通过司法考试者也会如去年或前年那个女律师（注图）一样刚入行门便出师未捷身先死了。

李庄案庭后报道的李庄嫖娼一说，倒让我想起下乡时村里那个印象很深的外号叫“半截”的老光棍。

文革后期，高中毕业上山下乡到一个离县城 45 里的封闭山村，集体制的劳动自然分为三拨，一拨是男劳力，一拨是妇女，这两拨或聚或散，只有一拨一成不变，干的是最脏最累的活，不见笑声、不见讲话、不见休息，年龄也偏高。落户没几天就被告知这拨人属于划清界限的地富反坏右的被改造黑五类，这类人中有一壮汉，大人小孩都笑着叫他“半截”，自然引起我们的兴趣，问及由来，村人皆笑而不答。

不久就得知，“半截”壮汉的成分是贫农，因家贫大龄未成家一直打光棍。后沟有一媳妇有点姿色，因当姑娘时出轨没人娶而屈嫁与外乡落户者，丈夫不在时常暗做皮肉生意，方圆近知。光棍也垂涎，生意价是二元（合当时农村 7 个工日），光棍只攒一元就迫不及待去了，该媳妇见有一元也不拒绝，声明只许插半截成交，事后该媳妇找光棍讨要另一元钱，光棍狡辩曰：“没说哪半截，我当后半截”，拒付被告官事发，当时是群众专政，经当地乡绅斡旋放本村劳改。

该媳妇与有些村干有染，有社员为其鸣不平说“干部操的，光棍就操不得！”

亲耳听到有一木匠叹道：“不合算啊，一块钱能砍 7、8 根椽子呢！”引村民哄堂大笑。（注：当时盖房用的椽子一角二、三一根，买者得自己砍取；另：“砍椽子”在当地暗示手淫）。

不难想象，那光棍难以掌握插半截的尺度，律师也难以掌握辩护权的边界。不告发是幸运，被告发则在劫难逃，在中国，卖国也好，腐败也好，是需要资格的，莫要怨“干部操的，光棍就操不得！”，没用的！还是老老实实，没有钩钩嘴，别吃那瓢瓢食，十几万律师不办刑事案也没见饿死几个！

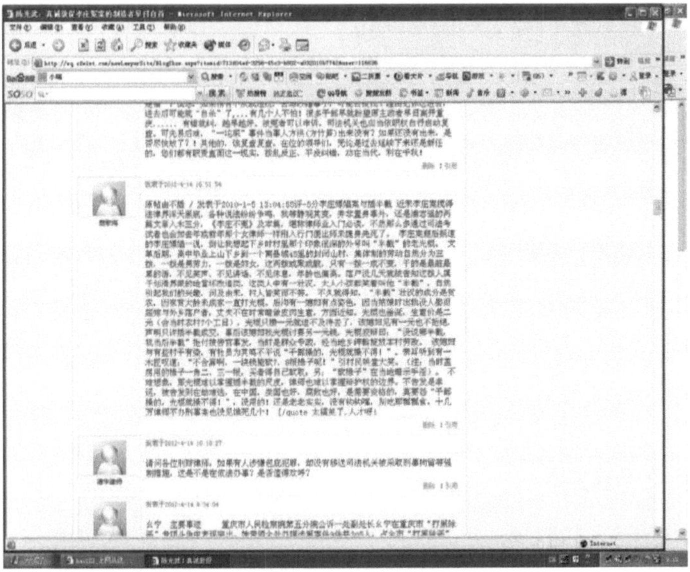

注图

女律师帮强奸嫌疑人制作伪证获刑1年半

2008-03-09 03:53:51 来源：京华时报(北京) 网友评论 1 条 点击查看

核心提示：31岁的薛某当律师后接手的第一起刑事案件，就为帮涉嫌强奸的嫌疑人逃脱法律制裁制作伪证。她因此被海淀法院一审判决有期徒刑1年6个月。

京华时报3月9日报道 为帮助代理人减轻罪责，原北京康盛律师事务所女律师薛辉诱导被害人写下虚假材料，并作为证据提交给办案人员。前天，薛辉因犯辩护人伪造证据罪被海淀法院一审判决有期徒刑1年6个月。

2006年11月17日，薛辉为使涉嫌强奸的嫌疑人陈书成逃脱法律制裁，诱导强奸案被害人辛某写下了陈书成不知道其真实年龄的虚假材料，并将该材料递交给陈书成案的承办民警。此后在薛辉的授意下，陈书成的父亲、弟弟又找人伪造了证明辛某被害时已满14岁的身份证，并由薛辉将该身份证递交给此案的承办检察官。

庭审时，薛辉否认自己曾引诱陈书成的家人伪造身份证。听到宣判后，她不停抹着眼泪，仍然否认法院判决认定的事实，但对判决结果没有提出异议。据薛辉的代理律师称，这是31岁的薛某当律师后接手的第一起刑事案件。（本文来源：京华时报 作者：王秋实）

【已有1位网友发表了看法，点击查看。】

黄健翔版“李庄案”解说

（来自网络。但阅读本文前，请复习黄健翔 2006 世界杯意大利 Vs 澳大利亚的解说或者听一下徐德亮、董路、黄健翔合说的相声《今夜不说足球说相声》）

（声嘶力竭地）

——“嫖娼！嫖娼！嫖娼！么宁立功了，么宁立功了！不要给律师任何的机会。

——伟大的中国检察院公诉人！她继承了中国革命法制的光荣的传统。江青、张春桥、姚文元在这一刻灵魂附体！么宁一个人她代表了中国革命法制悠久的历史和传统，在这一刻他不是一个人在战斗，他不是一个人！

——判刑啦！比赛结束了！重庆政法联队获得了胜利，淘汰了北京律师队。他们没有再一次倒在律师的面前！伟大的中国！伟大的中国的公诉人！中国法学界今天生日快乐！中国万岁！

——律师嫖娼是一个绝对理论上的绝杀。绝对的市井，公诉人使用了“骂街”的先进公诉技术！

——胜利属于公诉人，属于么宁，属于审判长，属于龚钢模，属于重庆公安，属于西南政法，属于所有热爱重庆黑社会的人们！

——让他们滚蛋吧！——律师队也许会后悔的，律师协会，他们在下半场对方没有证据的情况下打得瞳保守、太沉稳了，他们失去了自己的勇气，面对中国革命法制悠久的历史和传统，他们没有再拿出向公益律师收取年费时那样猛扑猛打的作风，他们终于自食其果。他们该回家了，他们不用去遥远的重庆，他们大多数都在北京生活。

——再见！”

Bai百度 新闻 网页 贴吧 知道 音乐 图片 视频 地图 文库 更多»

司法部向各地司法机关发出李庄违法违纪案件通报 百度一下 上百度搜

司法部向各地司法机关发出李庄违法违纪案件通报
近日,司法部向各地司法行政机关就李庄违法违纪案件发出通报。 通报指出,2月9日,重庆市第一中级人民法院以李庄犯辩护人伪造证据、妨害作证罪,依法判处其有期徒刑...
www.gov.cn/gzdt/2010-03/18/content_1... 2010-3-18 - 百度快照

司法部发出李庄违法违纪案件的通报- 中国法院网
2010年3月18日 - 近日,司法部向各地司法行政机关就李庄违法违纪案件发出通报。 通报指出,2月9日,重庆市第一中级人民法院以李庄犯辩护人伪造证据、妨害作证罪,依法判处...
old.chinacourt.org/html/article/2010... 2010-3-18 - 百度快照

司法部发出李庄违法违纪案件的通报
wq.zfwlxt.com/newLawyerSite/BlogSh... 2013-1-10 - 百度快照

司法部通报李庄违法违纪案件-【维普网】-仓储式在线作品出版平台-...
近日,司法部向各地司法行政机关就李庄违法违纪案件发出通报。 2月9日,重庆市第一中级人民法院以李庄犯辩护人伪造证据、妨害作证罪,依法判处其有期徒刑一年六个月...
www.cqvip.com/qk/81041X/201004/33885... 2012-11-28 - 百度快照

司法部通报李庄案警示教育全国律师_网易新闻中心
2010年3月19日 - 核心提示:近日,司法部向各地司法行政机关就李庄违法违纪案件发出通报。司法部已向各地发出通知,决定利用李庄案件在全国律师队伍中开展一次警示教育,并已...
news.163.com/10/0319/00/623LCASR0001... 2010-3-19 - 百度快照

司法部通报李庄案揭示了什么?_网易新闻论坛
6条回复 - 发帖时间: 2010年3月19日
司法部3月18日向各地司法行政机关就李庄违法违纪案件发出通报。司法部通报李庄案揭示了什么? 司法部通报指出,2月9日,重庆市第一中级人民法院以李庄犯辩护人伪造...
bbs.news.163.com/bbs/country/1696263... 2013-1-10 - 百度快照

关于转发《司法部关于李庄违法违纪案件的通报》的通知
2010年5月20日 - 司法部对北京市康达律师事务所律师李庄违法违纪案件进行了通报,现将《司法部关于李庄违法违纪案件的通报》转发给你们,请组织律师认真学习,充分认识李庄...
uygur.aks.gov.cn:8010/indexpub/KK021... 2010-5-20 - 百度快照

司法部通报李庄案 将在全国律师中开展警示教育_资讯_凤凰网
2010年3月18日 - 近日,司法部向各地司法行政机关就李庄违法违纪案件发出通报。 通报指出,2月9日,重庆市第一中级人民法院以李庄犯辩护人伪造证据、妨害作证罪,依法判处...
news.ifeng.com/mainland/special/chon... 2010-3-18 - 百度快照

司法部将李庄案作反面教材在全国律师中开展警示教育-找法网(Find...
2011年1月18日 - 找法网律师法专题网,本报讯 记者昨日从市司法局获悉,近日,司法部向各地司法行政机关就李庄违法违纪案件发出通报,要求各级司法行政机关、各地律师协会利用...
china.findlaw.cn/info/lvshi/lsdt/145... 2011-1-18 - 百度快照

司法部通报李庄案 将在全国开展律师警示教育_新闻_腾讯网
2010年3月19日 - 中央人民政府网站3月18日消息 近日,司法部向各地司法行政机关就李庄违法违纪案件发出通报。 通报指出,2月9日,重庆市第一中级人民法院以李庄犯辩护人...
news.qq.com/a/20100319/0002...htm 2010-3-19 - 百度快照

1 2 3 4 5 6 7 8 9 10 下一页> 百度为您找到相关结果约90,800个

相关搜索 违纪处罚通报 违纪通报 员工违纪通报 违规违纪通报 李庄微博
李庄案 李庄白肉 李庄博客 李庄简公 李庄古镇

司法部向各地司法机关发出李庄违法违纪案件通报 百度一下 结果中找

搜索

Baidu百度　新闻　**网页**　贴吧　知道　音乐　图片　视频　地图　文库　更多»

律师　卖凉粉　百度一下　上百度搜

律师卖凉粉?创业背后有故事-渠道网
律师卖凉粉,是炒作还是背后有故事?是牛刀杀鸡还是隔行如隔山?... 导读:律师卖凉粉,是炒作还是背后有故事?是牛刀杀鸡还是隔行如隔山? 两年前,我的职业是一名律师...
cy.qudao.com/news/474...shtml 2013-1-6 - 百度快照

重庆律师弃20万工作卖凉粉　欲开成连锁店(图) - 大众网
2011年2月22日 - 放弃已成"气候"的律师工作,跑到磁器口卖起了凉粉。从2009年11月入行后,他已连续10个月保持着获利上万元的纪录。他是四川省内江市人何平。 ,重庆...
www.dzwww.com/xinwen/shehuixinwen/20... 2011-2-22 - 百度快照

男子放弃年入20万律师工作卖凉粉(图)_新闻中心_新浪网
2011年2月22日 - 放弃已成"气候"的律师工作,跑到磁器口卖起了凉粉。从2009年11月入行后,他已连续10个月保持着获利上万元的纪录。他是四川省内江市人何平。 凉粉...
news.sina.com.cn/s/p/2011-02-22/1754... 2011-2-22 - 百度快照

重庆律师弃20万工作卖凉粉　欲开成连锁店(图)-搜狐新闻
2011年2月22日 - 放弃已成"气候"的律师工作,跑到磁器口卖起了凉粉。从2009年11月入行后,他已连续10个月保持着获利上万元的纪录。他是四川省内江市人何平。 凉粉...
news.sohu.com/20110222/n2794648...shtml 2011-2-22 - 百度快照

律师弃20万年薪卖凉粉　开张仅卖出3碗　在线观看　- 酷6视频

-293-

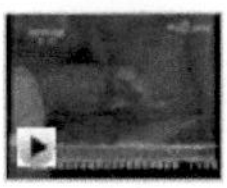

时长: 2分钟
放弃已成"气候"的律师工作，跑到磁器口卖起了凉粉。从2009年11月入行后，...
v.ku6.com/show/iwDbzarSKD6Pe7...html 2011-6-5 - 百度快照

放弃年入20万职业　律师创业卖凉粉月入5万(图)-新闻频道-和讯网
2011年2月22日 - 放弃已成"气候"的律师工作,跑到磁器口卖起了凉粉。从2009年11月入行后,他已连续10个月保持着获利上万元的纪录。他是四川省内江市人何平。记者 ...
news.hexun.com/2011-02-22/1274832... 2011-2-22 - 百度快照

何平:卖凉粉创业的律师 创业故事 成功故事 生意场 - 生意人的沉浮...
律师卖凉粉,是炒作还是背后有故事?是牛刀杀鸡还是隔行如隔山? 口述/何平 整理/《商界》记者谭佳 摄影/涂源 两年前,我的职业是一名律师。在别人看来,这份职业...
31.toocle.com/detail--59482...html 2013-1-10 - 百度快照

男子放弃年入20万律师工作卖凉粉(图)_资讯频道_凤凰网
2011年2月22日 - 放弃已成"气候"的律师工作,跑到磁器口卖起了凉粉。何平立刻取消试吃活动,并迅速改用很"市井"的营销方案:用大喇叭吼吸引游客,用现场调料的方式刺激...
news.ifeng.com/society/2/detail_2011... 2011-2-22 - 百度快照

放弃年收入20万的律师职业 转行卖凉粉卖发了
2011年2月22日 - 放弃已成"气候"的律师工作,跑到磁器口卖起了凉粉。何平立刻取消试吃活动,并迅速改用很"市井"的营销方案:用大喇叭吼吸引游客,用现场调料的方式刺激...
www.chinadaily.com.cn/dfpd/cq/2011-0... 2011-2-22 - 百度快照

律师弃20万高薪卖凉粉 欲开连锁店-今日重庆- 华龙网
2012年8月22日 - 放弃已成"气候"的律师工作,来到古镇磁器口卖起了凉粉。从2009年11月入行后,他已连续10个月保持着获利上万元的纪录。他就是四川省内江市高梁镇人...
cqqx.cqnews.net/html/2012-08/22/cont... 2012-8-22 - 百度快照

1 2 3 4 5 6 7 8 9 10 下一页> 百度为您找到相关结果约27,500个

相关搜索 卖凉粉 就是闹着玩的卖凉粉 伤心凉粉 凉粉的做法 川北凉粉
炒凉粉 凉粉草 白凉粉 炒凉粉的做法 凉粉怎么做

律师 卖凉粉 百度一下 结果中找

搜索

更加主动地为经济和社会发展服务
——温家宝

信件查询

编号：739　知情密码：　验证码：5686　3085　查询详情

信件办理结果

发信人：吴元明

信件标题：下岗漂泊近十八载,能否得到妥善安排

发信时间：2010-5-11 22:57:07

信件内容：下岗漂泊近十八载

能否得到妥善安排

尊敬的唐全国局长、张锦同书记：

这是我第一次，也是最后一次因个人问题给领导写信。

我是地探四队在编职工吴元明，现在的社会身分是北京市中济律师事务所律师。我的简历如下：

1975-1977上山下乡；

1977-1979地探四队银家沟矿区十一号机钻探工人；

1979-1983高考录取至河南农学院就读四年取得学士学位；

1983-1986毕业分配到河南省卢氏县工作；

1987-1992以非党干部身分由卢氏县组织部商调回地探四队工作；

1992年底队机关机构改革撤销基建科，自然下岗至今无人问津。

自1993年春下岗后，从未麻烦过任何领导，自立发奋，小有成就如下：

1993年2月和6月申请两项实用新型专利，均于1994年取得国家授权，专利号是93202684.2和93217189.3；

1994年取得律师资格，律师资格证号为（豫）司律证字04640；

1994年还申请一项发明专利94106251.1，初审合格公开后因经济原因被迫放弃；

2002年通过第一批全国房地产经纪人考试，获得全国房地产经纪人资格，全国房地产经纪人执业资格证号：0002157；

2003年由河南天地律师事务所转北京市中济律师事务所执业至今，先后任北京第六届律师协会房地产与建筑工程专业委员会委员和北京第七届律师协会建筑工程与基础设施法律事务专业委员会委员，执业证号：0119941106570；

2006年1月独立专著《房产交易法律要点解析》由国内一流出版社中国建筑工业出版社出版，书号：9787112078790 ISBN 7-112-07879-2；

2007年由北京市人事局选聘为北京市评标专家，09年续聘，专家证号B0017608；

通过互联网百度或搜索一下“吴元明律师”不难得到上百条信息或相关新闻。

向领导汇报上述内容的目的只有一个，在今年落实《河南省事业单位岗位设置管理实施意见》时，给我回地质系统工作的机会并纠正我以前所受不公正对待：

我是恢复高考后第三届本科毕业生，从83年毕业到92年底下岗直至今日，任职资格仍是“助理工程师”；

87年元月从地方商调回地质系统时，干部级别是副科（非党干部组织部管理），但到地探四队后只给我科员待遇；

这两项尚可容忍，最可气的是97年（或是98年）通知我去新疆摘棉花，被我拒绝后还要苛扣我数个月下岗生活费，这是我下岗后近18年来自“组织的”唯一一次“问津”，更何况该队并无一人去新疆摘棉花，欺人之甚难以言表（经办人为四队人劳科王长安）。

92年底探矿四队以机构改革为名，在机关被迫下岗的只有基建科的三名员工，我认识到当时的探矿四队派系林立、内斗不休，根本不是干事的地方，出去闯一闯也未尝不可。

转眼已过去17周年，我在社会上也用实际行动证明了自己，鉴于年事趋高、身体尚好，为了感谢十多年地质系统仍把我当职工看待的深厚之情，我愿意回地质系统为地质事业再做一些贡献，但不愿在地探四队供职。

这个并不过分的请求，恳请局领导予以考虑，我以前所受不公正对待与现任局领导无任何关系，地质系统内受到不公的人很多，请不必在“来信选登”栏目公开此信，如公开引发蝴蝶效应会给现任局领导带来不必要的困扰，我也不想出名成为改革开放后的新“牧马人”。

相信现任局领导会给我一个满意的答复和安置。

此致

敬礼

吴元明敬上

2010-5-11

办理状态：不予办理

回复人：

回复时间：

回复内容：

查无此信件。

最新信件办理情况

未检索到数据

主办：省地矿局办公室 地址：郑州市金水路28号 邮编：450012 豫ICP备05010664号
电话：0371-63895762 传真：0371-67975235 技术支持：省地矿局测绘队

p423

3、何平卖凉粉　百度图片

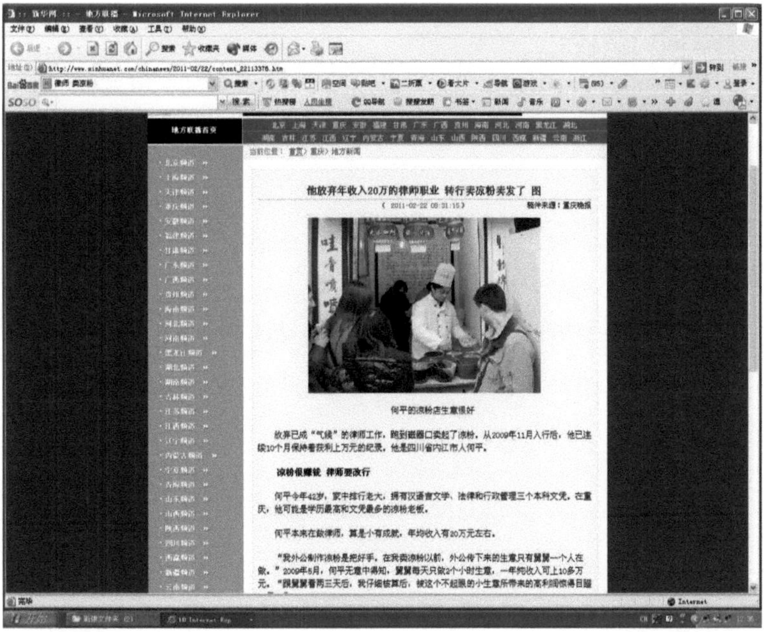

他放弃年收入20万的律师职业 转行卖凉粉卖发了 图

（2011-02-22 08:31:15）　稿件来源：重庆晚报

何平的凉粉店生意很好

放弃已成“气候”的律师工作，跑到磁器口卖起了凉粉，从2009年11月入行后，他已连续10个月保持着获利上万元的纪录，他是四川省内江市人何平。

凉粉很赚钱 律师要改行

何平今年42岁，家中排行老大，拥有汉语言文学、法律和行政管理三个本科文凭，在重庆，他可能是学历最高和文凭最多的凉粉老板。

何平本来在做律师，算是小有成就，年均收入有20万元左右。

“我外公制作凉粉是把好手，在我卖凉粉以前，外公传下来的生意只有舅舅一个人在做。”2009年5月，何平无意中得知，舅舅每天只做2个小时生意，一年纯收入可上10多万元。“跟舅舅看两三天后，我仔细核算后，被这个不起眼的小生意所带来的高利润惊得目瞪

编言：律师的定位---反对党角色

---前景如地狱一般

复岗申请书

尊敬的各位队领导：

我是地探四队在编职工吴元明，我的简历如下：

1975-1977 上山下乡；

1977-1979 地探四队银家沟矿区十一号机钻探工人；

1979-1983 高考录取至河南农学院就读四年取得学士学位；

1983-1986 毕业分配到河南省卢氏县工作；

1987 元月以非党干部身分由卢氏县组织部商调回地探四队工作；

1987 年 5 月地矿部基建干部培训班结业；（结业证书见附件一）

1987 年 11 月取得土建助理工程师任职资格，（资格证书见附件二）

1987 元月在队三门峡基建办工作至 1992 年底队机关机构改革撤销基建科，自然下岗至今。

自 1993 年春下岗后，从未麻烦过任何领导，自立发奋，小有成就如下：

1993 年 2 月和 6 月申请两项实用新型专利，均于 1994 年取得国家授权，专利号是 93202684.2 和 93217189.3；

1994 年取得律师资格，律师资格证号为（豫）司律证字 04640；

1994 年还申请一项发明专利 94106251.1，初审合格公开后因经济原因被迫放弃；

2002年通过第一批全国房地产经纪人考试，获得全国房地产经纪人资格，全国房地产经纪人执业资格证号：0002157；

2003年由河南天地律师事务所转北京市中济律师事务所执业至今，先后任北京第六届律师协会房地产与建筑工程专业委员会委员和北京第七届律师协会建筑工程与基础设施法律事务专业委员会委员，执业证号：01199411065700；

2006年1月独立专著《房产交易法律要点解析》由国内一流出版社中国建筑工业出版社出版，书号：9787112078790 ISBN 7-112-07879-2；

2007年由北京市人事局选聘为北京市评标专家，09年续聘，专家证号B0017608。

向领导汇报上述内容的目的只有一个，在队上目前落实《河南省事业单位岗位设置管理实施意见》时，给我复岗的机会并尽可能纠正我以前所受不公正对待：

我是恢复高考后第三届本科毕业生，从83年毕业到92年底下岗直至今日，任职资格仍是"助理工程师"；

87年元月从地方商调回地质系统时，干部级别是副科（非党干部组织部管理），但到地探四队后只给我科员待遇；

前两项尚有情可原，最可气的是97年（或是98年）通知我去新疆摘棉花，被我拒绝后还要苛扣我数个月下岗生活费，这是我下岗后近18年来自“组织的”唯一一次“问津”，更何况该队并无一人去新疆摘棉花，欺人之甚难以言表（经办人为四队人劳科王长安）。

92年底探矿四队以机构改革为名，在机关被迫下岗的只有基建科的三名员工，我认识到当时的探矿四队派系林立、内斗不休，根本不是干事的地方，出去闯一闯也未尝不可。

转眼已过去17周年，我在社会上也用实际行动证明了自己，鉴于年事趋高、身体尚好，为了感谢十多年地质系统仍把我当职工看待的深厚之情，我请求回队再做一些力所能及的工作。

这个并不过分的请求，恳请队领导予以考虑，我以前所受不公正对待与现任队领导无任何关系，如蒙不弃予以安置将感激涕零。

另外，这次回队才得知我目前所享受的待遇是“退养”，不是下岗，已证实“退养”不是我自己申请，是队上的照顾，对此照顾心怀感激但不能成为我复岗的障碍，本人正重保证，如复岗愿退还“退养”与下岗所领生活费差额。

此致

敬礼

申请人：吴元明书呈

2010年9月13日星期一

九州欢乐的博客

http://jiuliyougancheng.blogchina.com/

博文

论新“黑五类”

作者：九州欢乐　时间：2012-08-04 19:15:04　分类：默认分类
标签：　阅读器

论新“黑五类”

肖国珍律师

日前，《人民日报》海外版刊登了中共现代国际关系研究院美国所所长 袁鹏先生《中国的挑战在哪里》（以下简称“《袁文》”），声称美国将以维权律师、地下宗教、异见人士、网络领袖、弱势群体为核心，通过“自下而上”的方式渗透中国基层，为中国的“改变”创造条件。

该文让我大开眼界。当然，“大开眼界”只是意味着我的思维未能与之俱进，不等于我赞同。文章刊出后，有网民戏称《袁文》列出的五类人为“黑五类”。兹就“黑五类”问题发表个人意见

一 “黑五类”之产生与存在

维权律师：律师的天职就是维权。从应然的角度而言，所有律师都是维权律师（难道还有“非维权律师”？），“律师”与“维权律师”乃是同义词。

从实然的角度而言，如果，“维权律师”只是律师群体里的“一小撮”；如果，批量律师不是维权律师，不是为委托人的合法权益而战，不是为维护法律尊严而战，而是看官家脸色，那么，根源不在律师本身，而在于扭曲律师天职的背后的因素。就当前语境与我理解的《袁文》而言，“维权律师”指的似乎是律师中的少数，是敢于不看官家脸色、而依法维护权利的“一小撮”。

法律被践踏，权利被侵犯，当此时也，“维权律师”应运而生。

地下宗教：当真正的“地上”宗教信仰自由不见容于当局，教徒们欲租房、购房作为敬拜地而不能，以至于不得不在露天雪地里敬拜时，坚守信仰自由的人

们，除了"地下宗教"，宁有去处？

按照人或拟制人的天性，谁都愿意从月光下走到阳光下，没有人愿意"地下"。"地下"系被迫而为。

异见人士：没有人能垄断真理。在数十年举国上下强行统一思想、封锁信息、禁杀言论自由，因而万马齐喑之地，异见人士尤为珍贵。当前中国，如同千疮百孔而高速行驶之动车，一路狂奔而不知所向（当局声称是特色道路，但说者、听者均不知所云），异见人士对言论自由的主张与坚守，能唤醒民众、警示当局，使国人兼听则明，使国家或多或少地朝理性发展方向行进——从桥上走，而不是在浑水中一阵阵乱摸石头。

网络领袖：在数十年新闻、出版须经事先审查的背景下，借助新技术，在公开、透明、自由、平等的网络环境下（剔除众所周知的干扰因素），人人皆可成为信息的发布者、传播者、接受者，打破了当局对言论的垄断，网络领袖出于民意而非钦定，自然而然地、众望所归地，横空出世。

弱势群体：弱势群体是如何产生的？在此国情下，应当不用诠释。为了厘清思路，还是按照我的理解来列举一下，不尽之处，各位看官可以再行补充。

一、　老幼病残；

二、　下岗工人；

三、　失地农民；

四、　被钳制思想与言论的知识分子；

五、　房屋遭拆迁得不到合理补偿者；

六、　享受不到应当享受的社会福利、生活无着之人；

七、　被高物价高房价高医疗价高教育价绑架，而未能获得补贴以对抗前述高价的人；

八、　其他各种遭受立法（如罪恶的户籍制度劳教制度等）、行政、司法不公而蒙受损害的人们，包括但不限于访民。

个人私权对个人私权的损害是有限的。在一个不公正的制度里，公权力对个人的损害才是可怕的、大规模的、长期的，尤其是：当遭受公权损害，而无从得到公正、及时、有效的司法救济时，任何一个貌似强大的人——不论其多么富有（如重庆被黑打的亿万富翁）、多么位高权重（高至国家主席，如刘少奇）——在强大的公权绞肉机面前，都是弱势群体。遑论本有的弱势群体。

请比对一下：你是不是属于弱势群体？

黑五类的比重及其他

黑五类占国人比重多大呢？我认为是100%——该数据包括了现实的和潜在的人数在内。在现制度下，人人都可能成为弱势群体（前面的"绞肉机"一说已述）。

当然，《袁文》不会这么认为，否则所有国人都成了影响中国崛起的力量，哈。从逻辑分析，看来《袁文》认为既得利益集团江山永固、千秋不易，因而是不可能沦为"弱势群体"的。估计袁先生没有读过《红楼梦》；或者，没有认真读过《红楼梦》。《红楼梦》中写到：“陋室空堂，当年笏满床；衰草枯杨，曾为歌舞场”；“金满箱，银满箱，转眼乞丐人皆谤；正叹他人命不长，那知自己归来丧？”；“乱哄哄你方唱罢我登场”。

我就奇了怪了，这些黑五类怎么啦？在党国治下60多年，生在红旗下长在红旗下，一直读党的书报、看党的TV、跟党走，怎么着也混出感情来了，怎么会听辽阔太平洋那一边的话？

当社会危机出现，每年数以十万计的群体事件、“维稳”经费高于军费、在国外大把花钱也买不到朋友的情况下，把危机原因与恶果栽赃给民间，在国内到处寻找假想敌、将其贴上标签并妖魔化，然后各个击破，来个“与人斗其乐无穷”，是某些人某些集团惯用的手段，目的是转移矛盾。60多年来，8000万人的非正常死亡，就是这样造成的。君若中计，真把这黑五类当敌人，到时死得难看的就是你自己。

中国崛起的真正障碍　　保护弱势群体，是当今所有文明、法治国家的共识，连最无耻的政府也会口口声声打着“保护弱势群体”的旗号。现在，《袁文》一出，公然以弱势群体为敌，总算让人们明白了什么叫“没有最无耻，只有更无耻”。

客观地说，这五类人，是挑战反动、挑战腐败、挑战权贵的有生力量。原因你知道的。

把中国崛起与权贵利益等同、视民众如寇仇，是袁先生的一大发明。权贵绑架了中国倒是真的，但将权贵等同于中国，我想正常的中国人，尤其是普通民众肯定是不会买帐的。——当然，也许是笔者小人之心，或许，《袁文》并非想要把黑五类当作异己、敌对势力、维稳对象，而是提醒中国当局应争取黑五类为伟大社会主义事业的建设力量？

中国崛起的障碍，从群类的角度划分，是垄断政治权力从而谋取一己经济权利的权贵；从制度的角度来看，是极权主义，是保障权贵利益固化的制度。——这一点，我想不必深入讨论了。根据常识就知道个中原因。

中国的希望何在？

《袁文》的积极意义在于，总算让黑五类明白了“中国革命的首要问题”——“谁是我们的敌人，谁是我们的朋友。”

黑五类联合起来，建设民主宪政中国，这就是中国的希望。

不是为美国，不是别有用心，不是被人利用。

而是——

为了让自己的下一代不再被“黑五类”；

为了不再把建设民主宪政的责任转移到下一代；

为了追求自由与幸福之天赋权利；

为了免于匮乏、免于恐惧的自由。

肖国珍 2012年8月3日

最新评论文章() | 支持文章() | 反对文章() | 中立文章()

点击 0 | 评论 0

卷五：梦醒之言

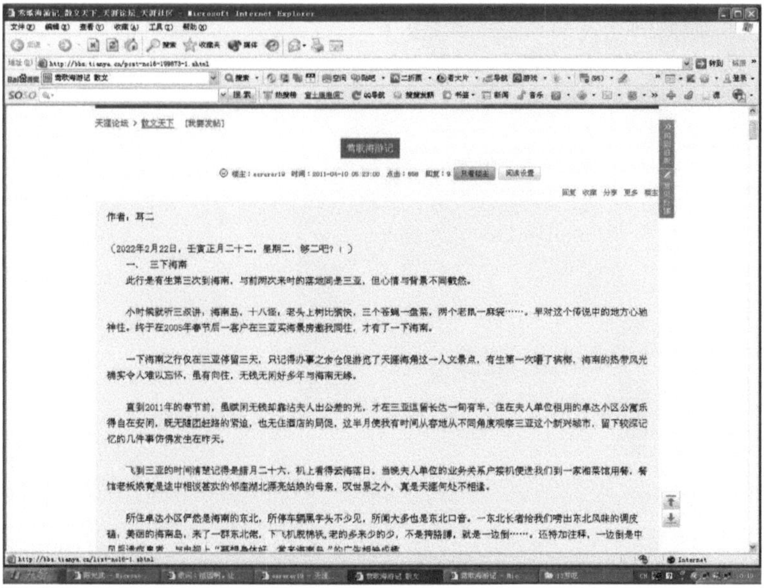

天涯论坛 > 散文天下 [我要发帖]

莺歌海游记

楼主：ssrsrsr19 时间：2011-04-10 05:23:00 点击：[illegible] 回复：9

作者：耳二

（2022年2月22日，壬寅正月二十二，星期二，够二吧？！）

一、 三下海南

此行是有生第三次到海南，与前两次来时的落地同是三亚，但心情与背景不同截然。

小时候就听三叔讲：海南岛，十八怪：老头上树比猴快，三个苍蝇一盘菜，两个老鼠一麻袋……。早对这个传说中的地方心驰神往。终于在2005年春节后一客户在三亚买海景房邀我同往，才有了一下海南。

一下海南之行仅在三亚停留三天，只记得办事之余仓促游览了天涯海角这一人文景点，有生第一次嚼了槟榔，海南的热带风光确实令人难以忘怀，虽有向往，无钱无闲好多年与海南无缘。

直到2011年的春节前，虽赋闲无钱却靠沾夫人出公差的光，才在三亚逗留长达一旬有半，住在夫人单位租用的卓达小区公寓乐得自在安闲，既无随团赶路的紧迫，也无住酒店的局促，这半月使我有时间从容地从不同角度观察三亚这个新兴城市，留下较深记忆的几件事仿佛发生在昨天。

飞到三亚的时间清楚记得是腊月二十六，机上看得云海落日，当晚夫人单位的业务关系户接机便送我们到一家湘菜馆用餐，餐馆老板娘竟是途中相谈甚欢的邻座湖北漂亮姑娘的母亲，叹世界之小，真是天涯何处不相逢。

所住卓达小区俨然是海南的东北，所停车辆黑字头不少见，所闻大多也是东北口音。一东北长者给我们唠出东北风味的调皮磕：美丽的海南岛，来了一群东北佬，下飞机脱棉袄，老的多来少的少，不是挎胳膊，就是一边倒……。还特加注释，一边倒是中

莺歌海游记

作者：耳二

（2022 年 2 月 22 日，壬寅正月二十二，星期二，够二吧？！）

一、三下海南

此行是有生第三次到海南，与前两次来时的落地同是三亚，但心情与背景不同截然。

小时候就听三叔讲：海南岛，十八怪；老头上树比猴快，三个苍蝇一盘菜，两个老鼠一麻袋……。早对这个传说中的地方心驰神往。终于在 2005 年春节后一客户在三亚买海景房邀我同往，才有了一下海南。

一下海南之行仅在三亚停留三天，只记得办事之余仓促游览了天涯海角这一人文景点，有生第一次嚼了槟榔，海南的热带风光确实令人难以忘怀，虽有向往，无钱无闲好多年与海南无缘。

直到 2011 年的春节前，虽赋闲无钱却靠沾夫人出公差的光，才在三亚逗留长达一旬有半，住在夫人单位租用的卓达小区公寓乐得自在安闲，既无随团赶路的紧迫，也无住酒店的局促，这半月使我有时间从容地从不同角度观察三亚这个新兴城市，留下较深记忆的几件事仿佛发生在昨天。

飞到三亚的时间清楚记得是腊月二十六，机上看得云海落日。当晚夫人单位的业务关系户接机便送我们到一家湘菜馆用餐，餐馆老板娘竟是途中相谈甚欢的邻座湖北漂亮姑娘的母亲，叹世界之小，真是天涯何处不相逢。

所住卓达小区俨然是海南的东北，所停车辆黑字头不少见，所闻大多也是东北口音。一东北长者给我们唠出东北风味的调皮磕：美丽的海南岛，来了一群东北佬，下飞机脱棉袄，老的多来少的少，不是挎胳膊，就是一边倒……。还特加注释，一边倒是中风后遗症患者。与电视上“要想身体好，常来海南岛”的广告相映成趣。

正月初一奉命陪夫人赶早去拜观音，门口迎宾道上竟拦不到出租车，无奈坐 1 路公交进市寻转车，公交司机也是东北人，热情地告诉我们到汽车总站门前转 16 路可到南山。左等右等不见 16 路车时，一普桑轿车过来问去哪里，急问南山寺多少钱，不想却扔下一句 500 旋即离去，目送离去车尾茫然心忖：着急抢银行去了吧？

二下海南领略的南山寺、鹿回头、大东海、亚龙湾等胜景自不必谈，时至今日挂念的倒是在陵水英州果园水塘边上帮朋友亲手栽下的两株红椰，转眼已过十一年，时常想起，梦里也曾尝到所栽椰树椰汁的甘甜。

这次与二下海南不同的是不差钱却更无闲，为的是到鹿回头国宾馆出席一个重要的知识产权论坛，本可以网上发言，因惦记那两株红椰及一个多年的悬念，故推去许多事务只身提前逃到海南，明日要开会本打算再整理一下会议发言，不想几天来思绪难平，摸键竟近万言，是游记不是论坛发言，猛然间觉得上万言书的时代已经一去再也不会复返。

二、误会英海

周五从位于丰台的首都第二国际机场出发时已过夜半，三次下海南竟同是北京到三亚的飞行路线。登机后一觉醒来已降落海南，错过了机上要看的云海日出，这次也就无法体会世纪初将就几年的中国第一大日所豪言的“日破云涛万里红”的意境何在了。

未出机场就听到此起彼伏的“莺歌海盐！”“莺歌海盐！”，以为是叫卖的流贩，却是导游和大巴在兜揽客源，想不到“莺歌海盐”作为新兴旅游胜地的服务标志和商品商标原来还可以以这种方式流传，也难怪，几千年的中华何时见过流贩叫卖盐。

在犹豫中不觉已登上“莺歌海盐”的大巴，这是第二次与莺歌海结缘。

上次离开海南的前两天，夫人去工地上班中午不回来吃饭，无线上网速度慢的无法看，一个人也没什么好玩，翻开三亚旅游地图闲看，不远不近的“莺歌海盐场”映入眼帘。联想到第一次知道莺歌这个词就联及燕舞的时代背景，那几天又不断看到的路边荧光屏显示的“热烈庆祝国务院批准田独镇更名为吉阳镇”；那时还在感叹那个疯狂的年代何日结束，列宁格勒和斯大林格勒早已改回原名，莺歌海的原名是什么不妨去看看，第一次与莺歌海结缘就是这样偶然。

记得那天也是艳阳高照，大概是农历的正月初八，九点离住处去三亚汽车总站，在信息牌上看到最近的一班车是九点半，再看时钟也是九点半，排队买票买的是机打九点半手改十点四十的车票价是三十元，开车前的一个多小时只好在隔壁的步行街闲转。上车时看到车前脸上的“英海”两个大字，顿时产生一种猜想得中的快感。

两小时的车程就将我送回无数年前，到达莺歌海镇是下午一点。一路出三亚市区上高速仿佛是从欧洲走向非洲，下高速上国道时听车上的乘客说没有回程的班车，并说莺歌海没有宾馆，要住只有一家盐场招待所，让人后悔此行的贸然。不时班车离开国道拐入荒凉形似破败的大院，然后看见了像备耕的稻田一样方正的盐田，远处可见几堆白花花的所谓盐山，路边一排排水泥池中的增氧机印证了乘客所说虾塘并非盐田，一片暗色苍绿的植被与海南热带风光的反差引人注目，原来是植有北方常见松柏的墓垣。

下车的地点是一段不长却还宽阔的街道，与内地的乡镇相似，向里走去虽狭却长竟如北京早期的胡同幽静安详，不见一家像样的餐馆，幸遇一小摊售热油现炸食品可以充饥，买了几块不知名的油炸食品边吃边走穿过陋巷就到了海边，所见竟是千年来的永恒，只有远处停泊的无帆渔船和脚下海滩上遍布的垃圾告诉你，所在的时间是中国超前一年就进入的二十一世纪第十二年春天，根据的中华世纪坛纪年。

下车时就知道回程的车票已售完，充当车站的仅有一位善良中年妇女，见我是外地人答应帮我安排仅剩的两班回程乘车。看看这个镇子吃住都是问题，没有什么值得流连，匆匆乘三点的班车返还，由于是春节乡间串亲假后返程高峰，加座是一张报纸铺坐在大巴车通道地面，回程时窗外的风景也不能再见。所幸回到当年那个建筑像欧州、服务像非洲的三亚市还没耽误给夫人做晚饭。

此一行并未解答莺歌海是否由英海更名的疑问，否定的答案从网上得到是离开三亚回到中原，最直接的证据是那个三 K 文豪的“烧干海水变银山”之诗作成于那个曝尸几十年的重上井冈山之前。

得到答案时却留下了深深的遗憾：没有在那个新世纪的第十一个春天与重现远古历史的井田合影留念；没有到植有北方常见松柏的墓垣向那些被“献罢青春献终身，献罢终身献子孙”且被精神奴役终生的现代井田制牺牲者鞠上一躬，愿他们的悲剧不再重演。

“欢迎来到莺歌海！”一个清脆的声音从大巴门口传来，这么快就到了？一晃就是十一年！

三、水幕连天

一路走来到下车都四周观看，想寻找一些能唤起十一年前记忆的景象却是枉然，只觉天宽地阔相对于城市的拥挤喧闹，这里的安详确是依然。

这次的停车点是海边，右边是宽阔无垠的大海，停车场台阶下就是不见了遍地垃圾的沙滩，一条宽阔的栈桥从海岸上公路越过沙滩伸入海面很远，栈桥两边停满整齐的小船。不算宽的沙滩蜿蜒向前伸展，在晴空视野中与公路一起消失在椰林后面，公路左边便是椰树林下的民居样建筑，成排成排的展现。

左前方远望，便见来时经过的井田，倒映着初升的旭日、盘旋的飞鸟和清澈的蓝天，井田的大样还如十一年前，中央多了一座连绵不长却较为巍峨的反射着刺眼阳光的冰山。经过时隔车窗曾注意井田的水面中布满一排排像是增氧机却排列比增氧机要密的设备，使人想起当年的虾塘却也不然。

信步走向栈桥，两边停满整齐的小船竟是传说中的疍家鱼排，见有游客走来的疍家妹招呼声中竟夹杂有各地的方言，船头上似门上对联的招牌文字说明疍家鱼排经营的餐饮也可称集全国或集全球之大全，不乏成都的小吃和河南的烩面。

逾千米的栈桥另一端是游轮码头，荧屏显示每天停靠的邮轮也有几班，这里是莺歌海景区的海上入口，时闹时静秩序也还井然。

沿栈桥船家搭上的跳板，走进疍家船上遮阳棚下的只有两张小桌的前甲板，吃一碗只有几块碎屑状羊肉的用虾汤煮出的海上河南烩面，听船家讲几句生硬蹩脚的中原方言，自有一种别样滋味幽默的温暖。

吃饭时听到邻船上其他游客的交谈，得知这栈桥到夜晚才是娱乐的黄金时段，灯光笙歌不亚于文人骚客所描绘明末清初的秦淮河畔，这才注意到栈桥头上“海上生明月，天涯共此时”对联的蕴涵。

吃过显然过迟的早饭，沿栈桥回转上到海岸，蓦然发现前方来时经过的井田已不见，只见白哗哗的一片水幕连天，恍然这就是叹为观止的人称海南独有的全球第一大人工喷泉。

只见千顷井田一片白茫茫，盐田和蓝天分界的连绵尖峰山脉也被水雾遮掩，刚才还刺眼的冰山在朦胧中熠熠生辉柔合了许多缥缈彩虹，无数水柱冲上跌落挣脱张力再溅起，形成一条水花点缀白雾相连的地平线。

此情此景，仅有理工学历的我搜肠刮肚，仅能从记忆中挖出上高中时校长爱说的一个“甚”字来形容感受：水幕大连天，甚甚为壮观。只是刚才还在盘旋的鸟儿随水幕的出现已不见，高高在上的太阳仿佛是为妆点这美景而现。

远处应有的喧哗在身后出现，原来在栈桥上沙滩上的人们都集中到了海岸，从人们叽喳的议论声中听出此景从去冬到今春也鲜现。

来时的犹豫已荡然，只是未料此后独自在此流连四天会期临近才折返，此一行不仅放弃了原有的出行计划，也颠覆了原准备好的论坛发言。

四、垂钓盐田

在机场寄存了从北方来时脱下的冬衣，出机场听到的“莺歌海盐”，在揽客者唱出一连串景点声中犹犹豫豫改变了旅行路线，吃了海上的烩面，看到了水幕连天，上车时来此走马观花的初衷已变。安排好住宿，兴冲冲来到连天水幕中央的海水钓场，过一把久违的钓瘾小憩一番，多年孤独漂泊的职业生涯已习惯随遇而安。

正月垂钓在北方是一种难遇的奢侈，这里的海水钓场应有尽有真是方便，坐在安放在水边的躺椅上，作鱼饵的活卤虫只需招呼一声就会送到你的手边。

阳光明媚，水波荡漾，悠悠白雾，渺渺蓝天，不远处喷涌的水柱落处有风儿送来阵阵凉爽，斜倚在躺椅上瞟着水面上的浮漂，只感到从心灵到身体的放松和舒展。真想在这有吃有喝惬意无比四季皆宜昼夜均可的全天候海钓场里呆到永远。

光阴荏苒，上次手握鱼竿已是十年以前，当时放弃日趋艰险的工作卸甲归田已近一年，因无田可归似鸵鸟般不问世事游荡徘徊在家乡的小河边。离京时特地花费不小买了人称大炮的十五米超长鱼竿，准备领略一下古人诗意一般的“独钓寒江雪”草窝冬钓于中原，背着大炮上车那天正好是那个同行渝驴技穷被跨市一周年。夫人安排的二下海南就在其间，曾学瓶钓在临春河边，回到中原又闻一渝律技不穷卖凉粉在全国红了几天，春寒透骨的凉意直侵心间，手抚大炮揣摩不知子牙老人当年在渭水旁如何排遣。

眼见得雾茫茫水下的海鱼划过似一道道闪电，汲着钓场提供的鲜椰盯着浮漂，享受着南国的春意盎然，期望着脚下的鱼护满满，不觉已是斜阳西下红霞漫天。几次烤鱼者来问，不得不服这里海鱼的狡猾，让人钓不着却看得见，白流口水解眼馋。

尝不上离水就烤的海鲜，是钓技中断十年的退化还是早逾花甲的手软，看着不远处头发雪白的老者频频中鱼起竿，虽是不入鱼护的小条，也落得志得意满。想起我那未开竿的大炮，购买时也未料试过几次后竟一放十年。

清楚记得丢竿是在二下海南后的秋天，谁会料想色厉内荏的九头鸟集体谢幕在寒露于辛亥百年纪念日之前，死抱着葫芦不开瓢反复强调的绝不照搬余音未落，就被年初遥远非洲茉莉风暴过后的轻风吹散，既没有所危言的血流成河，也没有所谓的地覆天翻，就像耄耋之人安详的离开人间而没有继承没有清算。这样的变化我们也事后才发现，就像听到小溪哗哗才知坚冰已融完，缘由由史学者们随便争议，我等草民们的感觉就像再大的树年秋就开始落叶一样应时自然。一叶知秋，偶然中透出历史的必然。真真切体会到神马是“萧瑟秋风今又是，换了人间”。

上次深秋丢竿是因王法变民法工程浩大的召唤，不枉此生的忙碌十年，似吕尚公魂魄附体动力满满。今持竿与十年前差别天壤，此一刻只想续上中断的钓技先解解嘴馋。

“起”！身后传来稚嫩的声音，条件反射般扬起手中的竿，又是空钩。
“唉”！身后的声音透着遗憾。

再给钩上饵，发现饵盒内的丰年虾已去多半，在这热心少年的指导下调整了钓组，半信半疑抛钩甩竿，钩儿刚进水面，浮漂未稳就听少年的“起”声再现，一举竿就有了久违的手感，欣喜中又听“松”，手中的杆儿差点折断。竿儿随着身边少年“起”“松”的声音扬抑了几番，线儿端一条欢蹦的从未钓到过的鱼儿被抄出水面，此一举竟破了尘封十年多的记录，凭手拎也觉公斤还半。

先送去烤炙，代劳者就是指导我钓上鱼的双休日作业做完来帮父母照料烤鱼摊的乳臭未干，难怪我感激的请他共享被一笑谢婉。儿时母亲的教诲犹在耳边：听人劝吃饱饭。

又一条、两条……刚找回自信的我，抓住每个稍纵即逝的瞬间，杆儿挥收不闲，一会功夫，鱼饵盒已空，鱼护充盈近半。此一会儿集中再现了间断钓鱼十年中的忙碌无闲。

呷着鲜啤醇，品着烤鱼香，望着夕阳余辉下成群的鸟儿在天空飞翔，忽然意识到连天水幕不知何时已歇，刚才上鱼如此频繁，是不是与喷泉停后鸟儿群至的驱赶有关？莺歌再现是不是也与这千顷盐田浅水中成群洄游的鱼儿有关？

酒足饭饱天色不早，鱼饵既尽不能再钓，再钓就会超出虽不差钱的预算太远，何况周边还蹲着几个刚来的夜钓者不断送来眼神，敦促腾出躺椅让贤！

读者会问，鱼护里的十多公斤鱼儿咋办？

甭担心，交与钓场的人宰杀剖净调味、及时分装入水干袋内进入真空物流链在四天后到达中原；由我刚退休的弟弟将其放入水中复水开袋取出并蒸煮成羹呈给我那勤劳一世的母亲，让她也尝尝将奔古稀耳顺多年的儿子亲手钓上的海上活鲜。

五、漫步晶山

“报告舰长，前面发现冰山！”

这是头天钓鱼时听到的笑话故事里的名言，大意是说，海军实习生在舰上瞭望台值班，发现了莺歌海盐田那巍峨的结晶山，误以为是海上漂浮的冰山急忙报告，富有航海经验的舰长吓了一跳，以为偏离航线了多少天，北纬 18 度怎么可能出现冰山，于是求证的电话打到了设于莺歌海附近的雷达站。

这个不可能存在的故事之所以流传，透露当地人对晶山自豪的骄傲自诩。莺歌海人创造了这个闻名海内外用海水堆砌的冰山值得一看。

想近看结晶山并不简单，要事前预约，再到入口处排队，进门后在服务区内洗浴干净，换上专用的衣帽鞋子才能登山。理由非常简单，谁也不愿意你我满身污秽跳入自家盐罐。

跨上盐砌的小桥，就算上了结晶山，山下一条蜿蜒的小溪绕着山转，小溪不深不宽，浑浊的溪水流动的很慢，桥这头是花岗石地面的斑斓，桥那端便是晶莹剔透挂着白霜的盐山，盐砌的小桥为何不被溶断，原来这溪水就是制盐的卤水，细看小桥水下的桥腿比水上的桥腿还宽。

过了小桥就是丁字路口，盐壁上的雕刻大字明显，向左的箭头是出口，向右的箭头是入口，自然向右转。右手边是塑料管栏杆，栏杆还向外淌着卤水，潺潺卤水沿栏杆下的斜坡流向山下小溪。

不几步便见左边的盐壁凹进，凹进处一座粗犷的盐雕赫然眼前，盐晶闪亮的裸体青年用蹲姿伸出右手伸出食指在舌尖舔尝，左臂上弯扶着背上的死鹿，面部表情带着惊喜。这栩栩如生的盐雕用无声的语言讲述着一个远古的故事。

一个部落青年在海边准备煮鱼吃，他和往常一样提着陶罐从海里打半罐水回来刚放在火上煮，突然一头野鹿从眼前飞奔而过，这青年见了岂能放过，拔腿就追，等他扛着野鹿回来，罐里的海水已经熬干，罐底留下了一层白白的细末，他用手指沾点放到舌尖舔尝，味道又咸又鲜。用它就着烤熟的野鹿肉吃起来，味道好极了，那白白的细末就是从海水中熬出来的盐。这部落青年就是被尊为“盐宗”的夙沙氏，他发明了海水煮盐。

听到前面一阵电锯的震响，看到几个戴安全帽的正在忙碌，走上前去才知，一座新的盐雕即将诞生，驻足观看，方知新一代盐工个个身怀绝技，手持各类电动工具配合默契，顷刻功夫一座反射出七彩光芒的浮雕即告成型。浮雕旁一堆切下的大小块晶体就是采来运下山再加工变为商品供人食用的盐。

沿着盐工们在盐山凿出的平坦的之字型游道边走边看，不觉已到盐山之巅，向下来处一望确是下长上短不多不少十八盘。游道照例一边是题材各异的盐雕，一边是向外淌着卤水的塑料管栏杆。盐雕的题材各种各样，较大型的群雕有黄帝战蚩尤、八仙过海、哪吒闹海等，八仙过海、哪吒闹海是民间耳熟能详的传说故事，而黄帝战蚩尤这一群雕展现了中国文字记载的最早战争画面，这场战争据说是因争夺盐田而战，蚩尤战死化血为卤，有卤水才能制成盐，李时珍在《本草纲目·石部》中有"盐之气味咸腥，人之血亦咸腥，咸走血"的论述。关于盐的血腥历史在此见诸一斑。

站在盐山之巅放眼，远处大海的浩瀚，近处海岸的蜒蜿，在阳光下发出光芒的显得太小的脚下的晶山，宛如一只扣在海滩上的半边蚌壳。不由哑然一笑，“烧干海水变银山”的豪言只不过是不自量力的人类自恋。

回顾盐工们的盐雕人物题材，不少与盐有关，就连商周之际卖贩卤盐的胶鬲也在其间，不知为何独独缺少了千年帝王们宠爱的四川盐神庙供奉的主神管仲，难道他这尊被世代文人作为楷模的良相也被历史长河没淹？

六、南海龙宫

头顶艳阳，站在晶山之巅，面朝来路正在感怀默念，忽听身后不远处几声尖叫瞬间去远，提醒正午时分当下山用餐，转过山脊来到晶山背面，方知刚才的尖叫声来自盐刻的巨龙头下面，龙背上的窄凹槽是一条蜿蜒起伏的滑梯，沿陡峭的山背直通山下面，尖叫声是几个女孩子溜滑梯时发出，向下望去，倩影已不见。

溜滑梯在儿时不稀罕，将奔古稀恐高已有多年，成年后虽曾为儿女示范，今儿在此溜滑梯有滑天下大稽之嫌。在晶山龙背上溜滑梯的诱惑真大，犹豫中还是接过一脸坏笑的工作人员递来的坐垫，扔下上山时买来的占手无用的拐杖让它探路，在工作人员重复几遍保证安全的鼓励声中，闭上双眼体验了从六七十米高处滑降的飘飘欲仙。

睁开眼时，两腿陷在松软的盐粉里面，起身拍打拍打跨出盐粉池子，活动一下身子骨还完全，环顾左右只觉少了点什么，恍然明白是拐杖不见。猜想是我下来时距拐杖下来时间较远，拐杖溜滑梯罕见，它已被作为不安全因素移转，反正无用还占手不必寻还，只是想看一下它在坚硬的滑梯上舞后落地是否已残缺不全。

几秒钟的飘飘欲仙感觉仿佛没完，只觉是滑落到了仙间，晶山脚下的景致非凡。

卤池上的尖顶檐廊在轻雾中曲折廻转，卤池北侧是水幕连天，卤池南侧则是刚刚滑下的晶山，晶山透艳阳，卤池映蓝天。若不是水泵转动的噪音，你一定会以为是去瑶池赴王母娘娘的蟠桃宴。

晶崖高耸连绵，崖上的盐洞口似窑洞排列不断，近处的一间盐洞口分明写着肯德基，在盐窑内的灯光下吃快餐喝咖啡的味道不一般，没有不带咸。

餐罢直奔南海龙宫，晶崖上九龙灵动似翻舞，高耸晶崖下的盐雕拱门俨然透着静态威严，进门后两侧灯光照亮楹联，右边阳雕着：天范道道范人间；左边阴刻着：人法道道法自然。横批是天人合一四个大字金光闪闪，也可念成一合人天。

虽不信神也不出海不必跪求龙王庇护，夹杂在春龙节前来拜龙的渔民疍人之间为的是一睹上岸龙王水晶宫的光辉灿烂。寻思间脚下一绊重心失稳，左膝前屈右腿后弯身体前俯右手按地冲着还远的神像打了个大千，不由得惊叹神鬼都在人心间。

穿过让我趔趄打千的廊道步入大殿，仰脸看灯光照亮的是高大穹顶的晶光闪闪，四个闪着七彩光辉的盘龙盐晶大柱立地顶天，中间高大正襟危坐的盐塑人形龙王透着不容侵犯的凛然。油然而生的敬畏告诉我，你可以不信神鬼，不可以不敬畏大自然。人定胜天的狂妄换来的报应随处可见，已过几十载还没承受完，遗憾的是到现在还有人倡导滚石上山。

绕过跪拜祈求的人群，来到龙殿右侧，与观者平高的坐姿盐塑老聃闭着目面露慈祥淡然，鹤须童颜焕若重生的盐塑技艺令人赞叹使李耳重回人间。盐塑旁并无一字注释，无声胜有言，五千字的道德经传遍人间。艺术家们的高妙在于让老子闭目，真不知他老人家用何种眼神来看现在的人间。龙王右侧置位非他莫属，自有知者为他译言。

躬别老子穿过龙王座下来到龙殿左侧，这里是别有洞天。通向出口的长隧廊灯火通明，廊道旁排列着盐塑动植物如同真的一般，廊道隔一段便有一小殿，一个或数个历史人物的盐塑造型矗立其间。

孔子位居第一小殿，造型与长安街上的青铜像相似，体量却与真人一般，台座前刻有两排字，上书有“己所不欲，勿施于人”的千年圭臬，身后的盐塑竹简如书架满满。不知长安街上的青铜像为何没有这八个大字，那青铜像是否可知其立时左侧身后的曝尸堂现已改为宪法纪念馆，馆内历届共和国主席的蜡像如真人站立其间，宪法一张破纸焉能挡箭的岁月去时不远。眼前这盐塑像如是有灵，不知看到眼前匆匆而过“乘桴浮于海”的疍人后裔又会如何论语高谈。

第二小殿的香火堪比大殿，红脸关公与黑脸周仓坐立其间，青龙偃月刀的刀身用盐晶制成，在效果灯照耀下寒光闪闪。两侧的对联云：匹马释黄忠仁义公心垂宇宙；单刀惊鲁肃英雄浩气壮山河。并注明抄自四川盐神庙，说明这里的艺术家尊重他人的知识产权。

第二小殿的门楣上有名家馈赠手书的四个大字“义薄云天”，此言褒扬关公虽不为过，但作为对联的横批却有强勉，与上联的义字重复形成硬伤，如改为“情薄云天”则更为贴切，恐香客们不愿，这里的关公是财神，情薄云天如何赚钱？沧海横流方显英雄本色是徒然，不如物欲横流方显江湖本色更能描绘眼前的香火冉冉。

七、夜话盐山

晶山内长长隧廊无数小殿，盐塑的动植物、历史人物如活着一般，廊顶廊壁上的盐画题材迥异，灯光下的盐塑煞是耐看。历史人物题材厚古薄今，近代人物只有被誉为国父的孙中山，其他的风云人物可能还缺乏时间的修炼，孙中山盐塑基座上的“民族民权民生”概括了几千年华夏民众的怨愿。

黄道婆、毕昇、李时珍这些民间之神也被参拜，反倒不见历代帝王将相的尊颜。尧舜禹三贤挤在一殿，出口处才惊现千年帝师管仲的容颜。这安排透着制盐人的独具匠心，出口如变入口管仲将排众神之前，反和正巨差只在一念。

春秋第一相的盐塑站姿风度翩翩，台座前刻有四个字“独步千年”，与殿旁的对联横批对比截然。殿旁上联书：“壮志酬齐桓首创盐荚历古今”；下联道：“孔利继千载遗患垄断殃万民”；横批是“功过秋千”或念“千秋过功”；耐人寻味。

上联下特注释抄自四川盐神庙，四川盐神庙的上联本无下联，一说是尚待文坛高手以应下联，一说是寓意无盐（言）以对以嘲文人骚客的无知薄浅。今下联不知出于何人手笔，此对至少说有盐（言），头顶上巨型晶山的百万吨盐够全国人民食用百天；虽说横批下联重复了千，此缺陷就如那维纳斯女神的膀臂不知接成何样才能成然。

千字音谐钱，一殿文联竟仨千（钱），寓意现在的莺歌海有钱有盐，还是管相距今近三千年。有联就有想，想到中文的“管理”一词是否源于管相理盐；还想到晶山淌卤的塑料栏杆，输送液态物料的中空（孔）材料皆呈“管子”是否源于管相理盐的滴水不漏；出口外的巨大香炉余烬尚燃，是否因管相阁里的钱（千）多，不敢断言。

未出盐洞隧廊出口外香火可见，出盐洞只见北面镜子般水面映着天上繁星点点，回身见景观灯照射下的晶崖上雕龙鳞片发光闪闪，高耸连绵的晶崖上的盐龙及其它浮雕在灯光下形成巨型字母一串。仔细辨后经确认是“Google” ，谷歌的广告在盐山创意不凡，在大陆三出三进风头出尽，这灯光映巨字远在尖峰山也可见。

天色已晚，出盐洞的人流分形俩边，一边是当地来拜神的香客回家转，一边是游兴未尽的外来者走去另外的盐洞喝茶用餐。跟随着大流来到一酒吧门前，“盐山沙龙”的招牌霓虹飞转，门口的两联在灯光照射下对立不凡：一边是“谈天论地莫谓国是”，一边是“说古道今休畏人言”。

酒吧内游客们边吃边聊，最多的话题竟是管仲盐塑的对联。

有人说此下联对管仲的总结不够客观，后人的罪恶怎能由先人承担，也有人反驳始作俑者其咎难辞属当然。

议论中不乏对管仲的称赞，既享帝王之尊又不祸延子孙，能做到的有几人，堪称士人的典范。

印象最深的是一个年轻学者，他说成也萧何败也萧何，管仲发明的盐荚垄断术能成为千年帝王术有着不可磨灭的历史贡献，后人将垄断发展到对土地对思想对信息对人权等等方面不是管仲的本意，管仲时代也有垄断，但管仲不主张全面垄断只主张有效的垄断，管仲的盐荚目的是轻税好与诸侯竞争，竞争与垄断，垄断只是竞争的手段，后人用垄断限制竞争的责任不能由管仲承担。

此番话如醍醐灌顶使我一夜无眠，更解了大半生不解的怨结，小时所受灌输庆幸自己不是世界上三分之二的受苦受难，长大后才知道水深火热在眼前，中华民族的最大苦难是那来自欧洲的幽灵附体在水泊梁山，根子却在长达千年的文字狱所形成的信息垄断。

八、题破垄断

“辕门外三声炮如同雷震……”一段我十年前再出山最爱哼的悠扬戏曲传来，将我从沉睡中唤醒，海边小屋金色窗帘外的旭日使室内充满柔和的辉煌，伸一个懒腰鱼跃而起，洗一把脸在异地坚持会晨练。

边做着行进操边漫步海边椰林，看到各式各样的文体活动，方知起的不晚。寻觅醒时听到的豫剧唱腔来自何处却再也不现。

“毛主席的战士最听党的话……”一阵打夯般的铿锵伴着手风琴声传来，循声前去远远望见几个同代人远离人群在公路下的沙滩上围在一起燃烧他们仅剩的激情，一种怜悯油然心头，那曾是他们生命的全部寄托，人生的残值就在其间。

见有同龄人走来，一边高唱一边招手，踌躇一下急忙摆手转身离去，虽不忍拂却他们的好意邀请，但实在不愿与他们重温那个疯狂时代。想不到内地公园绝迹多年的景象在此重现，也没人为他们去申请非文化物质遗产。

排除了非文化物质遗产带来的时空错乱，吃罢早餐直奔设于莺歌海的中国盐史纪念馆，这已是逗留莺歌海的第四天。

自从盐山沙龙的一夜无眠，满脑子的垄断把世界看，第三日所看的景点虽精彩、精美的盐铸礼品、丰富的水干特产都兴味索然。论坛的发言要修改，标题也得换，要用一生的感悟论述垄断，知识产权就是竞争中的垄断，诺贝尔的论断告诉人们，限制垄断的手段还是垄断，垄断的主体是关键，要用每人的个体合法垄断预防那少数野心家串通强权。此时才明白，我们以前所批判私有财产神圣不可侵犯的法律原则，捍卫的其实是人的尊严。历史的事实也证明，所谓公有制保护的是少数人的特权。强权垄断下不仅制造物质及文化的短缺，还制造了大批的脑残。

看两千年盐垄断史结束后才有的盐山，叹垄断下龙王爷有多少盐也送不到人间。盐垄断下的生产一直是竭泽而盐，古人云"盐成刮取之，勿尽刮，久而底盐存积为盐床，盐床厚而入之卤，则其成盐也更易"（《屯田疏稿·晒盐第五》，p260）此史料证明莺歌海盐山的理论基础产生了多少年不能实现。上次离海南回中原不久发生的全国性盐荒虽然只有两天，也证明了破除垄断有多难。秦淮河畔盐商们的奢侈糜烂比不过中盐集团官商们的为害多端，两千年垄断历史中盐民们的贡献与苦难仅用敲竹杠的词源就可窥一斑。

盐山成因的谜底已昭然，连天水幕也不是纯粹为了壮观，在温度达到 26 度以上时，一度电形成的喷泉水雾可多吸收相当于三度电的太阳能源来蒸发海水多制盐。喷泉水雾还能多溶氧提高盐田的鱼虾产让钓鱼者不闲，壮观的景象吸引游客使盐山不卖盐也赚钱。形成了良性循环，制盐人创意不断，除腌渍水干的海南农副特产，盐雕、盐塑、盐画、盐铸、盐建形成的盐文化前景非凡，每年雨季后长高的盐山会换新颜，夏日后从哈尔滨成群南下的冰雕师来此刻盐，让游客年年看新鲜。

下午告别莺歌海，来到明日开会的鹿回头国宾馆，不顾来海南时要解的多年的悬念，二指禅敲下这万言游记已是午夜竟忘了晚饭，吃点夜宵再列纲要应对明日发言。

多年的悬念明日可能能解，会议材料显示李庄何平以官员的身份出席论坛，本打算提前来此与其交流不相闻近十年的经历感受，明日上午开会下午返京已无时间，莺歌海一游使原计划打乱，得大于失受益菲浅。青山常在绿水长流，李庄、何平、红椰树都有机会--再见！

误聊斋诞生记

误聊斋文字工作室

你也可以读作“无聊崽”或“悟了哉”!

记不得哪位哲人说过：如果你感到无聊，就找一件更无聊的事情来做，没准就不感到无聊了。于是本人就在农历 54 周岁生日那天决定将自有的不愿出租却装修好也卖不出好价的袖珍门面房作为文字工作室使用，就此开始从未感过兴趣的笔耕生涯。

本打算取名“无聊斋文化工作室”，百度一下发现“无聊斋”一词去年已被一著名主持人用作书名，还有一个文学网站也在使用“无聊斋”一词作名，为了避傍名人之嫌兼为免重名之累，索性用“误”这一别人认为不吉之词，期永免重名之虞。

文化工作室嫌太大，还要注册登记等烦琐手续，干脆改为文字工作室，以期减少麻烦。

古语中“误”有娱之意，“误聊斋”既谐音“无聊斋”又谐音“悟了哉”，可以写一些心路历程自娱，如言语不慎冲撞了哪些大人，大人们会以为是“无聊崽”的疯言疯语不屑理会而获宽容的空间。

文字是信息的载体，误聊斋文字工作室近期计划的工作主要为两项：

一是以误聊斋文字工作室名义收集当地服务业信息，加工成为数据库，便民公益，服务业数据库进行信息加工，以“将你的名片送进千家万户”为口号，后期视发展可能，向专用商业广告软件方向努力。

二是以律师名义在网上进行书面“法律意见书”咨询活动，其目的在于不脱离律师行业太远和太久，为重出江湖作预备。

这两件事做起来都不容易，有一件能成就行。

误聊斋文字工作室的设备：

很简陋，一台 05 年的戴尔商用机，为家里做预算私活出过大力其可靠性无与伦比，配置虽老但用起来完全可以满足文字工作室的工作要求，老马识途用着顺心。04 年的惠普打印机、上世纪的佳能复印机及彭路得彩色热转印打印机也有利用价值，用于以上工作其性能绰绰有余。

房内的网线、一张桌、一把椅、一组沙发即可具备工作条件。

误聊斋文字工作室的运行成本：

房子是自己的，没有缴房租的压力，即使租出一年也不过几千元收益。

电费要花也用不了几个钱。

工资，不雇人自己干，自己给自己发工资，玩呢，没工资也正常，出去玩还得开支呢！

主要的开支是电费和网费，每月 100 元足矣。

房内的设备不值钱，也不经营商品，不用看门。所干业务没有不特定服务对象，不必定时开门等顾客。这样就可自由行动，开门进行文字工作，闭门出去旅游或钓鱼，时间完全归自己支配。

2011- 12 -20

难遠悲辙

不守公正何以维稳

最近的神鬼
文化的基因
人间的黑洞
到处有疯狗
父亲节有感
自欺与欺人
嘲笑之绝妙

播种仇恨岂获感恩

最近的神鬼

-------------误聊斋札记之一

今天，是那魔头的生日，尽管那魔头已死去三十多年，但其恶行的影响仍未消尽。一介平民想写屁民回忆录，此孽障却是不愿面对也不得不面对的一个现实，索性将其作为篇首。

前几日金二世毙，央视报道朝鲜的事迹，钩起无数人残忍的回忆。甚至有人要求联合国默哀，看到此报导令人从内心感到深深地恐惧。

有什么样的人民就有什么样的领袖，这句话不无道理。作为中华民族的一员，尽管只是一介屁民，也应对此有自己的思考和反省。

之所以用最近的神鬼作为标题，与在下寻常的经历有关。一生听过和看过的神鬼故事不少，却鲜有影响人生的意义。出生就赶上大食堂和所谓的“三年自然灾害”，上学就赶上文化大革命，上小学时因上课迟到被罚单独补做效忠仪式忍不住被逗发笑被指为不忠惨遭同学的群殴至今仍不堪回首，高中毕业上山下乡等等；不幸的人生轨迹无不与那魔头的存在直接相关。

即使那魔头死后，天空中两个太阳的日子也没有结束，那魔头仍阴魂不散，三十多年来的生活中仍不时会看到它的阴影，灵魂深处的恐惧仍会不时薄薄袭来。

回忆起那魔头与自己的渊源，倒有一些朦胧依稀的难望记忆。

上小学前后家住在小山城北街一间典当来的小土坯瓦房里，进门先看到的墙上贴着领袖像，先是贴的头发花白的刘主席像，后来又改贴毛主像，其它的墙面及顶棚糊的全是旧报纸，第一次自主花钱就被人忽悠将仅有的五毛钱买了十张毛主像，让父母唏嘘不已，无奈父亲将十张毛主像顶着顶棚贴成一列，四面墙竟三面都有，那年春节我家贴成一列的毛主像成了街坊们笑谈的话题，直到第二年再糊墙才敢盖上，长大后才知道十张毛主像比烫手的山芋还麻烦，所幸并未给家里带来无妄之灾。

刚刚具备阅读能力时，除读过一本繁体版的名为老共青团员的小说外，就是家里唯一的藏书父亲单位发的四卷繁体版毛选，因不识繁体字，将书中的开会读作开曾也得不到纠正。家里人怕外边乱，家母除上学时间就将我牢牢看在家中，唯一的消遣就是读那四卷看不懂的繁体版毛选，对比后来发滥了的简体版四卷毛选，几年下来竟无师自通早已达到几十年后马英九先生所倡导的书简识繁的水平。虽那四卷繁体简体版毛选通读过不知几遍，但始终没有弄清什么是毛泽东思想。

第一次亲耳听到对毛主的负面评论竟是无意中的事，那大概是党的十大后学习新党章，几个高年级的学长在一起私议时政，路过的我只听到一句“不打倒刘少奇不开九大，林彪不死不开十大”，看到愕然的我的不意出现也让这几个学校政治上活跃人物同样愕然，中断了热烈的谈话作鸟兽散，在那个诛心的年代，事后我想他们也会有几天为自己的真言寝食难安。

这一句无意听到的话以及那几个学校政治上活跃人物的惊恐表情的确使幼稚天真的我感到震撼，我也第一次有了属于自己的思考，党章上规定的五年一次从未改变，但八大到十大的时间的确是远远超过三个五年而不是两个五年。

刚满十七不满十八的我中断学业被追相应那魔头的号召上山下乡到离县城四十五里的小山村接受贫下中农的再教育，竟有一贫下中农抱怨吃不饱饭，并说旧社会时，租地主的土地一年打的粮食吃不完，楼上的粮囤能压坏楼板，流下来的粮食任鸡刨猪拱，白面吃不完用来洗面筋，有民谣为证：南庄村洗面筋，白水流到里铺村；多年后接触西安酿皮制作工艺时还曾感叹：美味的酿皮原来是这样做的，那传说中的南庄村流到千米之外里铺村的白色面浆能做出多少酿皮啊！

这一贫下中农的抱怨，也曾在下乡的知青中引起热议，有的知青愤愤不平骂道，“这些农民他妈的觉悟真低，旧社会是给地主干的，现在是给自己干的，连这都不懂！”但这热议瞬间就变冷，一是民谣确实存在，二是一个低一届高中未毕业的知青的警世骇俗的断言让所有的知青噤声：“毛主席把中国人民从水深火热中拯救出来，又把中国人民扔进火热水深之中！”这句断语至今难忘，前句曾是官方的宣言，未必是真，后句却是感同身受未必就假。

所幸下乡刚一年，那魔头终于万岁了，即使其毙命也要再最后大折腾一下中国人民，遍布全国城乡的灵堂，难以计数的追悼大会，其所享哀荣可谓前无古人、后无来者。

该情景将是中华民族永远难忘的耻辱，难怪金二世毙命中国人民要给予朝鲜人民最大的同情：朝鲜人民在二十一世纪已过去了十年仍还将活在金家王朝的魔咒之中，历史还要赋予“这是朝鲜人民的选择”的定语。

从萨达姆、卡扎菲的倒毙到金三世的站立多么明显的对比，小小地球村在信息爆炸的今天还有如此显著的差异。即将到来的 2012 年是大选年，阳光下多少个现政府在民愿中成为历史，但还有多少屁民在淫威的阴影下被代表被幸福不敢叹息！

有什么样的人民就有什么样的领袖。作为一屁民早该反省了，毛主的父亲信佛始于碰见老虎无恙却不明白老虎吃人也怕人的道理，东方的屁民们在毛的父亲碰见老虎一百多年后的互联网发达时期也早该明白这道理了。

2011 年 12 月 26 日记于误聊斋

文化的基因

-------------误聊斋札记之二

昨天，台湾选出了新一届领导人。早过知天命之年的我虽一直在苦苦思索中国屁民不幸的成因，也想写一写对中国能出毛主这样魔头的属于自己的思考，但思绪难理无从下笔。本打算放下笔安度春节，和外地打工未归的妻通电话中谈及海外留学儿子的未来时，妻却一反常态的说能留在那边最好，诧异中问及缘由，妻让我上网百度一下“我们这儿”云云。

今日到那清冷的斋中上网，才知“我们这儿”就是自小就引以为自豪的中国，典故出自10日天津卫视的名为“非我莫属”的节目中主持人与嘉宾的PK。节目中的湖北女孩勇敢的捍卫自己的尊严，竟然引起以主持人为代表的精英们的集体排挤，难怪夫人及众网友愤愤不平。

“非我莫属”这栏目名与这期内容最可以展现普通人生活在“我们这儿”的命运。中国文化中“非我族类必诛”、“党同伐异”、“群起而攻之”之劣根在这里得以活生生的展现。同时从被诋毁为“目露凶光”的“垮掉的一代80后”身上也可看到民族的希望之光。

主持人面对凛然对无端指责的反击感到后背发凉及事后所表白的被揍却感到很爽，难道不是中国文化所蕴涵的被虐狂和虐待狂的典型写照。

中国文化的师道尊严延续达三千年，竟然走不出婆婆虐待儿媳，儿媳变婆婆再继续虐待儿媳的天经地义，只有利益没有是非。

看了这期节目的视频，麻木的我想起一句话“救救孩子！”举目望去，却已找不到活着的鲁迅。

晚上打开电视，实在没有可看的节目，只有那赵忠祥解说的动物世界中所表述的森严等级在阐述着中国文化返祖的基因。

关掉电视提笔本想长篇大论一番，细想来生活中类似视频中的场景比比皆是，我在其中也分别扮演过不同的角色，哪来的底气？像这视频一样对别人进行道德批判谁人不会？

就此收笔，意却似犹未尽，从前不久的芮成钢之问到现在的张绍刚之责，年轻的新担纲们是怎么啦？难以置信！

踌躇中不觉肛门一松漏出一股臭气，下乡时村里那瘸老头常说的一句话在耳边响起：“窝里放屁臭自己”，掂来结束本篇真是别有一番滋味。

还有，晚饭后河堤散步见一人在草坪拼命蹭鞋底嘴里骂着养狗人，索性再加一句，养狗人要管好狗的肛门，否则——我们这儿人都不来，只剩狗屎！

2012年1月15日夜记于误聊斋

人间的黑洞

------------误聊斋札记之三

屁民的回忆是那么散碎难以整理，札记二后过春节，节后看西红柿上演的悬念迭生、全球瞩目的朦胧大戏，，以致札记三的选题迟疑难决。

本以为三月十四日下午和三月十五日上午的信息已经可以认定薄泽东这个新太阳的夭折不是问题，岂料前几日网上“天线宝宝大战康师傅”传言三月二十日中南海枪声又起，使人感到这朦胧大戏只是第一幕刚刚过去，中南海枪声只是第二幕开始前的序曲，大英帝国的尼克伍德（Nick Heywood）冤魂的精彩亮相即将拉开第二幕好戏。

导演兼演员王立军留给曹操的剧本是什么，如何分幕也不是演员们可以决定的，笔者的分幕只是预感该戏的高潮远未到来的预计而已，铁幕后的强导兼演员们在互联网的今日虽各怀鬼胎亦不能决定该戏的剧情发展何日落幕，更无法操控剧情的结局。

“不识庐山真面目，只缘身在此山中”；听此话不得不佩服古人的智慧。反过来看不在庐山就识得庐山真面目？未必！只是这不是庐山，而是人间的黑洞，这人间演绎的黑洞故事比起电影或电视剧更有空间感和跌宕起伏，但须得许久后才能得知一些真实的片段。

有限的物理学知识告诉我们，黑洞乃是恒星的坍塌形成。不难看出从二十世纪的三大魔头希特勒、斯大林、毛泽东，无不在坍塌前光芒耀眼令人不敢正视，坍塌后留下长久的黑暗亦使人们长期不堪回首。

进入二十一世纪的人类虽有互联网的产生，仍不能使普世价值的光芒照进毛主留下的黑洞，近四分之一的人类在类似西方中世纪的黑暗中享受红太阳光芒的煎熬后仍不能摆脱苦难的宿命，黑洞周围的人们只能接受这命运的安排，能量大点的纷纷移民远离这黑洞，而普世价值光芒下的西方竟也有人投奔黑洞而来，美英的李敦白、伍德先生便是范例，李敦白命大进黑洞近三十载虽坎坷终属探险成功，伍德不幸丧命却冤魂不散借力王捕头击落了黑洞中另一企图借尸还魂即将升起要成红太阳的准恒星，诞生了一条新物理学定理让后人短期无法证明：黑洞无法重新成为恒星。

物理学的发展令人目眩，宇宙中反物质是不是就在物质的黑洞之中尚待证明，但反人类就在人类的黑洞之中早已被历史证明。

物理学家们何时能推导出黑洞是如何消亡的不得而知，但影帝所担忧或警示或恐吓的人亡政息却是诸多屁民盼望早日来到的结局，但愿得这场刚开幕的凤凰涅槃大戏能使中华民族的中世纪劫难尽快成为过去。

2012 年 3 月 27 日夜记于误聊斋

到处有疯狗

------------误聊斋札记之四

狗是畜生，一般狗不咬人吠几声而已；而疯狗是会咬人的，被咬的人只能找狗的主人说理，如果狗的主人也是疯狗一般，你只好认倒霉，你能去咬疯狗吗？除非你也疯了！

今天是母亲节，笔者是不是也疯了，这样的不着边际。

今天是周日，一早去涧河钓鱼，约七时，早来的钓友似约好一样纷纷离去，只有我戴着耳机未曾听到岸上狗吠还在专心想钓一条稍大的鱼添点节日的喜庆。正纳闷其他钓友为何这么早离去，对面经过的两个年轻人示意让我收杆，寻思倒霉，又是那一群狗来了，钓鱼不过玩乐而已，犯不着给它们费口舌，正在收杆拾掇渔具，不料岸上冲下一年轻人，嘴里不干不净径直一脚将我盛鱼的水桶踢入深水，一把抓起我装有两支收好鱼竿及其他渔具的布兜扬长而去。

强压心中怒火尾随那厮上河堤到路边与其理论，那厮声言此处不让钓鱼，我讲不是已收竿凭啥拿我东西，问及那厮不让钓鱼的依据及其姓名，那厮并不作答将我的东西放入尾号为7315 的面包车内想走，我拦在车前与其理论，那厮下车与我拉扯，我趁机拿回一支鱼竿，那厮又夺去并丧心病狂的将其折为几段扔在地上跑回车上，那车迅即倒出多少米掉头跑掉。

无端被人抢夺和毁坏物品自然不忿，110 报警三次才见警车缓缓而来，讲了情况被出警的警官告知管不了，说这是涧河管理处的执法行为，可以到涧河管理处投诉野蛮执法。我讲清平世界荡荡乾坤，什么人也无权抢夺并毁坏他人物品，抢夺并当面毁坏他人物品是侮辱他人人格的行为，我请求警方出面干预并无不当，你们为何竟说管不了。此警官的一句话竟让人无语“你非法钓鱼在先”！争辩中我要求解释什么是非法钓鱼？这时在旁观的一个戴黄袖章的老者插言道，九孔桥以上准钓，九孔桥以下不准钓，我问谁规定的，我在九孔桥以上钓也遭过驱赶，此警官对我说道，你看你是知道不让钓的还要钓，并问这插言者涧河管理处在什么地方，告知我去那投诉并作了报警登记，我明确告知其我不去。心忖：在河边挨疯狗咬还不够，再去疯狗窝里与疯狗对咬岂不是疯了？

有读者可能会问，这不是小事一桩，何须大惊小怪？

看来鲁迅笔下麻木的中国人不只是一个典型，你我的身上都有他的影子，屁民们的自由就是这样一小点一小点失去的，一滴水可以映出整个太阳，当权者的滥权与我们不争的盲从不无关系。陈光诚一个瞎子被体制豢养的疯狗们夺去自由几年，逃跑后躲进美使馆几天才得和家人团聚，刚出使馆便闻几大媒体的疯狗们集体狂吠，心有余悸竟也请求希拉里回美带上自己。

我没有陈光诚的造化，无法离开这块盗匪横行的土地。面对被体制豢养的疯狗们的狂吠，只能祈求苍天快快实现那影帝所预言的人亡政息，好让我的残生也有几年自由的呼吸！

2012 年 5 月 13 夜记于误聊斋

父亲节有感

-------------误聊斋札记之五

今天是父亲节，远方的儿子用邮件发来问候，而在同一天在网上看到一篇奇文，大意是中国的男人不配过父亲节，深有同感，将该文用邮件发给夫人，一表愧疚中所含的些许欣慰。愧疚的是作为中国的男人不能给儿子有尊严的生活环境，只好让他自己努力去异国留学，些许欣慰的是作为中国男人还知道不至于为神九上天而含笑酒泉。

纵观几千年的中国历史，作为成功男人代表的几百个皇帝中有几人称得上是好父亲？孔子孟子这些教育大家所宣扬的父权淫威又使中国的男人在世界民族之林赢得多少尊颜？恃强凌弱的几千年文明倒退史让中国男人成为欺压妇孺的丛林中野兽一般，除了创建一套让后代蜕化为动物甚至为植物的权力体系，中国男人近千年来为人类文明做出过什么杰出的贡献？

不说了，汗颜！附上网上这篇好文，一并呈给一贯大言不惭在清代被民间誉为“衣冠禽兽”吃着祖宗饭砸着子孙碗共着邻居产的父母官。

2012 年 6 月 17 夜记于误聊斋

[原创]居然很多中国人腆着脸过神马“父亲节”，呸！

xggyyx 于 2012/6/17 4:25:03 发布在 凯迪社区 > 猫眼看人

过母亲节，我还可以理解，女人在子宫里创造了生命，她们做的是人类一件很伟大很神奇的事。

居然很多中国人腆着脸过神马“父亲节”！ 呸！

有咱这样当父亲的吗？这里的人基本都愧为人父母，连给娃一袋安全的奶粉都造不出来，连给孩子争取一辆校车都争取不来，数亿男人，居然还默认官员奸淫未成年幼女，是他娘的“嫖宿幼女”罪！…………

一帮麻木的男人，眼睁睁看着日益污染的空气，日益衰败的河山和自然，连子孙饭都被咱吃绝了，更别说给他们留下一个美好的家园，一个拥有言论自由、信仰自由、免于匮乏免于恐惧的自由的国度。一群帮凶！

另一帮男人就更是禽兽不如了，教孩子欺骗，说谎，媚权，钻营、跋扈，以自己的一言一行，遗传给他们富二代官二代红二代的兽性，将本该天真无邪的小生命改造成趋炎附势、弄权舞弊、指黑为白，指鹿为马，欺骗恐吓，鱼肉大众的野兽。一群刽子手！

还有一帮男人，浑浑噩噩，满脑子大粪，不懂思考，更别谈独立人格，稍微的忽悠和蛊惑一下，和平时期，能当牛马使唤，纷乱时期，能充当杀人机器，即便他们的枪口对面，是邻家的孩子，是隔壁的父亲！一群傻逼！

睡觉了！

自欺与欺人

------------误聊斋札记之六

今天是九月七日，再过两天就是那魔头离去三十六年的纪念日。六个六年啊！人生有几个六年？可那魔头仍阴魂不散，只要他那滔天罪恶不能清算，华夏民族就不能排除再被其还魂僵尸折腾的危险，不厚虽可以认定已玩完，但谁能排除野心家的再现。

两年前的今天，知天命已两年的我，在儿子出国走后的第七天就放弃追求了十八年的梦想离京回乡，开始追思半个世纪以来痛苦的根源。可梦想难忘，方有去年习作的散文<莺歌海游记>聊慰心田。

古人云：知我者谓我何忧，不知我者谓我何求。面对故旧对我的不解只能答道“不愿再自欺欺人”，在解释这句话怎讲时，只能直白道：“没有法律，何来律师？欺骗当事人容易，欺骗自己难”。知道这样讲是难以说服别人的，但在当前语境下，再往深处解释恐是枉然。

前周北京飞往纽约的返回航班上新闻确实是第一时间，起因却不到一周又成谎言。薄谷一案的牵强会让人感到死刑终结在眼前，拙劣的表演在侮辱法律人的智慧和双眼。在当前语境下你只能看到谎言与欺骗，希望和真实离我们还是难及的遥远。

二十年前，半路出家的我放弃了自己的理工专业经过几年艰苦自学通过了民间所称天下第一难的律考，起因却是作为当事人遇到的第一个法官第一次实质询问的逻辑混乱：

“你为啥虐待人家？”

“你凭什么认定我虐待？有什么依据？”

“人家说的”

“她说我把她杀了，你也相信！”

恼羞成怒地“你给我吵什么？”不欢而散。

此法官让我看到法律界无人才的局面，以为自己可以来此领域施展，仅入门就用去六年。此后的十八年坚持，遇到的是无数屠夫法官、车夫检察官、丘八警官，一次次地感到秀才遇见兵，讲理之艰难。

遥想当年中学时代校领导也得尊敬有加的工宣队员、军代表们不无自豪地谦虚：“我是大老粗！” 再看今日已现形的博导王捕头，沐猴而官随时代相变质不变。

十八年的孜孜追求我才明白律考时法学基础理论上所说的“法律是统治阶级的统治工具”的深刻内涵，只能怪自己愚顽，再看斯伟江大律的博客上为法学大学生指路的大律高谈，心里略宽，自欺欺人的不仅我辈等闲。

离开京城回到家乡不再闻案，却也感到恬然，告别黄粱梦一点也不遗憾，如有造化似陈光诚离开这炼狱之地才是不负曾来人间！

2012 年 9 月 7 日凌晨记于误聊斋

嘲笑之绝妙

------------误聊斋札记之七

十月十日是辛亥革命101年纪念日，提笔想写一些感想，取题为《百年鬼打墙》，主题想说百年来所延续的两千年信息垄断致使国人走不上民主之路，开篇却因思路太杂写不下去，踌躇两天却发现极好的题材差点错过。

几日前媒体还在猜测诺贝尔文学奖何时揭晓花落谁家，十月十一日是辛亥革命101年纪念日的后一天，中国内地的新闻才和世界同步了一次，莫言诺奖是前年，诺奖莫言是今年，好大的一个糖衣炮弹，想起若干年前一个基层干部的讲话富有创意：把糖衣吃下去，把炮弹吐回去；很值得真理部借鉴。

诺大的新闻标题："中国人首次获得诺奖"，让世人了解中国人如何推崇郑板桥的难得糊涂，杨振宁李政道不是中国人，香港某得奖者也不是中国人，西藏的喇嘛和某流亡法国的前中国作协成员不是中国人，现在中国服刑的零八宪章发起人还不是中国人，只有莫言是中国人？中国人莫言！难怪得奖的莫言要放话：不要炒作诺奖！是真心的吗？

发奖的也学会了中国人的讲政治，将一个大大的炮弹裹着丰厚的糖衣以中国人莫言为载体扔过高墙，墙内是有人欢呼雀跃，也有人暗恨到牙根发痒。

以此为鉴，在中国从事笔耕的要想收获大，找算卦的起个好笔名是关键。

2012年10月14日夜记于误聊斋

附上斯大律妙文一篇纪念莫言诺奖的前年：

观夫天下，化成人文

(2010-10-08 23:30:16)

作者：斯律师

世界上最痛苦的事情，莫过于你想惩罚他，拿一个东西扔过去，谁知道，人家捡起来，这是一顶金冠。如果要在这个金冠上看看有什么字的话，上面写着，四海一心。

如周星驰片中那个拿铁钳子的眼镜男轻描淡写地讲，富贵于我如浮云。对于有些人而言，这些金砖上的荣誉，无法否定它对日常生活的掌控；对有些人而言，酒醉之后，也无法抹去日常生活的平淡；对有些人而言，也无法改变日常抗争的残酷。日子还得一天天过，高墙内外，太阳照常升起。

只是，有了这些金冠的荣誉，方不辜负了这个人。有人失声痛哭，不是为了自己，而是觉得，他的付出，也算提前有所回报。这泪水，大约为他所流。他，太不容易了。在这个神奇的国度，本土产生诸多其他的有资格的金冠人物，独独只有这个人，算有所回报。

独独只有这个土壤，才能出产这种金冠人物。不是科学，而是人文。易经有言，“观夫天文，以察时变；观夫人文，以化成天下。”什么是“人文”？《易・贲卦》：“文明以止，人文也。一则以喜一则以惧。喜的是，中华文明，终究有那种以天下为己任的人物，想以一己之力，为万世开太平。忧的，终究有那种什么都不怕，只管掌中大印的人，以为自己跑得过历史，倒行逆施，最终把自己名字订在耻辱柱中，尽管皮相可以消失多年。

喜的是，社会求变的共识，慢慢凝聚，社会求变的人物，慢慢有了核心，这种外力加持，尽管不是最主要的，却是有指向标的作用。今天，大多数老百姓不知道什么，将来，一提这顶金冠，固然已是驰名商标，再谈成就金冠之路，是漫长的高墙生活和不屈的日常抗争所构成，名至实归。

有饭醉的同仁，倒是不必忘形。这顶外来的金冠，改变不了内里的结构。只是，外来繁华势力多了一个罪行而已。帝国主义亡我之心不死，我亡帝国主义之心，却早亡了。这攻守之势，犹如围城。这顶冠子，莫不是攻城者的木马？他里面不是什么特洛伊木马中的铁甲战士，也不是电脑病毒的木马，似乎只是藏了一把钥匙，从里面往外开的钥匙。告诉守城的，没人来攻城，那只是自我想象的围城，这也是一个大牢。大牢里，关的不只是囚犯，还有狱卒。只有懂得了这把钥匙，才能打开自由之门。其实，这把钥匙，只是一个简单的信息，人心向背。

钥匙在所有人的手中，他虽然努力试图打开这个围城，然而，这把钥匙，需要围城内的人合力才能打开自我封闭的城门，这自由之门，既需要囚犯的努力，也需要狱卒的反思，更主要的是路人甲们的人心。这点上来讲，就是为什么只有少数人知道这个钥匙，那也是少数人刻意为之的，人心向背，可见一斑。虽然，仍任重道远，城内的有识之士，可以少喝点酒，以便更清醒些。

中国文化一向以天下为导向，现在天下已经给了钥匙，虽然有人或仍要死磕。然而，化成人文后，人心所向，打开城门，解除自我禁锢，倒也是为期不远。

陈光诚之歌：祖国啊我无法热爱你

刘合庄原词

莺歌海托辞

李正曲

生我是这块土地，

养我是这块土地，

祖国啊，我无法热爱你！

尽管你被幽灵盘踞，啊~

无数人对你的爱被恶魔骗去

尽管你的空间博大，啊~
还是有多少人盼望着逃离
啊~亲爱的祖国，
无论我走向哪里，
我的心紧紧贴在你的怀抱里，
我的心紧紧贴在你的怀抱里！

生我是这块土地，
养我是这块土地，
祖国啊，我永远热爱你！
哪怕我是一棵小草，啊~
也要为你增添一丝新绿；
哪怕我是一滴水，啊~
也要化为风暴为你洗礼；
啊~亲爱的祖国，
无论我走向哪里，
我的爱深深埋在你的心坎里，
我的爱深深埋在你的心坎里！

生我是这块土地，

养我是这块土地，

祖国啊，我无法热爱你！

尽管你被仇恨包围，啊~

连我这样的盲人也被驱离；

尽管你的历史悠久，啊~

但还处在邪恶专制的中世纪 ；

啊~亲爱的祖国，

无论我走向哪里，

我的心紧紧贴在你的怀抱里，

我的心紧紧贴在你的怀抱里！

生我是这块土地，

养我是这块土地，

祖国啊，我永远热爱你！

哪怕我是一棵小草，啊~

也要为你增添一丝新绿；

哪怕我是一滴水，啊~

也要化为风暴为你洗礼；

啊~亲爱的祖国，

无论我走向哪里，

我都会用爱埋葬那邪恶幽灵解放你！

我都会用爱埋葬那邪恶幽灵解放你！

啊~亲爱的祖国，

无论我走向哪里，

自由平等民主博爱都将属于你，

自由平等民主博爱都将属于你！

环球时报：挟洋能自重的时代早已过去

正文　我来说两句（10622人参与）

来源：环球时报-环球网

近日围绕山东临沂盲人陈光诚的事情，美国等西方国家媒体出现惊人的报道量。这些报道纷纷说陈光诚已经“闯入”北京的美国驻华使馆，并且向中国政府提出一些个人要求。美国国务院发言人在记者会上连续以“无可奉告”回答包括陈光诚究竟在不在美国使馆等提问，美国领导人则避免提及陈光诚的名字。

陈光诚一段时间以来一直被形容为中国地方政府的“烫手山芋”，现在终于美国政府也觉得十分难受了。陈光诚不是当年的方励之，也不是不久前的王立军，他的抱怨大多是一个村民针对基层官员的，所涉层面很低，很多都让清官“难断”。他从临沂跑进美国使馆，很多具体的难题一下子变成了美国的。

如果美国政府把陈光诚的要求当成很正经的东西拿到对华谈判桌上，大概他们自己都会不好意思。况且美国政府很清楚，具体“指挥”中国人如何如何做，这犯了干涉中国内政的大忌，北京断不会理睬它。

每个国家都积累了一些民怨，谁也都知道中国一些人上访的复杂性，如果上访失败者转去向美国驻华使馆“上访”，这决非仅仅是中方的尴尬，美方的尴尬只会更多。

谁说美国政府真的有兴趣帮助所有自认为受到不公平对待的中国人？美国使馆大概不想变成接待“告洋状”的“信访办”，他们更希望向中国人宣扬“普世价值”，偶尔找一两个有价值的典型“帮帮”。他们从未表现出愿意卷入中国社会要多少有多少的具体纠纷之中。

无论最初是怎么回事，陈光诚被西方舆论和中国一些人捧成“盲人维权英雄”，这像是给陈光诚本人造成了“他对美国的确很重要”的错觉。他对自己个人在中国影响力的认识也脱离了实际，一些舆论对他的利用和忽悠似乎毁掉了他的判断力。

中美关系不应该受陈光诚事件的影响，即将举行的中美战略与经济对话也不太可能为了他单独辟出时间，否则将是奇怪的。中美关系没那么小。

标题: 澳洲爬房顶事件：中国人宁死不回国有道理吗？(组图) [打印] [打印全部]

作者: jingkeciqi **时间:** 2010-10-02 21:26:06 **标题:** 澳洲爬房顶事件：中国人宁死不回国有道理吗？(组图)

前不久，澳洲的一处关押非法滞留外国人的拘留所发生了一起不大不小的骚乱。说它不大，是因为这种事情在澳洲经常发生，人们都司空见惯了；说不小，是因为惊动的刚刚当选的总理，让澳洲的国际形象蒙上一层阴影。更重要的是，这场骚乱的主角是一群中国人，这就更有一层戏剧色彩了。

在悉尼附近的这处拘留所始建于1976年，用于关押逾期不归的，违犯签证规定的和在机场被拒

-335-

绝进入澳洲境内的外国人，当然这其中也少不了中国人。9月21日这天，9名中国人，其中包括一名孕妇，施展飞檐走壁之绝技，占领了拘留所一间屋顶，扬言下午5点如果不答应释放他们，给予他们难民庇护，他们就集体跳房自杀。到了晚上依然没有结果，一名男子用刀自残，随后其他人进行了长达两天的房上绝食。不过，这场骚动在谈判专家的斡旋下结束，他们回到地面。

这些人为什么要以死抗争而不愿意回国呢？用他们的话说，理由很简单，那就是“要是自己被遣返回国，就会受到酷刑折磨，甚至被杀”。我不知道这样说有什么根据，但是这样对媒体说很煽情，一方面增加了人们对他们的同情心，另一方面也诋毁了中国的国际形象，很多不怀好意的外国人就喜欢听到从中国人嘴里说出中国不好。就在这些人在房上时候，外面就有不少人（号称“难民权益倡导者”）为他们呐喊助威，奔走相告。要说这种事情也不是头一回了，而且也不限于中国人。在澳洲的各个拘留所均发生了类似的恶性事件。被关押的人为了达到留在澳洲的目的，不惜靠自杀、绝食、自残、殴斗、越狱等手段向澳洲政府施加压力。因此，关押非法居留外国人的问题层出不穷，一直是让澳洲政府头疼的一个污点。

澳洲因其国土辽阔、资源丰富、风景秀丽、生活舒适等多种因素吸引着从世界各国来的合法移民和“黑民”。过去，澳洲一直扮演着“世界难民乐园”的角色，接纳了不少世界上因战争饥荒而出逃的难民。这也给世界造成了一个假象，以为只要装出一副可怜相，澳洲就会把他接纳为公民。于是，很多人凭借合法的和非法的手段来到澳洲，然后就黑下来了（那个孕妇就是用假护照入境被关押的）。俗话说，国有国法，家有家规，不是随便一个人想留在澳洲就可以留下的，一旦发现非法滞留，那就毫不客气地请他去拘留所。有本事的可以申请难民，没什么好理由的只好等着被遣送回国了。这次，大概是这些中国人眼看着留下了的希望不大，才冒然决定采取自残加威胁的手段，企图走一点捷径。但是澳洲政府的立场非常明确。移民部长说，他们的行为不可能对签证申请有任何帮助，也不可能改变签证申请的审查结果。

在我看来，不是中国不好，有十亿人生活在那片国土，必定是人杰地灵的地方。只是因为有些人想留在国外，才把中国说得那么悲惨。常言说，君子取财有道，要想留在国外也应该通过正当途径。澳洲是一个非常宽容的移民国家，要想移民，可以通过留学、技术、投资、甚至结婚等多种合法手段，而相反靠非法滞留，发现后再靠出卖国家尊严取得难民身份的做法是最下策的。人应该堂堂正正地活在人世，一个勤劳正直的人不论生活在哪里都会得到幸福，而一个靠非法手段苟延残喘的人不论在哪个国家都不会得到别人的尊重的。

作者：赵何膺，2010年10月1日

编后言

中国人宁死不回国有道理吗？

本书以五卷篇幅历历心血是否能填得了这个答卷？

这些年轻人使人想起当年，当年如知有此路是否有胆？

时常想起某一同行的教诲，改造不了这个社会，就得学会适应这个社会，但此话常在心里引起反弹：做人要有底线，同流合污不是自己的心愿。没料想最终还是既改造不了也适应不了而是选择了逃离。

提起开篇，我与那影帝都曾是地质队员，不同时间下山，他老人家位极人臣家产亿万，我梦断故里净身出逃一身孑然，怎能不让人感叹命运弄人，地狱和天堂都在人间。

中国是佛教大国，那些善良的人们苦修来世，其实是对今生无望的熬煎，可能飞机落地后的明天会更艰难，既盲又聋的生活陈光诚正在体验，人生苦短，为残生能呼吸几年从未体验的自由干净的空气，有决心重新再历艰难向前，我即我佛，不修来世修明天，只要活着就要奋力向前，找寻属于自己的一片蓝天。